MUTTER
SCHULD
GEFÜHL

FSC
www.fsc.org
MIX
Papier aus verantwortungsvollen Quellen
FSC® C014496

Verlagsgruppe Random House FSC-DEU-0100
Das für dieses Buch verwendete FSC®-zertifizierte Papier
Munken Premium Cream liefert Arctic Paper Munkedals AB, Schweden.

Hinweis
Die Ratschläge/Informationen in diesem Buch sind von Autorin und Verlag sorgfältig erwogen und geprüft, dennoch kann eine Garantie nicht übernommen werden. Eine Haftung der Autoren bzw. des Verlags und seiner Beauftragten für Personen-, Sach- und Vermögensschäden ist ausgeschlossen.

Alle Namen der Personen, die in diesem Buch genannt werden, wurden von der Autorin geändert.

Umschlaggestaltung
Reinhard Soll unter Verwendung eines Motivs von Christoph Dirkes

Layout und Gesamtproducing
Lore Wildpanner, München

Projektleitung
Dr. Harald Kämmerer

Redaktion
Susanne Schneider

Druck und Bindung
GGP Media GmbH, Pößneck

Printed in Germany

ISBN 978-3-517-08631-6

9817 2635 4453 6271

Ulrike Hartmann

MUTTER SCHULD GEFÜHL

Vom täglichen Anspruch, immer das Beste für die Kinder zu wollen

südwest

Für meine Eltern
Gabi und Lothar Westhoff

Mutterschuld, die

Hoch ansteckende Trübung der mütterlichen Psyche, übertragbar durch direkten Kontakt mit Besserwissern, gut gemeinten Ratschlägen oder Expertenliteratur;
symptomatisches Credo der Mutter: »Ich mache alles falsch.«
Zwischen Infektion und Ausbruch der Krankheit vergehen meist wenige Minuten. Tränende Augen, hängende Schultern und fallende Mundwinkel sind häufig erste Anzeichen, gefolgt von Unruhe, Mattigkeit oder ausufernden (Selbst-)Anklagen.
Faltenfördernd.
Spontanheilung möglich.

Vorwort

Als ich schwanger wurde, habe ich mich an Experten gewandt und Ratgeber gelesen, weil ich wollte, dass es meinem Kind und mir von Anfang an gut geht. Ich war wie alle Mütter, die noch keine Erfahrungen mit Kindern haben, hellhörig für Ratschläge und Einflüsterungen aller Art. Ich machte in der Regel gutwillig das, was andere von mir erwarteten.

Und genau das war mein Untergang.

Denn leider ist es ganz und gar nicht so, dass alle das Beste von Müttern im Sinn haben oder zumindest das unserer Kinder. Viele Menschen profitieren viel eher von unseren Ängsten und hochgezüchteten Bedürfnissen nach Sicherheit, Perfektion und Erfolg. Eine ganze Experten- und Ratgeber-Industrie lebt davon, kräftig elterliche Ängste zu schüren und dann das Heil zu versprechen. Und auch der deutsche Staat ist seit den bescheidenen Ergebnissen der PISA-Studien mehr denn je daran interessiert, mit geringen Mitteln exzellentes Leistungsträgerpersonal zu bekommen. Und was ist preiswerter als die eindringliche Belehrung von Müttern?

Und so umgeben uns von der Schwangerschaft bis in die Schulzeit hinein Tag für Tag haarsträubende Risikoszenarien, Erwartungen, Ideale und Strukturen, die nur eine Halbgöttin zu aller Zufriedenheit in den Griff kriegen könnte, und selbst die hätte wahrscheinlich bald eine hübsche kleine Depression. Denn gelobt und bestätigt werden Mütter selten. Kritisiert, beschuldigt, angezweifelt oder an den Pranger gestellt dagegen oft. Und die Ansprüche an Kinder sind in den letzten Jahren geradezu aberwitzig gestiegen. Sie sollen nicht mehr einfach nur zu anständigen Menschen heranwachsen, die ihrer Tage Arbeit ehrlich nachgehen. Sie sollen sich vielmehr zu den bestmöglichen Individuen entwickeln, die ihre Gene hergeben. Bestmöglich meint in unserer modernen Leistungsgesellschaft nicht liebevoll, hilfsbereit und gütig, sondern leistungsstark, ehrgeizig, schnell, erfolgreich, zielstrebig und bienenfleißig. Fünf Sprachen, sportlich, schlank. »Kind sein« heißt nicht mehr »frei spielen und Spaß haben«, sondern »spielerisch lernen und Potenziale erschließen«.

Es gilt, von Anfang an das Optimum aus den Kindern herauszuholen.

Was das für uns Mütter bedeutet – denn wir kümmern uns immer noch hauptsächlich um die Kinder –, liegt auf der Hand. Karriereplanung für Kinder ist eine Vollzeitbeschäftigung. Die Sprösslinge können sich ja schlecht alleine fördern. Waren unsere Mütter vor vierzig Jahren zumindest meist zu Hause frei, ihr Leben mit Kindern so zu gestalten, wie sie es gern hatten, sollen wir uns heute ganz auf die wundersame Entfaltung unseres Nachwuchses konzentrieren und ihm allzeit perfekte Vorbilder sein. Wir Mütter sollen möglichst ab dem Zeitpunkt der Zeugung die besten Bedingungen und Anleitungen bieten, die so ein kleines Wesen zur perfekten Entwicklung braucht.

Wie das grundsätzlich anzugehen ist, lernen wir meist früh in der Schwangerschaft bei unseren Gynäkologen, durch Broschüren und Bücher: Die Frau, die sich auf ihre Intuition verlassen möchte, ist verantwortungslos. Risiko, Krankheit und Gefahr lauern überall. Erst die regelmäßige Untersuchung unseres Nachwuchses durch Experten ermöglicht ein gesundes Kind. Und nur mit gründlichen Einarbeitungen in die notwendigen Thematiken (Ausstattung, Ernährung, Pflege, Hygiene, Medizin, Sicherheits- und Schadstoffkunde, Psychologie und Pädagogik) sowie dem Besuch von Kursen (Geburtsvorbereitung, Stillen, PEKiP – das Prager Eltern-Kind-Programm für Kinder im ersten Lebensjahr –, Krabbeln, Spielen, Turnen und so weiter) ist die Mutter eine gute. Nahrung, Pflege, Umgebung und Umgang – alles sollte perfekt sein. Nichts darf dem Zufall überlassen bleiben.

Wir lesen eifrig Ratgeber, schulen uns in den geforderten Disziplinen und besorgen die beste Babyausstattung, die wir für unser Geld erstehen können. Wir traben mit oder ohne Mann durch die ortsansässigen Krankenhäuser auf der Suche nach dem optimalen Ort für die Niederkunft. Wir hecheln in Geburtsvorbereitungskursen und machen uns mit akrobatischen Gebärtechniken vertraut. Die Geburt – perfekt geplant und unter höchsten Sicherheitsvorkehrungen. Nach der Geburt nehmen wir von Anfang an die regelmäßigen Gesundheitschecks beim Kinderarzt wahr – die ersten Stationen auf dem langen Weg der Förderung. Es kostet uns Mütter fast genauso viel Zeit, mit unseren Kindern zu Ärzten, Ergotherapeuten, Logopäden, Krankengymnasten, Osteopathen oder Lerntherapeuten zu gehen, wie von Anfang an die eingehende Recherche nach weiteren Verbesserungswegen zu betreiben. Denn es gibt die Qual der Wahl. Es gibt ja keinen vorgeschriebenen Pfad, nur vorgeschriebene Ziele.

Und wenn es nichts zu beanstanden gibt? Auch dann können die Babys nicht einfach machen, was sie wollen, und entspannt in den Tag hinein leben und sich mal eben so von selbst entwickeln. Nein, das Babyalter ist für die ganze Zukunft entscheidend. Ein erfolgreiches, glückliches Leben beginnt in den Windeln. Frühförderung ist angesagt. Wir tragen unsere winzigen Kinder zu den richtigen Kursen und treiben sie mütterlich liebevoll an, mal etwas schneller zu machen, weil die anderen sie sonst überholen. Was nett beginnt mit Singen, Spielen, Schwimmen und Turnen, wird im Vorschulalter immer mehr zur zeitraubenden Pflichterfüllung. Musik-, Kunst- und Kochprojekte, Klavier, Englisch, Computer, Schach, vielleicht Tennis, Fußball, Reiten, Karate, Ballett und Yoga? Kein Problem, wir kriegen alles hin. Nicht nur in Baby- oder Krabbelgruppen, Arztpraxen, Müttervereinen, Kindergärten, Grundschulen und weiterführenden Lehranstalten, sondern auch in den Medien geht es ständig und immer wieder um die Frage: Wie können unsere Kinder und wir besser werden? Wie können wir Tag für Tag unserem Nachwuchs das Beste bieten? Nahezu alle Mütter, die ich kenne, sind äußerst lernwillig und eifrig. Wir Mütter studieren unsere Kinder bis ins kleinste Detail und werden zu ihren Terminplanerinnen, Chauffeurinnen, Assistenzlehrerinnen und Hausaufgabenbetreuerinnen, zu Hobbypsychologinnen und Leistungscoachs, zu flexibel einsetzbaren ehrenamtlichen Hilfskräften in Kindergarten und Schule. Wenn wir an unsere Grenzen kommen, greifen wir zu Nachhilfeinstituten,

Therapien und Medikamenten. Und wehe, wenn eine Mutter nicht mitmacht! Kindergarten, Schule, Ärzte, Institutionen, Familie, Freunde, Nachbarn, Bekannte und andere Mütter haben immer gern einen Ratschlag parat.

Ja, schlimmer noch: Seit dem Moment zu Beginn meiner Schwangerschaft, in dem mein Gynäkologe mich milde lächelnd zwang, mit ihm über Abtreibung zu reden, weil mein Baby vielleicht nicht perfekt gestaltet sein könnte, hatte ich zunehmend das Gefühl, für dumm gehalten zu werden. Meine Autorität als Mutter wurde nicht gesehen. Ständig mischten sich Ärzte, Erzieher, Lehrer und andere Mütter ohne Hemmungen in unser Leben ein, weil sie uns »verbessern« wollten. Und ich wurde mit Handreichungen für Mütter und Kinder überschüttet, die mir schon allein wegen der Überfülle den Tag vermiesten. Dabei bin ich eine ganz normale Frau und meine Töchter sind ganz normale Kinder. Wir sind weder begriffsstutzig noch verhaltensauffällig. Wir leben in keiner Sekte, sind nicht drogenabhängig oder in einer kriminellen Vereinigung. Mein Mann und ich und die Kinder sind eigentlich eine ganz normale Familie.

Ich lebte mehrere Jahre in Paris und Kalifornien, studierte und arbeitete in diversen Städten und Unternehmen. Aber jetzt ist mein selbstständiges Denken und Handeln nicht mehr gefragt. Heute bin ich Mutter in Deutschland und muss offenbar als solche ständig belehrt werden, obwohl ich bei der Geburt meines ersten Kindes 35 Jahre alt war und bis dahin keine Zweifel aufkommen ließ, über gesunden Menschenverstand zu verfügen. Aber es geht ganz offensichtlich nicht mehr darum, was ich als Frau im Leben will, weiß oder kann. Es geht darum, was meine Töchter nach Meinung der anderen einmal leisten sollen. Kinder sind unsere Zukunft, Kinder sind unser Kapital. Die Gesellschaft braucht Talente. Gesund, talentiert, innovativ und geschickt sollen die lieben Kleinen nämlich nichts anderes, als einmal die Zukunft unseres Landes retten, die wir gerade in den Sand setzen.

Das ist nicht wenig, und ja, ich gebe es offen zu, wenn sie das schaffen sollen, was man von ihnen erwartet, bräuchten wir tatsächlich ständig guten Rat. Wir bräuchten exzellente Schulen mit kleinen Klassen für alle Kinder, um diese Mammutaufgabe zu stemmen. Aber da unsere Nation ungern in Bildung investiert, flickschustern wir lieber und hoffen das Beste. Wir nehmen lernwillige Mütter, die nicht streiken, wenn sie zwar für die hehren Ziele von allen Tipps, Belehrungen und Ratschläge, aber kaum praktische Unterstützung bekommen. Oft nicht einmal von ihren Männern, und auch nicht vom Staat. Keine Haushaltshilfe, wenig Kinderbetreuung, kein Geld, wenig Aussicht auf Erfolg. Dafür bekommen sie Sprüche zu hören wie »Ein Kind gehört zu seiner Mutter« und Wünsche, wie sie denn zu sein hat, damit das Kind wird, wie es denn zu sein hat. Und Schuldzuweisungen, wenn das alles nicht klappt. Es winkt der Erfolg des Kindes, es winkt sein Ruhm – und auf der anderen Seite lauert der Abgrund: die »Mutterschuld«. Wenn die Mutter versagt, droht lebenslanges Unglück. Wir können den beliebten Leitsatz der letzten Jahrzehnte »Mutter ist immer schuld!« gerade mit neuem Akzent in den Medien entdecken: Ach, diese gehetzten Mütter von heute! Rastlos rennen sie der Perfektion ihrer Kinder hinterher, verwöhnen und treiben sie an wie nie zuvor und helfen mit Therapien und Medikamenten nach. Sie sind ängstlich und folgen lieber Experten als ihrem Bauchgefühl. Was soll nur aus den armen Kindern werden?

Jetzt ist Schluss. Jetzt reicht es. Ich bin ja all die Jahre nicht von allein wie ein aufgescheuchtes Huhn um meine Kinder herumgelaufen. Ich habe nicht etwa freiwillig auf meine Intuition und meinen gesunden Menschenverstand verzichtet. Ich wurde dazu systematisch erzogen. Ich sollte ein perfektes Kind in einem perfekten Heim zu einer perfekten Karriere heranziehen und dazu wurde mir Tag für Tag gehörig Angst vor der Zukunft gemacht. Früher hätte ich mir nie träumen lassen, welchen Druck die Außenwelt auf mich und mein Kind auszuüben versteht und wie sich der Druck im Laufe der Jahre verstärkt. Heute, zwei Töchter und viele Krisen weiter, weiß ich: Das hat System. Das ist nicht mein individueller Leidensweg sondern das Phänomen einer ganzen Müttergeneration. Meine persönlichen Erfahrungen sind nicht spektakulär, sondern ganz normal.

Der Wunsch, als perfekte Mutter ein perfektes Kind heranzuziehen, ist in unser aller Köpfe tief verankert und wird von den verschiedensten Seiten massiv verstärkt. Wir und unsere Kinder hecheln der Erfüllung idealer Normen hinterher und wundern uns, warum wir uns dabei so mies fühlen. Die meisten spüren einen absurden Leistungsdruck, aber die wenigsten fragen sich, ob er unausweichlich oder berechtigt ist. Im Gegenteil: Wie Statistiken zeigen, suchen Eltern die Gründe für ihr Unbehagen bei sich selbst. Vor allem Mütter zweifeln an sich und sind verunsichert im Umgang mit ihren Kindern – gerade die, die es besonders gut machen wollen. Und das sind entgegen allen anders lautenden Gerüchten fast alle.

Die gute Nachricht: Es ist viel einfacher, als wir denken, uns von diesem absurden Leistungswahn zu befreien. Wenn eine Mutter ihre Schwierigkeiten in der Kindererziehung nicht mehr als ihr individuelles Problem begreift, sondern in ihnen ein Massenphänomen erkennt, hat sie schon viel gewonnen. Hätte ich eher gewusst, was auf mich und mein Kind zukommt, hätte ich in vielen Situationen viel gelassener und klüger reagiert, mich nicht in die Enge treiben lassen und mich als Mutter von Anfang an besser und freier gefühlt.

Zum anderen haben die meisten Förderungsmaßnahmen einen weit geringeren Einfluss auf gesunde Kinder, als man gemeinhin denkt. Wir brauchen keine Studien, sondern nur unseren gesunden Menschenverstand, um etwa die Wirkung von wöchentlichen Englischkursen für Babys und Vorschulkinder realistisch einschätzen zu können.

Zum Dritten hilft es ungemein, sich einmal in Ruhe anzusehen, mit wem und was wir eigentlich kämpfen. Welche Personen und Strukturen setzen mich im Alltag so unter Druck? Und was sind das für Ideale, denen ich nacheifere? Stimme ich ihnen überhaupt zu? Und wie kann ich Leistungsdruck vermeiden oder ihm souverän begegnen?

Kapitel 1

In guter Hoffnung

Wer mag gynäkologische Untersuchungen? Ich nicht.

Es gibt wirklich bequemere Sitzgelegenheiten als den berüchtigten Stuhl, und ganz abgesehen von den unangenehmen Untersuchungsmethoden komme ich mir selten so lächerlich vor wie in dem Augenblick, in dem ich mich ohne Hosen auf den Stuhl hieve, meine Beine nach oben schwenke und auf einsame Socken in der Höhe starre. Wahrlich, es gibt würdevollere Momente im Leben einer Frau.

Als ich aber zu meinem Frauenarzt eile, weil der Heimtest auf »schwanger« steht, ist mir das alles egal. Ich habe ihn tausendmal in Filmen und in der Werbung gesehen, unzählige Male in Büchern und Zeitschriften beschrieben gelesen: diesen magischen Moment, in dem der Arzt im weißen Kittel das Zimmer betritt und der Patientin fröhlich entgegenruft:

»Herzlichen Glückwunsch! Sie sind schwanger!«

Diese kleine, zugegeben dramaturgisch recht dürftige Szene ist vermutlich das letzte Relikt stammesähnlicher Fruchtbarkeitsrituale in unserer hoch technisierten Welt, und ich will es haben. Ich will ganz offiziell in die Riege der Mütter aufgenommen werden. Ich will diesen Rest Tamtam. Und ich will wissen, ob das alles hier mit einem Kind real ist oder nur ein dummer Irrtum, weil ich den unappetitlichen Schwangerschaftstest verkehrt herum gehalten habe.

Die frohe Botschaft: Ich bin schwanger!

Das bin ich am Anfang dieses Jahrtausends: 34 Jahre alt, glücklich verheiratet, mit Kinderwunsch. Und ich lege Wert darauf zu betonen, dass wir uns beide Kinder wünschen, mein Mann *und* ich. Jede Frau, die schon einmal einen potenziellen Vater für ihre zukünftigen Kinder gesucht hat, weiß, wie schwierig es ist, den Trüffel unter den Männern zu finden, der nicht nur frauen-, sondern auch kinderlieb ist. Und darüber hinaus soll dieser Mann der Wahl seine Partnerin nicht nur lieben, wenn sie gut gelaunt und frisch frisiert durch die Welt spaziert, sondern auch, wenn sie mit tiefen Augenringen und brüllendem Baby im Arm auf dem Sofa hockt. Ja, er sollte vor allem das Baby nehmen und geschickt versorgen, damit die müde Mutter wieder zu Kräften kommt.

Dieser mein Trüffel und ich wissen natürlich, dass Kinder Stress, Arbeit und vermutlich Karriereknick bedeuten, aber wir wollen uns nicht abschrecken lassen. Wir haben es gemeinsam geplant: Ich werde für die erste Zeit den Innendienst übernehmen, während er den Außendienst unseres kleinen Familienteams aufrechterhält. Wir sind wild entschlossen, diese ganze Sache der Kindererziehung modern und emanzipiert anzugehen. Wir werden unser Kind liebevoll und mit Spaß erziehen. Wir werden die ganze Welt der Kinderbelange mit offenen Armen begrüßen und uns kundig machen. Und ich werde mit anderen Frauen Hilfsnetzwerke gründen, wir werden uns austauschen und bestärken. Es wäre doch gelacht, wenn man es mit gesundem Menschenverstand und Organisationstalent nicht schaffen würde, ein erfreuliches Leben für Kind, Vater und Mutter zu zaubern.

Wir haben gerade zwei Jahre in Kalifornien gelebt und kommen mit neuen Ideen in eine neue Stadt nach Deutschland zurück. Und da Paare heute theoretisch selbst entscheiden können, wann sie versuchen wollen, schwanger zu werden, ist es vielleicht nicht nur unser Aufenthalt im *Yes-you-can-do-it*-Amerika, sondern auch dieser beeindruckende Gedanke, über Leben oder Nicht-Leben bestimmen zu können, der uns das Gefühl gibt, alles gut planen zu können. Klar haben wir auch Angst vor der großen Verantwortung und den Veränderungen, die das Leben als Eltern so mit sich bringt, aber wir sind guter Dinge. Schließlich haben das schon ganz andere geschafft. Und die richtigen Ärzte können uns sicher sagen, was wir tun müssen, damit es unserem Nachwuchs gut geht.

Egal aber, wie partnerschaftlich wir die Elternschaft angehen: Jetzt gibt es die erste klare Aufgabenverteilung, in der ich als Mutter im wahrsten Sinne des Wortes eine tragende Rolle spiele. Und ich mache zur Vorsicht das, was die meisten deutschen Frauen tun, wenn sie glauben, schwanger zu sein: Ich gehe gleich zu einem Frauenarzt. Ich lege mich brav auf den Untersuchungsstuhl, lasse mich sorgfältig untersuchen und harre dann im Sprechzimmer den Dingen, die da kommen.

Es ist alles wie im Film: Ich rutsche aufgeregt auf einem Sesselchen hin und her und warte gespannt auf den Herrn Doktor. Dieser betritt mit federnden Schritten den Raum. Ich schaue ihm gebannt entgegen. Er trägt einen weißen Kittel, er schaut wissend, er lächelt, und dann blickt er mich prüfend an. Ich bekomme feuchte Hände. Mein Herz klopft wie wild.

»Ja …«, sagt er gedehnt, »ich will gleich zur Sache kommen. Sicherlich haben Sie schon eine Ahnung, nicht wahr?«

»Ja«, sage ich nervös.

»Wünschen Sie sich denn ein Kind?«, fragt er milde.

Ich nicke stumm.

»Dann habe ich ja eine schöne Neuigkeit für Sie. Sie sind schwanger. Herzlichen Glückwunsch!«

Schnellkurs Mutterschaft

Natürlich hatte ich mir oft vorgestellt, wie ich in einer solchen Situation reagieren würde, ob ich erröten, vor Glück zerspringen oder wie bei einer Oscarverleihung überwältigt mit den Händen vor der Nase wedeln würde. Tatsächlich verstumme ich, ganz untypisch. Die Nachricht ist so groß – mein Verstand kann sie noch gar nicht packen. Es rauscht heftig in meinem Kopf. Mir ist schwindelig. Der Arzt erzählt etwas, was hoffentlich nicht wichtig ist, denn ich verstehe nichts mehr, er schiebt mich lächelnd aus dem Sprechzimmer und eine Arzthelferin übergibt mir schmunzelnd ein bonbonfarbenes Pappköfferchen. Ich starre auf dieses unerwartete Geschenk, als könnte es mir das Leben erklären. Während sie geschäftig meine zahlreichen Arzttermine für die nächsten Monate macht, wage ich einen Blick in das Köfferchen: zahlreiche Broschüren zur Schwangerschaftsentwicklung und zu Babys erstem Lebensjahr, Elternzeitschriften, eine Drehtafel zur Errechnung des Entbindungstermins und sogar Produktproben – Breilöffelchen, Probewindel, Windelcreme und Babyshampoo. Die Babyindustrie stellt sich artig vor. Wohlig schaudernd bekomme ich eine erste Ahnung von den Dingen, die da kommen. Schließlich reicht mir die Arzthelferin ein hellblaues Heft über die Theke mit offiziellem Praxisstempel. »Mutterpass«, lese ich und bin verblüfft. Kaum schwanger, schon Mutter, denke ich zwischen rauschenden Ohren. Das ging ja schneller, als ich dachte.

»Das ist ein sehr wichtiges Dokument«, ermahnt mich die Arzthelferin. »Wir tragen alle Daten über Sie und Ihr Kind in diesen Pass ein. Bitte tragen Sie den Mutterpass immer bei sich. Sie sollten ihn nie vergessen.«

Erst ein paar Tage und viele aufgeregte Gespräche mit Mann, Eltern, Schwester und Freundinnen später habe ich Zeit, mir in Ruhe dieses wichtige Dokument anzusehen, das mich von nun an die nächsten Monate begleiten soll. Gleich auf der ersten Seite werde ich eingeführt in die wunderbaren Geheimnisse einer Schwangerschaft:

HINWEISE FÜR DIE SCHWANGERE
»Schwangerschaft und Geburt sind natürliche Vorgänge und stellen keine Krankheit dar. Manchmal können sie allerdings mit einem erhöhten Risiko für Mutter und Kind belastet sein. Eine sorgfältige Schwangerschaftsbetreuung hilft, einen großen Teil dieser Risiken zu vermeiden oder rechtzeitig zu erkennen, um Gefahren abzuwenden.«

Offenbar ist eine Schwangerschaft trotz hartnäckiger Gerüchte keine Zeit der guten Hoffnung. Hier kommt mir keine blumig-romantische Zuversicht entgegen mit Gottvertrauen in die natürlichen Kräfte meines gesegneten Körpers. Eher streng mahnende Worte, auf dass ich nicht vergesse, mich ordentlich zu verhalten. Ich beiße mir auf die Lippen. Ich werde eine vorbildliche Mama sein, jawohl! Egal, wie gesund ich mich fühle – Krankheit, Risiko und Gefahr scheinen Umstände zu sein, vor denen ich mich hüten muss, und ich werde alles tun, ihnen keine Chance zu geben.

Ich wühle im Pappkoffer. Nicht nur der Mutterpass, sondern alle hier zu findenden Broschüren verkünden die für den Arzt nützliche Botschaft, dass nur eine lückenlos medizinisch kontrollierte Schwangerschaft eine sichere sei:

»Heute gibt es so viele medizinische Möglichkeiten, Gefahrenpunkte für Mutter und Kind frühzeitig zu erkennen und zu beheben, dass es verantwortungslos wäre, wenn eine Frau ihre Schwangerschaft nicht ständig ärztlich überwachen ließe.«

Ich möchte am liebsten wieder zum Arzt laufen. Ich kann gar nicht glauben, dass es Frauen mit Pappkoffer gibt, die nicht alle Möglichkeiten der modernen Überwachung in Anspruch nehmen wollen, aber:

»Trotzdem macht ein großer Prozentsatz von werdenden Müttern noch immer keinen ausreichenden Gebrauch von diesem speziellen Betreuungsangebot. Zu befürchten hätten sie nichts, denn die Untersuchungen tun nicht weh, und der Arbeitgeber ist verpflichtet, die entsprechende Zeit ohne Verdienstausfall freizugeben.«

Kann man es denn fassen? Ich bin erschüttert. Will man hier sagen, dass es Frauen gibt, die bei einer solch wichtigen Sache noch Angst haben vor dem Wehwehchen oder dem Chef? Sind das denn dumme Kinder? Der Satz im Mutterpass unter »Hinweise für die Schwangere« reiht sich verstörend geschmeidig in diese Logik ein:

»Beraten Sie sich mit Ihrem Arzt und befolgen Sie seine Ratschläge!«

Tja, was bleibt einer angehenden Mutter da noch zu tun? Auf einmal scheint es mir schwerer als gedacht, meiner Intuition und meinem weiblichen Körper zu vertrauen, so wie ich eigentlich gedacht hatte, dass es sein müsste. Ich will nicht behaupten, ich hätte nicht gewusst, was da auf mich als werdende Mutter zukommt, aber bei diesem Fokus auf Risiken und Gefahren, bei diesen unermüdlichen Ermahnungen, mich stets sorgfältig kontrollieren zu lassen, wird mir doch langsam mulmig.

Davon hatte meine Mutter mir gar nichts erzählt. Ich dachte, es reiche, sich in der Schwangerschaft gesund zu ernähren, keine Drogen zu nehmen, ausreichend zu schlafen und ansonsten schön entspannt zu bleiben und auf den eigenen Körper zu bauen. Dann würde ich das Kind schon schaukeln. Aber jetzt wird mir klar: Schwangerschaft ist ja richtig gefährlich! Egal, wie gesund, unbesorgt und frei ich als Frau in einem früheren Leben gelebt hatte – das alles spielt jetzt keine Rolle mehr. Krankheit, Risiko und Gefahr scheinen Umstände zu sein, denen ich als Schwangere offenbar nur mit äußerster Vorsicht und unter der strengen Aufsicht meines Gynäkologen entgehen kann.

Ich fühle mich irgendwie ermahnt und gescholten, aber weiß nicht mal genau, warum. Denn schließlich war ich ja gerade beim Arzt. Bin ich vielleicht gar nicht gesund schwanger, grüble ich, sondern so etwas wie schwanger-krank?

Aber ich will ehrlich sein: So ernst nehme ich das in meiner Lage nicht. Ich lese diese Texte, bin kurz beunruhigt und vergesse sie wieder. Ich gehe meinen Eindrücken nicht nach.

Ich nehme es gar nicht ernst, dass man mich als werdende Mutter ermahnt, meinem Arzt blind zu gehorchen.

Und will man es schließlich der deutschen Frauenärzteschaft und der Industrie verübeln, wenn sie uns Frauen ordentlich ins Gewissen redet? Tragischerweise scheinen gerade deutsche Schwangere echte Sorgenkinder zu sein. Laut Bundeszentrale für gesundheitliche Aufklärung (BZgA) gehören bis zu 70 Prozent aller werdenden deutschen Mütter laut Mutterpass einer Risikogruppe an. Interessanterweise müssen wir nur über die Grenze in die Niederlande fahren und sofort sind die Frauen gesünder. In Holland oder Skandinavien zum Beispiel beträgt die Rate der Risikoschwangeren nur 20 Prozent. Ist es das Wasser, die Luft, das Essen? Oder ist es die Tatsache, dass in diesen Ländern Schwangere zu 70 Prozent von Hebammen betreut werden und nur bei Problemen an Ärzte überwiesen werden?

Hilfe, ich bin Risikopatientin!

Die Erfolge der modernen Medizin sind unbestreitbar. Medizin kann Leben retten und ich bin wirklich sehr dankbar für die Betreuung und für jeden hilfreichen Ratschlag. Einige Krankheiten des Kindes können schon während der Schwangerschaft diagnostiziert und vereinzelt sogar therapiert werden, wie ein offener Rücken oder Anämie. Auch können wir auf Wunsch frühzeitig erfahren, ob man das Zimmer blau oder rosa streichen kann. Und schließlich beruhigt es eine Schwangere ungemein, wenn der Arzt berichten kann, dass das Kind sich nach allen Regeln der ärztlichen Beobachtungsgabe gesund entwickelt.

Nur leider werden Schwangere von Ärzten nicht allzu häufig beruhigt. Seit die Risikofaktoren in den letzten 20 Jahren von 17 auf 53 Faktoren aufgestockt wurden und Frauen bei ihrem ersten Kind im Durchschnitt immer älter werden – das Durchschnittsalter liegt heute bei knapp 30 Jahren –, sind die meisten Schwangeren hierzulande Risikopatientinnen. Es reicht schon ein Heuschnupfen, ein krummer Rücken, Übergewicht oder eben ein ungünstig liegender Geburtstag vor Ablauf der neun Monate und – schwups! – schon ist frau in eine Risikogruppe katapultiert.

Auch ich habe Pech – ich habe bald Geburtstag.

»So«, sagt mein Arzt, »alles kein Grund zur Sorge, aber Sie sollten schon regelmäßig zu uns kommen.«

»Aha«, sage ich.

»Ich möchte Sie engmaschiger untersuchen«, sagt er, »aus reiner Vorsicht. Allerdings muss ich Sie als Risikopatientin ausführlich über pränatale Diagnostikmethoden informieren.« Und dann schaut er mir direkt in die Augen.

»Haben Sie schon einmal daran gedacht, was Sie machen, wenn es Probleme gibt?«

Ich verstehe nicht sofort, was er meint.

»Na, wenn das Kind sich nicht optimal entwickelt. Wenn es nicht so wird, wie es sein soll.«

Wie es sein soll? Mit dieser unverblümten Ansprache hatte ich nicht gerechnet. Eben noch stand ich freudestrahlend vor ihm. Jetzt gefrieren mir sämtliche Gesichtsmuskeln. Ganz klar – dieser Arzt teilt nicht meine ungetrübte Freude über das neue Leben in mir. Dieser Arzt misst meinen Nachwuchs nüchtern und praktisch an Normen.

»Wissen Sie«, sagt der Herr Doktor, »man kann durch die neuen Untersuchungstechniken verschiedene Behinderungen des Kindes entdecken. Wie stehen Sie denn zu Schwangerschaftsabbrüchen?«, fragt er freundlich.

»Wir haben uns das gut überlegt«, sage ich. »Wir wollen das Kind in jedem Fall behalten.«

»Das sollten Sie noch einmal überdenken«, sagt er.

»Nein«, erwidere ich. Ich bin verwirrt. Ich kann nicht glauben, dass er mir widerspricht. »Wir sind uns sicher. Wir haben uns entschieden. Wir brauchen keine Tests, weil wir auch nicht abbrechen würden.«

Er wedelt unwillig mit der Hand. Offenbar hat er mir nicht richtig zugehört.

»Lassen Sie uns das noch einmal ausführlich besprechen. Ich muss Sie da gründlich aufklären. Das ist ein Pflichtgespräch. Lassen Sie sich von der Arzthelferin einen Gesprächstermin geben. Und bringen Sie Ihren Mann mit.«

Er lächelt kurz und ist weg. Ich starre ihm entgeistert nach.

Es gibt sicherlich Frauen, die sich durch solche Gespräche nicht aus dem Gleichgewicht bringen lassen. Ich gehöre nicht dazu. Nein, dieses Gespräch kostet mich einige Nerven. Denn dieser kleine Dialog schmeißt mich mit Karacho aus meiner beseelten heilen, kleinen Mutterwelt. Eben noch voller gutgläubiger Vorfreude, begreife ich abrupt und ohne Vorwarnung, dass nicht jeder nett lächelnde Mensch mein Kind willkommen heißen würde, wie es auch sei. Zum ersten Mal wird mir in aller Deutlichkeit bewusst, dass dieser emsige Mediziner mich nicht nur in der Schwangerschaft kontrolliert, um Risiko und Gefahr für Mutter und Kind auf ein Minimum zu reduzieren, sondern offenbar auch, um meinen Nachwuchs zu bewerten, auch wenn ich das gar nicht will, um dann sachlich seine Lebensberechtigung abzuwägen. Ade, du Zeit der guten Hoffnung. Es war schön. Vor allem schön kurz.

Mein Arzt – Vertreter für pränatale Diagnostik?

Es ist ein gehöriger Unterschied, ob ich mich an einen Arzt wende, weil ich glaube, mit einem behinderten Kind überfordert zu sein, oder aber ob mein Arzt mich ohne konkreten Anhaltspunkt auf eine Abtreibung anspricht, weil er glaubt, mein Kind könne eventuell »nicht optimal entwickelt« sein. Offenbar besteht hier ein grundlegendes Missverständnis. Ich bin zum Arzt gegangen, um mich für die Gesundheit meines Nachwuchses einzusetzen, nicht aber, um über dessen Leben und Tod zu entscheiden. Ich bin gekommen, um mich auf meinem Weg unterstützen zu lassen, nicht aber, um über meine Entscheidungen zu diskutieren. Ich werde zu etwas gedrängt, was ich nicht will – ich soll mich in existenziellen Fragen von einem Schulmediziner beraten lassen, der meines Wissens keine andere Qualifikation hat als die, meinen Unterleib untersuchen zu dürfen. Habe ich vielleicht unwissentlich so etwas wie eine Generalvollmacht über mich erteilt? Habe ich irgendetwas in meinem Mutterpass unterschrieben und das Kleingedruckte nicht gelesen? Ich suche, kann aber nichts finden.

Trotzdem gehen mein Mann und ich zu diesem Aufklärungsgespräch. Der Arzt hat die besseren Karten. Er hat Erfahrung, wir sind Anfänger und er hat uns Angst gemacht. Aber das Aufklärungsgespräch ist gar keines. Der Gynäkologe macht schlicht Werbung für pränatale Diagnostik. Wir erfahren alles über die Nützlichkeit und Preise der neuen Testverfahren, nichts aber über die Risiken und Folgen dieser hoch technisierten Diagnostik, auch nicht, als wir gezielt nachfragen. Das Gespräch verläuft seltsam wolkig.

»Das Risiko der Testverfahren ist wirklich gering«, sagt er. »Gar nicht der Rede wert.«

»Welche Behinderungen sind die häufigsten?«, frage ich.

»Da gibt es eine große Bandbreite. Das kann man so gar nicht sagen«, antwortet unser Arzt. »Lassen Sie uns erst mal einen Test machen, dann wissen wir mehr.«

»Und wo würden wir Hilfe finden, wenn es tatsächlich behindert ist?«, fragt mein Mann.

»Es ist doch müßig, jetzt darüber zu reden. Wir sollten doch erst einmal feststellen, ob überhaupt eine Behinderung vorliegt«, sagt der Arzt. Er lächelt aufmunternd.

»Aber warum sollen wir denn feststellen, ob eine Behinderung vorliegt, wenn wir sowieso nichts machen würden?«, frage ich störrisch.

»In manchen Fällen kann man schon während der Schwangerschaft die geeigneten Maßnahmen ergreifen und auch Krankheiten heilen«, antwortet er.

Touché. Das ist der Punkt, der uns verunsichert. Wir wollen nicht schuld daran sein, dem Kind nicht von Anfang an die beste Medizin zu ermöglichen. Ich frage nach:

»Was kann man heilen?« Die Antwort hätte ich mir denken können.

»Ohne Untersuchungsergebnisse macht es keinen Sinn, darüber zu reden«, sagt mein Arzt und lächelt mich an wie ein Staubsaugervertreter. Und dann fügt er ernst hinzu:

»Wissen Sie, Behinderungen sind generell oft eine große Belastung. Für das gesamte Familienleben.«

Er schaut aus dem Fenster.

»Man sollte sich gut überlegen, ob man das wirklich eingehen will. Ich könnte Ihnen Geschichten erzählen ...«

Wir schlucken.

Und dann redet er auf einmal doch über »die Behinderung«. Die Behinderung – so der Tenor des Arztes – gilt es generell abzuwehren, in welcher Form auch immer. Für unsere Haltung hat er wenig Verständnis. Er spricht über das Downsyndrom, das er offenbar für besonders schwerwiegend hält. Mit 35 Jahren bestehe ein erhöhtes Risiko, ein Kind mit diesem Syndrom zu gebären, sagt er, aber er nennt keine Zahlen. Er erwähnt nicht, dass selbst bei einer Frau Anfang vierzig – so die Bundeszentrale für gesundheitliche Aufklärung – die Wahrscheinlichkeit, ein Kind ohne Downsyndrom zu bekommen, bei 99,2 Prozent liegt.

Er sagt nicht, dass der weibliche Körper trotz allem perfekt für Geburt und Schwangerschaft ausgestattet ist. Er erwähnt nicht, dass etwa 95,5 Prozent aller Kinder völlig gesund auf die Welt kommen. Er gibt eigentlich nichts von sich, was uns irgendwie in unserer Situation beruhigen könnte. Aber wie war das noch? Sind Ruhe und Entspannung nicht das, was Schwangere wirklich brauchen?

Ich denke an den Mutterpass und an die Risiken und Gefahren, vor denen ich gewarnt werde. An das Verhalten meines Arztes hatte ich bisher gar nicht gedacht.

»Beraten Sie sich mit Ihrem Arzt und befolgen sie seine Ratschläge!«

Na, vielen Dank.

Ich unterstelle diesem Arzt nichts Böses. Er meint es wahrscheinlich nur gut. Aber er ist subjektiv, wie wir alle. Er hat nur eine eigene Meinung. Warum soll ich dann auf ihn hören?

Es geht nicht darum, dass es pränatale Diagnostik gibt und hilfreich sein kann. Es geht nicht um die Diskussion des Abtreibungsrechtes. Es geht darum, dass wir unter extremen Druck gesetzt werden, pränatale Tests durchführen zu lassen, und dass Schwangerschaft unter pränataler Diagnostik nicht nur extremen Druck für werdende Eltern bedeutet, sondern vor allem auch für das werdende Kind. Denn es geht um nichts anderes und nichts weniger als um seine Existenzberechtigung. Hoch technisierte pränatale Diagnostik ermöglicht die vorgeburtliche Auswahl der Kinder. In der – wenn auch unbeabsichtigten – Folge gelten Behinderte als Menschen zweiter Wahl. Eltern werden für ihre Entscheidung verantwortlich gemacht. Es ist in diesem Zusammenhang ein bitteres Signal, dass in Deutschland behinderte Ungeborene bis zum Ende der Schwangerschaft ohne Beratungsnachweis abgetrieben werden dürfen, während es bei sozialen Gründen für den Abbruch einer Schwangerschaft eines Beratungsscheins bedarf. Es ist eine unumstößliche Tatsache: Es werden immer weniger behinderte Kinder geboren. Und während früher von Freunden und Bekannten gefragt wurde: »Musstest du denn wirklich abtreiben?«, heißt es heute: »Warum hast du denn nicht abgetrieben?«

Es wundert mich nach meiner Betreuung durch den Arzt nicht, dass der Bundesverband für Körper- und Mehrfachbehinderte auf seiner Homepage bilanziert:

»Die Unsicherheiten schwangerer Frauen beziehen sich bei genauer Betrachtung vor allem auf soziale Ängste: Auf wen kann ich mich verlassen, auch wenn mal nicht alles gut geht?«

In den folgenden Wochen und Monaten rotiert es in meinem Kopf. Ist unser Kind in dieser Gesellschaft nicht erwünscht, wenn es den Standards nicht entspricht? Muss ich mich mein Leben lang rechtfertigen, wenn ich mich für ein hilfsbedürftiges Kind entscheide? Bin ich »selbst schuld«, wenn ich nicht abtreibe? Ja, muss ich mich schon schuldig fühlen, wenn ich nicht alle Untersuchungen der pränatalen Diagnostik durchführen lasse?

Diese Gedanken sind so ganz und gar nicht die hellblau-rosa Kinderidylle, die mir aus dem Pappkoffer entgegenschwappt, in der immer wieder beteuert wird, dass es zwar Risiken und Gefahren gibt, aber unser Gesundheitssystem alles für alle Kinder tut, damit es ihnen gut geht.

Von wegen Ruhe und Entspannung: Belastungsprobe Arztbesuch

Ich kann nur noch entspannen, wenn ich mich in Ruhe hinsetze, die Hände auf den Bauch lege und nach innen spüre. Das sind die Momente, in denen ich mein Kind bedingungslos annehme, es spüre und mir selbst wieder vertraue. In denen ich weiß: Alles wird gut. Meine Besuche beim Arzt dagegen werden zur Belastungsprobe. Ist er zufrieden, laufe ich glücklich nach Hause. Runzelt er kritisch die Stirn, bricht mir der Schweiß aus, und ich bin mir nicht sicher, ob es nur die Angst vor Komplikationen in der Schwangerschaft ist oder auch die Panik vor neuen Beratungsgesprächen.

Nun wollen wir hier nicht den Eindruck erwecken, dass Schwangere wie ich in deutschen Frauenarztpraxen zu Opfern mutieren, auch wenn meine Geschichte nur eine von vielen landauf, landab in Deutschland ist, von denen Schwangere atemlos berichten. Ich könnte hier noch weitaus beklemmendere Begebenheiten erzählen. Aber wer will sich schon die gute Laune verderben lassen? Wer will denn pingelig sein? Immerhin haben wir überhaupt ein Gesundheitssystem, was ja nicht jedes Land von sich behaupten kann, und dafür können wir doch sehr dankbar sein. Schwangerschaft ist kein Sonntagsspaziergang und wo gehobelt wird, da fallen Späne. Ist es denn wirklich menschenverachtend, realistisch ein Für und Wider von Menschenleben zu diskutieren? Da wollen wir doch mal vernünftig sein.

Und schließlich kann jede immer noch frei entscheiden, auch wenn sie nicht gerade immer dazu ermutigt wird. Auch ich werde nicht gezwungen, nur gedrängt und schlecht beraten. Ich hätte jederzeit den Arzt wechseln können, was ich auch getan hätte, wenn ich einen gefunden hätte, der weniger an pränatale Diagnostik glaubt.

Es gibt viele schwangere Frauen, die gerne zum Gynäkologen oder zur Gynäkologin gehen. Wenn der Arzt oder die Ärztin wirklich gut ist und die Schwangere sich ernst genommen, respektiert, informiert und gestärkt fühlt nach einem Besuch. Wenn sie das Gefühl hat, dass sie gut aufgehoben ist mit ihren Entscheidungen und Empfindungen. Wenn der Arzt oder die Ärztin in ihrem Sinne handelt. Wenn sie keine Risikopatientin ist oder trotz Etikett nicht als solche angsteinflößend behandelt wird. Oder wenn sie gar nicht alles wissen will oder gerne die Entscheidung abgibt. Wir Frauen sind ja alle unterschiedlich.

Technik versus Intuition: Babyfernsehen

Fast alle Schwangeren aber treibt ein ganz spezielles Vergnügen in die Frauenarztpraxen: die Ultraschallbilder des Ungeborenen. Ein Ultraschallgerät liefert Fotos des Nachwuchses im Mutterleib, die für Normalsterbliche wie wirres Fernsehrauschen aussehen, werdende Eltern aber in Verzückung geraten lassen. Ultraschall wird im Volksmund auch gerne »Babyfernsehen« genannt und übt eine solche Faszination auf die Eltern in spe aus, dass viele den nächsten Arzttermin gar nicht abwarten können. Mit Ultraschall kann ich meinen Nachwuchs direkt in Augenschein nehmen. Gerade ein paar Wochen gereift, kann ich ihn schon als Knubbel auf dem Monitor entdecken und das Herzchen schlagen sehen. Babyfernsehen ist reizvoll, auch für Frauen wie mich, die der pränatalen Diagnostik eigentlich kritisch gegenüberstehen.

Moderne Ärzte sind findig und wissen um die Anziehungskraft ihres Gerätes. Wir können Ultraschallfotos in Farbe mit nach Hause nehmen oder ganze Filmsequenzen verewigen lassen. Wir Frauen brauchen nicht mehr altmodisch wie unsere Mütter nach innen zu spüren, um zu wissen, wie es unseren Babys geht. Wir können uns von Anfang an auf die moderne Medizin verlassen. Das Innere wird nach außen verlegt. Wir sehen das werdende Kind auf einem Bildschirm, hören sein Herz mithilfe der Dopplersonografie schlagen und der Arzt klärt über sein Befinden auf.

Das heißt aber auch: Von Anfang an tritt hochmoderne Technik an die Stelle des eigenen Gespürs. Ja, fast unmerklich gerät die eigene Intuition in den Hintergrund. Die einfachen Dinge, wie in sich hineinhorchen, die Hände auf den Bauch legen und nachspüren. Ein Gefühl dafür zu bekommen, in welcher Verfassung das Ungeborene gerade ist. Vielleicht sogar zu ertasten, wie das Kind im Bauch liegt. Es gibt Schwangere, die sich als bekennende Technik-Freaks kaum mehr die Zeit nehmen, den eigenen Bauch aufmerksam abzutasten.

Und so ist es vielleicht auch gar nicht verwunderlich, dass manche Ärzte, wie mein Arzt, der Intuition der schwangeren Frauen für ihre Körper, den Ahnungen und Gefühlen ihrer »Patientinnen« kaum noch Beachtung schenken und weit davon entfernt sind, Intuition junger Mütter zu fördern. Heute ist es in gynäkologischen Praxen eher Nebensache, ob Schwangere gelassen bleiben und wissen, dass alles in Ordnung ist, oder ob sie unruhig sind und Gefahr wittern. Real ist, was mit der Technik gemessen wird. Instinkte spielen in dieser Art Schwangerschaftsbetreuung eine untergeordnete Rolle. Das Vertrauen in die pränatale Diagnostik ist übermächtig. Für meinen Arzt bin ich eher eine Art Aufbewahrungsbauch mit veralteten Sicherheitsstandards. Ein Auslaufmodell mit Uralt-Intuition, das regelmäßig kontrolliert werden muss. Ich kann zwar spüren – und ich bin immer noch davon überzeugt, dass ich es kann, auch wenn er es mir nie bestätigt –, wenn es meinem Baby nicht gut geht. Ich kann aber nicht spüren, was die Ursache dessen ist, und deshalb interessiert meinen Arzt nicht, was ich fühle. Hochmoderne Technik ist in puncto Diagnostik menschlicher Intuition eindeutig überlegen, und genau das ist der Grund, warum ihr von allen Seiten ein so übermäßig großes Vertrauen entgegengebracht wird.

Pränatale Diagnostik: alles unter Kontrolle?

Etliche Schwangere wissen das Angebot der pränatalen Diagnostik zu schätzen. Die gängigen Testverfahren sind ein wichtiges Gesprächsthema unter angehenden Müttern. Es herrschen rege Diskussionen: Welche Tests hast du gemacht? Was kostet dieses oder jenes Verfahren? Hast du schon die Ergebnisse? Einige Frauen sprechen erst von ihrer Schwangerschaft, wenn sie in der 11. bis 13. Woche die Ergebnisse der Nackenfaltenmessung erfahren, die schwere Behinderungen erschließen soll. Zahllose Mütter, die eine Fruchtwasseruntersuchung durchführen lassen, entwickeln erst ein Gefühl für ihr Kind, wenn alle Testergebnisse zu aller Zufriedenheit vorliegen, und das ist im Falle der Fruchtwasseruntersuchung im fünften oder sechsten Monat. Was dies für die Mutter-Kind-Beziehung bedeuten kann, ist bis heute noch gar nicht hinreichend untersucht. Bekannt ist, dass sich eine entspannte Schwangere von Anfang an das Baby und die Zukunft mit ihm in allen Variationen vorstellt und dadurch langsam die Ängste und Sorgen verarbeitet, die mit einer Schwangerschaft natürlich einhergehen. Diese Vorstellungen sind wichtig, um sich psychologisch intensiv auf das Kind vorzubereiten. Eine Schwangere, die mit dieser Vorbereitung Monate später beginnt, hat viel weniger Zeit, sich den dramatischen Veränderungen in ihrem Leben anzupassen.

Befürworter der pränatalen Diagnostik argumentieren zuweilen, dass die modernen Untersuchungsmethoden eine gründliche Auseinandersetzung mit Behinderungen und Krankheit anstoßen würde. Schließlich hätten die 2 bis 3 Prozent der Eltern, die durch pränatale Diagnostik erfahren, dass ihr Kind behindert oder krank ist, ein paar Monate vor der Geburt Zeit, sich optimal auf die Situation einzustellen. Doch in Wahrheit weiß niemand, auch die medizinischen Experten nicht, wie das Kind und die Situation sich entwickeln werden. Es bleibt immer eine Ungewissheit bestehen. So manch ein pränatal diagnostizierter Wasserkopf stellte sich im Nachhinein als völlig gesund heraus. Manch eine Behinderung wurde in pränatalen Untersuchungen übersehen. Und kein Aufklärungsgespräch und keine schonungslose Diagnose können den Schock der Eltern mildern, wenn das behinderte Kind geboren wird.

Über die beachtlichen Risiken der pränatalen Diagnostik, wie Schädigungen der Föten und Fehldiagnosen, sind nicht nur mein Arzt und die meisten Broschüren, Internetseiten und Ratgeber äußerst diskret, sondern es wird auch unter Schwangeren kaum darüber gesprochen, obwohl in manchen Fällen das Risiko, eine Fehlgeburt auszulösen, deutlich höher ist als die Wahrscheinlichkeit, dass das Kind ein Downsyndrom hat. Bei einer Nabelschnurpunktion gibt es ein Fehlgeburtsrisiko von 1 bis 3 Prozent. Und bei einer Fruchtwasseruntersuchung liegt das Risiko bei 0,5 bis 1 Prozent. Eine von 200 Frauen hat eine Fehlgeburt.

Auch die Fehldiagnosen sind erschreckend. 95 bis 97 Prozent der Kinder, so die BZgA, denen nach einer Untersuchung des Frühscreenings eine auffällige Nackentransparenz bescheinigt wurde, haben einen ganz normalen Chromosomensatz. Der Triple-Test – ein Bluttest in der 16. bis 18. Schwangerschaftswoche – »ist inzwischen auch bei den Ärztinnen und Ärzten umstritten, weil er zu viele fehlerhafte Ergebnisse liefert«. Die meisten Kinder mit einem auffälligen Befund kommen völlig gesund auf die Welt.

Selbst Ultraschalluntersuchungen sind nicht so harmlos, wie sie anmuten. In Deutschland gehören theoretisch drei Ultraschallbefunde zu den Standarduntersuchungen in der Schwangerschaft. Tatsächlich aber gehen viele Frauen alle vier Wochen und häufiger zum Babyfernsehen, denn die meisten – bis zu 70 Prozent – sind ja Risikopatientinnen. Nirgendwo in Europa werden so viele Ulltraschalluntersuchungen gemacht wie in Deutschland, aber deutsche Neugeborene sind nicht gesünder als andere. Die Beliebtheit und Häufigkeit hierzulande von Ultraschalluntersuchungen täuschen darüber hinweg, dass diese Untersuchungen oft erhebliche Konsequenzen haben. Es wird nicht nur vermutet, dass Ultraschall für Ungeborene eine immense Lärmbelästigung darstellt, sondern bei keiner anderen Untersuchung werden mehr Auffälligkeiten entdeckt als bei dieser. Die Bilder werden von Ärzten nicht selten fehlinterpretiert und führen dann zu unnötiger Verunsicherung und weiteren belastenden Maßnahmen.

»Oh«, sagt mein Arzt, »das ist aber merkwürdig.«

Ich liege auf einer Krankenpritsche in einer winzigen Kammer. Er untersucht gerade mit dem Ultraschallgerät meinen nackten Bauch, der sich inzwischen beachtlich in die Höhe hebt. Beim Klang seiner Stimme hebe ich alarmiert den Kopf. Er starrt angestrengt in den Monitor.

»Was ist merkwürdig?«, frage ich schrill.

Er schweigt und starrt. Ich zähle innerlich bis zehn, wild entschlossen, bei elf loszuschreien.

»Das habe ich bisher nur in Lehrbüchern gesehen«, murmelt er bei neun. »Das müssen Sie später einer Kinderärztin zeigen.«

»Wovon reden Sie denn?« Mir bleibt fast das Herz stehen. Er glotzt immer noch in den Monitor.

»Ihr Kind hat drei Nieren.« Er schweigt und guckt in sein Gerät. Ich halte den Atem an.

»Ach nee, doch nicht«, sagt er dann gut gelaunt. Fröhlich dreht er sich zu mir um. »War wohl nur ein Schatten.«

Es hilft nichts. Wir brauchen Hilfe. Wir lassen uns auf Feinultraschalluntersuchungen ein. Das machen Ärzte, die sich auf so etwas spezialisiert haben, mit sündhaft teuren Geräten, die hoffentlich Schatten und Materie unterscheiden können und bei denen man stundenlang im Wartezimmer warten muss, mit zahlreichen anderen Schwangeren mit und ohne Anhang, die alle von ihren Frauenärzten und -ärztinnen zum Spezialisten geschickt werden. Aus welchem Grund auch immer. Was wir zu diesem Zeitpunkt noch nicht wissen: Besonders bei Feinultraschalluntersuchungen finden Ärzte häufig etwas, das nicht der Norm entspricht. Ob ein zu kleiner oder großer Kopf, Zysten im Hirn oder undefinierbare Flecken auf dem Herzen – die künftigen Eltern bekommen die Beobachtungen unverzüglich präsentiert, mit der tröstlich gemeinten Bemerkung, dass die Auffälligkeiten in der Regel kein Grund zur Besorgnis seien. Das würde sich meist auswachsen. Dies kann aber erst netterweise sechs Wochen später bei einem nächsten Termin festgestellt werden. Man zeige mir bitte die Eltern in spe, die sich in dieser Zeit gelassen zurücklehnen.

Ich verstehe die Ärzte. Sie wappnen sich mit den Mitteilungen ihrer unausgereiften Diagnosen gegen gerichtliche Ansprüche, die sie erwarten würden, wenn sie einen Defekt übersehen oder bei Auffälligkeiten nicht über die Möglichkeit einer Fruchtwasseruntersuchung informieren würden. Ich habe durchaus Verständnis für sie, weil sie dem Apparat Gesundheitssystem genauso ausgeliefert sind wie wir jetzt. Ich verstehe nur nicht, wie wir uns überhaupt auf diese ganze Sache hier einlassen konnten. Die drei Nieren waren harmlos im Vergleich zu dem, was uns jetzt erwartet.

»Ihr Kind hat eine Zyste im Hirn«, teilt uns die Spezialistin direkt nach der Untersuchung mit.

»Aber das ist aller Wahrscheinlichkeit kein Anlass zur Sorge. So etwas wächst sich häufig wieder aus.« Sie lächelt müde.

Gleich darauf werden wir in einen verdunkelten Raum geschleust. Wir müssen uns neue Berechnungen über die nun erhöhte Wahrscheinlichkeit eines Downsyndroms ansehen, auf Leinwand, per Beamer. Da sitzen wir im Dunkeln und starren auf die Ziffern.

Die Sorge um die Gesundheit des Kindes sitzt uns beiden fortan monatelang wie eine kalte Hand im Nacken. Entspannung und Wohlbefinden, die als wesentliche Voraussetzung für die Gesundheit von werdender Mutter und Kind gelten, muss ich mir schwer erkämpfen. Noch nie habe ich so häufig meditiert. Ich traue mich erst, mir die Zukunft mit meinem Kind weiter vorzustellen, als ich Wochen später bei einem zweiten Termin erfahre, dass das Kind vollkommen gesund ist.

Von meinem anfänglichen Optimismus, das Kind schon schaukeln zu können, ist nicht mehr viel übrig. Ich fühle mich einem riesigen medizinischen Apparat ausgeliefert, der mir Angst macht und in dem meine Meinung und meine Intuition keine Rolle spielen. Risiko und Gefahr schweben dauernd unausgesprochen im Raum und die vielen Kontrollen sind kraftraubend und ermüdend.

Kein Vergleich zu früher: Normen und Kontrollinstanzen

Und ganz allmählich, peu à peu, werde ich wie viele andere werdende Mütter ein großer Fan von Normen. Normen bieten Sicherheit und Schutz. Normen sind das Normale, das Unauffällige. War ich in einem früheren Leben der Meinung, dass gerade die Unterschiedlichkeit den Reiz von Menschen ausmacht, hoffe ich jetzt nur noch auf ein normgerechtes Wesen.

»Bitte, lass mein Kind normal sein«, bete ich. »Lass es nicht so sein, dass sie nicht wissen, was es ist.«

Ja, schlimmer noch, mit der Zeit bekomme ich das Gefühl, für die Mutterschaft nicht geeignet zu sein. Wenn ich jetzt schon schlappmache, denke ich beklommen, wie soll es erst werden, wenn ich es Tag für Tag in dieser Gesellschaft beschützen soll, in dieser Welt, in der reale Gefahren drohen und Abweichler argwöhnisch betrachtet werden? Was soll werden, wenn es aneckt, missfällt, auffällt? Ich habe oft Angst und bin unsicher. Dabei verläuft meine Schwangerschaft an sich völlig komplikationslos. Das Kind gedeiht prächtig.

Wie anders erging es doch unseren Müttern. Die meisten waren in der Schwangerschaft sehr viel unbeschwerter und zuversichtlicher, als wir es heute sind. Natürlich hatten auch sie Angst, kein gesundes Kind zu bekommen, aber die Entscheidung darüber lag nicht bei ihnen. Sie haben sich lange nicht so viele Gedanken über Behinderungen gemacht wie wir heute, denn in den 60er- und bis Mitte der 70er-Jahre des vergangenen Jahrhunderts mussten sie sich noch nicht mit pränataler Diagnostik beschäftigen. Die Krankenkassen übernahmen 1976 zum ersten Mal die Kosten für eine Fruchtwasseruntersuchung und es waren in Deutschland im Jahr nicht einmal 2.000 Punktionen. Heute sind es rund 80.000.

Unsere Mütter gingen in der Regel drei Mal in der Schwangerschaft zum Arzt, vertrauten meist auf ihr Gefühl für das Kind, ließen sich zur Geburt einweisen und vom Geschlecht des Babys überraschen. Für Beschaffenheit und Gesundheitszustand ihres Kindes wurden sie nicht verantwortlich gemacht.

Diese Zeiten sind heute offenbar vorbei.

Die Hoffnung stirbt bekanntlich zuletzt, aber mit der guten Hoffnung ist es nicht mehr weit her. Zahllose schwangere Frauen warten sehnlichst auf den nächsten Ultraschalltermin oder auf Testergebnisse, weil sie wissen wollen, ob mit ihrem Kind alles in Ordnung ist. Wenn Technik das eigene Gespür ersetzt, wird sie zur alles beherrschenden Kontrollinstanz. Wir streben nach den neuesten medizinischen Errungenschaften. Wir verlassen uns auf sie, weil wir die größtmögliche Sicherheit suchen. Der Preis allerdings ist häufig hoch. Wir spüren oft Angst und Druck und lernen allmählich, dass nicht wir, sondern Experten am besten wissen, was gut für unsere Kinder ist.

Die Kinder werden derweil von Anfang an an Normen gemessen. Sie werden nicht bedingungslos empfangen, sondern mit hochmodernen Messverfahren untersucht und nüchtern bewertet.

Meine anfängliche Euphorie, selbstbestimmt Mutter zu sein, ist nahezu verflogen. Die werdende Mutter, die sich von Anfang an auf ihr Gefühl für sich und ihr Kind verlassen möchte, wird immer mehr zur Ausnahme, ja, sie gilt als verantwortungslos. Und wer möchte das schon sein?

Kapitel 2

Karrierestart

Was tun pflichtbewusste schwangere Frauen, deren Körper sich neun Monate lang drastisch verändern und dabei Krankheit und Gefahr lauern, die meist nur von Experten erkannt werden können? Was machen sie, um das Unheil für den Nachwuchs abzuwehren? Sie versuchen, sich über die Gefahren so gut wie möglich zu informieren und alles zu tun, um die Schwangerschaft präventiv irgendwie sicher zu machen.

Zeit voller Ungewissheiten, Fragen über Fragen

So greife ich nach allem, was Schutz verspricht. Der rosa Pappkoffer vom Arzt ist meine Einstiegsdroge. Ich kann von den Informationsschriften nicht mehr lassen. Buchhandlungen sind bald die Stellen, in denen ich Sicherheit zu tanken versuche. Ich habe immer einen oder mehrere Ratgeber auf dem Nachttisch liegen und bin Expertin für verbreitete Schwangerschaftsprobleme wie Sodbrennen, Rückenschmerzen, Übergewicht und schwache Blase. Ich achte auf gute Ernährung und ausreichend Schlaf. Drogen wie Alkohol, Nikotin und Schokolade haben Hausverbot. Stattdessen werden Gemüse für die Vitaminzufuhr und der Zwieback gegen Übelkeit meine ständigen Begleiter. Ich lege so oft wie möglich die Füße hoch (soll den Blutfluss fördern), höre klassische Musik (soll dem Kind zu einem hohen IQ verhelfen) und versuche – bitte einmal tief durchatmen – mich gut zu entspannen. Entspannung und Ruhe, das lese ich in allen Schriften, sind das Wichtigste für schwangere Frauen. Ruhe, Ruhe, Ruhe! Soll das Kind gedeihen und die Mutter gesund bleiben, ist Ruhe die Grundvoraussetzung.

Wie nett! Dieser so simpel erscheinende Ratschlag ist schwer zu befolgen. Es sind ja nicht nur die säuerlichen Mienen von Chefs oder Chefinnen, wenn man ihnen die frohe Botschaft mitteilt. Es sind nicht allein die fassungslosen Blicke kinderloser Freundinnen, die mir jetzt innerlich kündigen, oder die Arztbesuche, die für ein abwechslungsreiches Gemütsleben sorgen – nein, es sind auch die Schwangerschaftsratgeber selbst, die Frauen den Schlaf rauben. Einmal auf den Trichter gebracht, entwickele ich in Richtung Angstfantasien ungeahnte Kreativität. Je mehr ich lese, desto wildere Fragen tun sich mir auf.

Was bedeuten Schmerzen im Unterleib?
Welchen Blutdruck sollte ich haben?
Muss ich Albträume ernst nehmen?
Welche Musik darf ich hören?
In welche Länder kann ich reisen?
Soll ich fliegen oder Auto fahren?
Sind Bahnreisen ungefährlich?
Darf ich mit dem Handy telefonieren oder am Computer sitzen?
Darf ich die Mikrowelle benutzen?
Könnte ich mir die Nägel lackieren?
Darf ich mir die Haare färben?
Oder zumindest die Wimpern?
Und was ist mit Lippenstift?

Jeden Tag kommen neue Fragen hinzu, die ich natürlich alle nicht nach Bauchgefühl beantworten kann. Da braucht es schon findige Experten, die Tag für Tag in solch kniffligen

Problemfeldern forschen und deren Schriften ich finden muss. Die deutschen Schwangerschaftsratgeber liefern mir bald keine Antworten mehr. In den zahllosen Internetforen rund um das Kind stellen zwar andere werdende Mütter ähnliche Fragen und noch andere als ich, aber die Antworten sind häufig vage, nach Gutdünken beantwortet oder fehlen in Gänze.

Also bestelle ich amerikanische Ratgeber, die sind um einiges genauer. In den USA kann jeder verklagt werden, der für sein Produkt verschweigt, wofür es definitiv nicht geeignet sein könnte. Das hält die Forschung schön in Schwung und das Spektrum der Gefahrenquellen sehr breit. Ich ahnte nicht, dass Schwangerschaft auf so viele Arten gefährdet sein kann. Es werden Krankheiten und ungemein tragische Vorfälle beschrieben, von denen ich bisher noch nie gehört hatte und die es mir jetzt kalt den Rücken runterlaufen lassen. Und wer weiß, was man noch gar nicht entdeckt hat?

Sicherheit ist Trumpf: TÜV, Stiftung Warentest und Öko-Test

Je dicker ich werde, desto mehr forsche ich. Jetzt lebt mein Kind noch in einer Hülle, sprich in mir (auch wenn sie offenbar weniger schützt, als ich dachte), aber bald wird es direkt mit dieser kinderfeindlichen Welt in Kontakt kommen. Ein Gedanke, bei dem mir mulmig wird. Gesunde Nahrung, frische Luft, Ruhe, sauberes Wasser, viel Grün und Sauerstoff – meine Ratgeber heben mahnend den Finger. Das wird das Kind brauchen, und zwar rund um die Uhr. Ich aber wohne in einer Großstadt, in einer Etagenwohnung, habe nur einen kleinen Balkon. Jeden Tag lese ich in der Zeitung über neue Umweltkatastrophen, Giftstoffe in der Luft, im Wasser, im Essen, in den Babygläschen, im Spielzeug, in den Windeln und im Kinderwagen. Wie soll ich meinem Kind die Idylle und den Schutz bieten, der in den Ratgebern so dringlich gefordert wird, wenn wir offenbar in einer Art Sondermülldeponie leben?

Es ist mir unerklärlich, wie wir Erwachsenen überhaupt heranwachsen konnten. Meine Eltern ließen uns damals vergnügt bis über beide Ohren in gewaltigen Mengen von Schaum in der Badewanne planschen und haben sich nie darüber Gedanken gemacht, warum es so schön lustig blubbert.

Mit derlei unbefangener Lebenslust ist jetzt Schluss. Sicherheit ist angesagt. Alles wird geplant. Baden ja, aber nur in klarem Wasser in einem durchsichtigen Plastikeimer, der dem Baby die Geborgenheit einer Fruchtblase gibt und mir den vollen Durchblick. Man weiß ja nie, was passiert. Alles birgt Risiken, alles muss genau bedacht werden, ja, selbst die Wahl der Wandfarbe für das Kinderzimmer. Nicht nur wegen der Inhaltsstoffe, sondern auch wegen der Farbe an sich. Farben haben Wirkung auf die Psyche. Da kann man nicht nach Lust und Laune streichen. Da muss man sich einarbeiten.

Autositze, Kinderbettchen, Wickeltische, Babywannen und Windeln – nichts kann ich einfach mal so locker erstehen. In meinen Schriften herrscht Konsens: Wer die Mutterschaft ernst nimmt und seinem Kind etwas Gutes tun will, der prüft alles auf Herz und Nieren. Nichts sollte dem Zufall überlassen bleiben. Nur das Beste und Getestete ist gerade gut genug, ob Nahrung, Pflegeprodukte, Schnuller, Kleidung, Kinderwagen, Möbel oder Spielzeug. Es peitscht meinen Blutdruck hoch, wenn ich nur an die nötige Babyausstattung denke. Es gibt zwar lange Inventarlisten in den Ratgebern, sodass ich mir nicht alleine überlegen muss, was ein Baby brauchen könnte, aber natürlich steht in ihnen nichts über die Qualität der verschiedenen Marken und Anbieter.

Und so mache ich mich an die Arbeit. Beispiel Spielzeug: Während meine Mutter früher etwas für mich kaufte, weil es so hübsch bunt war und Spaß versprach, kaufe ich, weil es eben nicht bunt, sondern ökologisch hergestellt und pädagogisch wertvoll ist. Um das zu erkunden, studiere ich erstens Spielzeugkataloge, die neben jeder Rassel und jedem Baustein minutiös angeben, welche motorischen und sonstigen Fähigkeiten ein Baby mit diesem wundervollen Objekt trainieren kann, durchforste zweitens Stiftung-Warentest- und

Öko-Test-Hefte, ob die aus dem Katalog erwählten Produkte auch getestet und unbedenklich sind. Und drittens bestelle ich nach eingehender Suche nach dem günstigsten Preis im Internet.

Es ist ein Volkssport, gerade unter Müttern, den besten Preis zu ergattern. Die Mutter, die mehr bezahlt als andere, gilt als naiv. Schnell machen Adressen die Runde für Geschäfte, die als »Geheimtipp« gehandelt werden. Da fahren wir schon mal 100 Kilometer in die Pampa und schieben uns in Gruppen von werdenden Müttern und ihrem Begleitpersonal durch die Gänge dieser Babyfachmärkte mit dem Ambiente von Lagerhallen und reißen uns gegenseitig die begehrten Waren aus den Händen. Wir türmen Windeln und Eimereinlagen für die nächsten drei Jahre in unsere Einkaufswagen, Babystuhl, Badewannen, Wickelunterlage, Autositze für das nächste Jahrzehnt und natürlich viele, viele Errungenschaften, die ein Überleben des Kindes in unserer Wohnung vereinfachen sollen: Treppengitter, Kindersicherungen für Steckdosen, Herdschutzgitter, Fenster- und Schrankschlösser, Nachtleuchten und Babyfon.

Meine Eltern staunen, wie findig mein Mann und ich schon jetzt den Kühlschrank, Schubladen, Fenster und Putzschränke verriegeln können. Wir machen das schon jetzt, damit wir später im Eifer des Gefechts nichts übersehen. Meine Eltern waren früher gar nicht auf den Gedanken gekommen, die Wohnung in einen Hochsicherheitstrakt zu verwandeln. Natürlich war es nicht schön, wenn wir Kinder uns verletzten, doch dann passten wir das nächste Mal eben besser auf. Oma und Opa in spe sind schwer beeindruckt von unseren Vorkehrungen, ein Kind im Haus zu halten, doch sind sie sich nicht sicher, ob sie auch so leben möchten.

Der Mercedes unter den Kinderwagen

Die Königsdisziplin unter den Vorbereitungen ist natürlich der Kinderwagen. Schadstoffe sind nur die eine Seite der Medaille (2009 konnte hier von Stiftung Warentest kein einziges

»gut« vergeben werden!), die andere Seite ist das Image, und nichts ist hier so verräterisch wie dieses Ding auf vier Rädern. Wer sich mit Schwangeren und Müttern unterhält, merkt schnell: Der Kinderwagen ist das Aushängeschild der Mutterschaft. Am Kinderwagen sollt ihr sie erkennen. Er ist das Statussymbol schlechthin. Viele Mütter sind zwar in den ersten Monaten in mehr oder weniger einheitlicher Kleidung unterwegs (bequem und leicht zu reinigen), aber am Kinderwagen sieht man, welchen Geistes und Geldbeutels eine Mutter ist. Ein teures, qualitativ hochwertiges Gefährt zeigt: Diese Mutter ist bereit, in ihre ernste Aufgabe zu investieren. Sie hat Geld. Sie gehört zur Mutter-Elite.

Ich frage eine alte Freundin und Mutter einer 12-Jährigen, um mir im neuen Bekanntenkreis unter Müttern keine Blöße zu geben:

»Welchen Kinderwagen würdest du empfehlen?«

Meine Freundin lächelt wissend.

»Wenn ich du wäre, würde ich nur den XY nehmen. Das ist der Mercedes unter den Kinderwagen. Alles andere ist nur zweite Wahl.«

Sie gluckst glücklich.

»Ich hatte den auch. Du hättest mal sehen sollen, wie die anderen geguckt haben.«

Ich schaue auf meine Freundin. Sie sieht immer noch zufrieden aus, nach all den Jahren. Als sie mir den Preis für diese Mutti-Droge nennt, bin ich zwar fassungslos, was man für einen Korb auf vier Rädern ausgeben kann, auf der anderen Seite bin ich noch nie so billig an einen Mercedes gekommen. Die Sache ist ein Nachdenken wert.

Also informiere ich mich gründlich und rechne nach, ob ich mir ein gutes Image leisten kann. Zweitens muss ich mich einarbeiten in die technischen Finessen dieses Geräts. Schon die Aufzählung ist ermüdend. Haha, das war einmal – Kinderwagen nach Farbe aussuchen! Will ich schwenkbare Vorderräder oder Schieber, Luftkammerräder mit Tiefbettfelge oder lieber auch mit Niederquerschnitt? Will ich einen abnehmbaren oder einen umdrehbaren Sitz? Höchsten Sonnen- und Windschutz oder einfach nur ein Schirmchen? Eine Softtasche oder eine Gestelltasche? Brauche ich einen Offroader oder einen Cityshopper? Am Ende meiner sorgfältigen Studien passt der penibel ausgesuchte fahrbare Babyuntersatz nicht in den Autokofferraum. Und die Suche nach dem passenden Pkw geht los …

Ich bin bald alles andere als eine stets ausgeglichene Schwangere mit mütterlich-gütigen Augen. Arztbesuche, Ratgeber, Recherchen, Einkäufe und Hormone sorgen für ein turbulentes Gemüts- und Beziehungsleben, ganz zu schweigen von interessanten Gelüsten nach sauren Gurken & Co. Ich neige zu spontanen Wutanfällen und liege gerne auch mal heulend in der Ecke. In den Broschüren vom Arzt und auf den Fotos der Schwangerschaftsführer sieht das anders aus. Lächelnd schauen mir da gepflegte Frauen in gebügelten Kleidern entgegen. Mir wird klamm ums Herz. Ich komme jetzt schon alles andere als vorbildlich daher. Wie soll es nur werden, wenn das Kind erst da ist? Verbissen konzentriere ich mich auf das, was meine ganze Mitarbeit erfordern wird und eigentlich erst der Anfang von allem sein sollte: das große Ereignis – die Geburt. Es geht an die Geburtsvorbereitungen.

Die optimale Geburtsvorbereitung

»Und wir legen die Beine auf der Unterlage ab!«

Ich liege auf einer Gummimatte, mein Mann neben mir schnauft genervt auf seiner Gummimatte, um uns herum atmen ein Dutzend Paare auf ihren Gummimatten. Wir hören der Hebamme zu, die beschwörend einen Text zur Entspannung durch den Gymnastikraum raunt. Der Satz wird auf Jahre ein *running gag* in unserer Ehe. Wir sind in einem Geburtsvorbereitungskurs, zehn Abende in drei Monaten. Es ist schrecklich. Die meiste Zeit lesen wir uns reihum Geburtstechniken und praktische Tipps aus kopierten Materialien vor, die die Hebamme am Anfang der Stunde ausgibt. Zum Schluss kommt immer die gleiche Entspannungsübung. Einmal durften wir eine Plastikpuppe wickeln. Die restliche Zeit lauschen wir ungläubig oder missmutig den heiteren Geschichtchen aus dem Kreißsaal, die die geschwätzige Hebamme zum Besten gibt, oder wir üben verschiedene Geburtsstellungen. Das besondere Schmankerl war heute die Vierfüßler-Stellung. Wir Dickbäuchigen mussten auf Händen und Knien hecheln und die Männer sollten uns Frauen von hinten den Rücken streicheln. So was muss man wohl üben. Zwei Väter in spe warfen Zoten in den Raum und lachten dreckig. Ich kann nicht glauben, dass ich mir das hier antue.

Aber selbst schuld! Ich hätte mich ja gründlicher informieren können. Wenn ich anderen werdenden Müttern von diesem miesen Kurs erzähle, schauen sie mich nur begrenzt mitleidig an. Eher so, als hätte ich noch immer nicht begriffen, wo es langgeht.

»Hast du dich denn nicht vorher erkundigt?«

Nein, habe ich nicht. Böser Fehler. Ich habe mir tatsächlich mal den Luxus erlaubt, gutgläubig zu buchen. Wenigstens, so tröste ich mich, kann mir keiner den Vorwurf machen, die Teilnehmerliste nicht gecheckt zu haben. Die gibt es ja für uns nicht vor Kursbeginn.

Aber alles Jammern hilft nichts. Die Geburt will vorbereitet sein, und ich bin wild entschlossen, den Begriff »Risikopatientin« Lügen zu strafen. Um optimale Ausgangsbedingungen zu schaffen, ist es wichtig, körperlich fit in die Wehen zu gehen und sich vorab mit dem Schmerz und der Wehenarbeit auseinanderzusetzen. Deswegen gibt es ein groß angelegtes Spektrum an Vorbereitungsmöglichkeiten. Was verbringe ich nicht all meine Zeit damit, mich ausgiebig auf die Geburt einzustimmen. Ich hechele nicht nur präventiv im besagten Geburtsvorbereitungskurs, lege meine Beine ab und mache mich mit akrobatischen Gebärtechniken vertraut. Ich paddele auch schwankend beim Schwangerschaftsschwimmen durchs Wasser und versuche verzweifelt, in der Gymnastikstunde für werdende Mütter meinen Beckenboden in »Aufzugsspielchen« zu entdecken, damit er sich in der Stunde der Wahrheit reibungslos öffnet. Ich lasse meinen dicken Bauch betörend beim Bauchtanz kreisen und begegne dem Schmerz laut singend im Yoga. Ich engagiere mich. Der Fantasie, wie eine gelungene Geburtsvorbereitung auszusehen hat, sind ja heutzutage keine Grenzen gesetzt. Gott sei Dank aber meinem Zeitplan.

Natürlich wird auch mein Mann aktiv in die Geburtsvorbereitung einbezogen. Er wird schließlich bei der Geburt dabei sein, ein Umstand, der meinen Vater äußerst amüsiert. Zu seiner Zeit mussten Männer draußen bleiben, und damit ist er bis heute auch völlig einverstanden. Er zeigt mir grinsend einen Vogel, als ich ihn zuckersüß frage, ob er nicht wenigstens als spätes Opfer an die Emanzipation bei der Geburt seiner Enkelin dabei sein wolle.

Heute ist das anders – heute ist der Mann ein jämmerlicher Waschlappen, der im wahrsten Sinne des Wortes der Geburt seines Kindes nicht mannhaft entgegenblickt. Der moderne Mann hat Blut und Windelkacke gesehen, jawohl! Die Geburt als partnerschaftlicher Adrenalinkick, ähnlich wie Bungee-Jumping, nur dass – um bei dem Bild zu bleiben – der Kick der Frau ist, unsanft aufzuprallen, und der Kick des Mannes, ihr dabei gebannt zuzusehen.

Die Niederkunft: Wo und wann darf es denn sein?

Ein Vorteil der partnerschaftlichen Geburt ist, so denke ich, dass mein Mann sich auch den Kopf zerbrechen muss, wie und wo wir denn nun niederkommen wollen. Ein Vorteil ist, so denkt er, dass er nur Begleitperson ist. Er hält sich bei dem schwierigen Thema gerne zurück und schiebt mir den Schwarzen Peter zu. Freiheit kann auch ein Fluch sein. Theoretisch ist alles möglich, von der intimen Geburt zu Hause oder im alternativen Geburtshaus bis zur hoch technisierten Klinikniederkunft mit angeschlossener Kinderintensivabteilung, von der Wassergeburt im heimischen Planschbecken über die XXL-Wanne im Krankenhaus bis hin zum eleganten termingerechten Kaiserschnitt in der Privatklinik. Ich muss mich nur entscheiden. Und es ist klar – was es auch sei: Wenn die Wahl letztlich ein Fiasko wird, fällt immer ein Schatten auf mich als vorbereitende Mutter. Ich hätte es doch besser wissen müssen.

So entschließe ich mich für den Mainstream. Durch die Schwangerschaftsbetreuung bin ich sowieso wie die meisten anderen auf Krankenhaus geeicht. 98 Prozent aller Kinder kommen hier zur Welt.

Krankenhaus ist natürlich nicht gleich Krankenhaus. Bei einem so komplizierten Eingriff wäre es verantwortungslos, einfach in das nächste Krankenhaus zu gehen. Wie verheerend ein solch naives Vorgehen enden kann, habe ich ja beim Geburtsvorbereitungskurs gesehen. Nein, wir müssen uns erkundigen. Wieder mal. Im Freundes- und Bekanntenkreis herrscht rege Diskussion.

»Natürlich musst du in ein Krankenhaus mit Kinderklinik gehen. Alles andere ist doch komplett verantwortungslos! Was da alles passieren kann!«

Oder:

»Wichtig ist, dass du dich in dem Raum wohlfühlst. Das Krankenhaus XY hat einen so kleinen Kreißsaal, da hast du das Gefühl, mit dem Po draußen zu hängen. Da kannst du dich gar nicht richtig entspannen.«

Oder:

» Willst du dein Leben lang mit hässlichen Narben rumlaufen? Im Krankenhaus XY arbeitet Doktor Blabla. Der kann nähen, sag ich dir! Er ist ein echter Künstler. Man sieht die Narbe fast gar nicht mehr! Siehst du?«

Was mich betrifft, so bin ich argwöhnisch bei hohen Damm- und Kaiserschnittraten. Ich lasse ganz und gar nicht gerne an mir schnippeln. So hilft es nichts – ich muss intensiv Klinikführer studieren, und wir müssen uns vor Ort ein eigenes Bild von der Situation machen und die Ärzte ins Visier nehmen.

Also traben mein Mann und ich in ganzen Horden dickbäuchiger Frauen mit oder ohne Partner durch die Kreißsäle der ansässigen Krankenhäuser auf der Suche nach dem optimalen Ort der Niederkunft. Die Kliniken tun in Zeiten niedriger Geburtenraten alles, um die Führungen so vielseitig wie möglich zu gestalten. Mancher Oberarzt entdeckt hier seine Liebe für schillernde Anekdoten und beschreibt seiner atemlosen Zuhörerschaft schaurig blutige Details der aufregendsten und längsten Geburten seiner Amtszeit. Wir erfahren alles über Durchschnittsgewichte der Neugeborenen, Kaiserschnittraten und Betäubungsmethoden der beschäftigten Ärzte, über Aromatherapien, Homöopathie und Akupunktur. Wenn wir Glück haben, wird der Vortragsraum verdunkelt, der Videorekorder angeworfen, und wir dürfen eine Geburt im betreffenden Haus quasi live miterleben. Etwas benommen werden wir dann an den Ort des Geschehens geführt – den Kreißsaal. Der garstige Name sagte nichts aus über seinen adretten Träger. Wir potenziellen Kunden sehen uns zartrosa, blauen oder orangen Räumen mit ansprechenden französischen Betten gegenüber, riesigen Badewannen, luftigen Volants, Sternenhimmel aus romantischen Lichterketten und den modernen Errungenschaften der Entbindungstechnologie: Gebärhocker, Seile von der Decke und Sitzbälle.

Wenn wir dann noch mit der Küche und dem Ambiente des Familienzimmers zufrieden sind, steht einem erfolgreichen Vertragsabschluss nichts mehr entgegen. Ich finde die Aussicht aus dem siebten Stock so schön. Wir melden uns an.

Das große Finale: Test bestanden?

Zum Kummer aller Beteiligten ist die Vorstellung von der perfekt geplanten Geburt nur eine schöne Illusion, weil erstens das Kind im Bauch seinen eigenen Zeitplan hat und zweitens Ärzte beteiligt sind. Errechnete Geburtstermine dienen nur dazu, den Countdown zu starten. Mediziner sind nur zu einem bestimmten Grade bereit, sich den Launen von Mutter und Kind anzupassen – spätestens zehn Tage nach Adam Riese ist heutzutage Schluss mit lustig, dann kommt die Schwangere an den Wehentropf, auf dass sie endlich Mutter werde. Dieser Wehentropf ist quasi das moderne Foltergerät des Kreißsaales, denn künstlich erzeugte Wehen sind ungefähr so kontrollierbar wie ein Hai im Aquarium. Im Grunde gutmütige Schwangere werden unter dem Einfluss des Wehenmedikaments erstaunlich wild.

Es wäre aber unfair, sämtliche Kreißsaalanekdoten mit wehenfördernden Mittelchen zu erklären. Frauen sind durchaus von selbst in der Lage, martialisch zu brüllen, sich wie Tiger zu gebärden und alle Anwesenden zu hassen. Sie können aber auch sanft und leise Leben schenken.

Nun frage ich mich natürlich: Was bringt den Unterschied?

Damit bin ich bei einem sehr heiklen Thema: Wie bekomme ich mein Kind und was sagt das über mich aus? Ohne Frage ist die Geburt eines Kindes grundsätzlich für alle werdenden Mütter eine schweißtreibende und beeindruckende Angelegenheit. Eine große Boulevardzeitung hat vor einigen Jahren errechnet, dass eine Entbindung circa 10.000 Kilokalorien verbrennt, ist allerdings die Auskunft schuldig geblieben, wie lange sie dazu dauern muss und welcher Art sie beschaffen ist. Hat auch Ihre Hebamme Ihnen erzählt, dass aber gerade die Art, wie Frauen ihr Kind gebären, ein untrügliches Zeichen ihres Charakters ist? Oder haben Sie das wenigstens in einem Ihrer Bücher gelesen? Nein? Sie Glückliche.

Mich hat das Wissen um die unerbittliche Wertung manche schlaflose Nacht gekostet. Was wäre, wenn ich in einem Anfall schonungsloser charakterlicher Offenheit meinen unschuldigen Mann wüst während der Wehen beschimpfen würde? Ein – so laut amerikanischer Frauenliteratur – glasklarer Beweis für eine zerrüttete Ehe. Müsste ich dann mein Kind alleine erziehen?

Oder: Wie sollte ich, die ich mich immer für selbstständig gehalten habe, mir jemals wieder in die Augen sehen können, wenn ich unter Schmerzen wimmernd an der starken Hand des zukünftigen Vaters hinge? Müsste ich dann in Therapie gehen? Wie sollte ich das schaffen mit einem Neugeborenen?

Schwer beeindruckt haben mich auch die Schilderungen in der esoterischen Frauenliteratur. Diese Gebärende, die während der Wehen in tranceartige Zustände fiel, sich mit dem Schmerz vereinte, alle Anwesenden in Ehrfurcht versinken ließ, die Augen aufschlug und ruhig sagte: »Es ist so weit!« Sie öffnete stumm die Beine und schenkte der Erde Leben.

Das hat doch Stil! Und ist auch so beliebt!

Originalton meiner netten Hebamme im Geburtsvorbereitungskurs:

»Diese schreienden Frauen sind furchtbar. Keiner auf der Entbindungsstation hält das aus. Die gehen einem echt auf die Nerven.«

Nichts gegen meine Hebamme, sie ist ja nicht bösartig, sie ist nur so dumm, das auszuplaudern, was sie und viele ihrer Kolleginnen denken. Aber jetzt möchte man doch noch mal laut zurückbrüllen: »Selbst schuld! Warum müsst ihr uns auch so drängeln?«

Denn in Deutschland wird der natürliche Wehenverlauf immer seltener abgewartet. Die Geburten werden zunehmend zu Hightech-Geburten. CTG (Herztonwehenschreibung), geburtseinleitende Maßnahmen, PDA (Periduralanästhesie), Damm- und Kaiserschnitt werden immer häufiger eingesetzt. 40 Prozent aller Frauen, die keinen geplanten Kaiserschnitt haben, erhalten heute einen Wehentropf.

Diese Eingriffe in den natürlichen Geburtsablauf haben meist weitere Eingriffe zur Folge. Frauen, deren Geburtsbeginn beschleunigt wurde, haben beispielsweise doppelt so häufig eine PDA, zu 60 Prozent häufiger weitere Wehenmittel und es kommt vermehrt zu Komplikationen und Kaiserschnitten.

Um der Sicherheit des Neugeborenen und der Mutter geht es bei den Geburtseingriffen oft nicht. Wie Studien zeigen, hat sich der Zustand der Neugeborenen in Deutschland in den letzten 30 Jahren nicht weiter verbessert, und im europäischen Ausland hat man mit außerklinischen Geburten hervorragende Erfahrungen gemacht. Nein, viele Geburtseingriffe geschehen einerseits zur Sicherheit der Ärzte. Sie sind juristisch abgesichert, wenn sie alle maximalen medizinischen Möglichkeiten ausschöpfen. Sie können nicht wegen Unterlassung verklagt werden. Zum anderen spielen unerfahrenes Personal und Zeitmangel eine Rolle. Kennen Sie auch so viele Mütter, die zur Geburt einen Wehentropf erhielten, kurz vor Feierabend Wehenhemmer bekamen, um dann am nächsten Morgen wieder lustig am Tropf zu hängen? Und zum dritten sind normale Geburten ohne medizinische Eingriffe schlicht und einfach ökonomisch unattraktiv.

Aber in meiner Geburtsvorbereitungsphase weiß ich das alles noch nicht. Es stand in keinem meiner Ratgeber, und ich lernte es in keinem meiner Kurse. Und ich will es wahrscheinlich auch gar nicht wissen. Nein, in dieser Phase meines Lebens bin ich überzeugt – wie so viele andere werdende Mütter – dass es in der Stunde der Geburt ganz auf mich und meine Vorbereitungen ankommt. Ich muss gestehen, dass ich mich in dieser natürlichsten Sache der Welt einem gewissen Leistungsdruck nicht verschließen kann. Aber ist das ein Wunder? Schließlich geht es ums Ganze. Hier werden zwei neue Leben in einer Leistungsgesellschaft begonnen – das der Mutter und das des Kindes. Da wünscht frau sich natürlich einen glänzenden, vielversprechenden Start.

Und wie Frauen nun einmal immer noch gestrickt sind, haben etliche das Gefühl, versagt zu haben, wenn die Geburt nicht perfekt lief. Wie viele Mütter schämen sich, weil sie sich während der Geburt verkrampften, brüllten oder nicht natürlich gebären konnten? Mal ganz abgesehen davon, dass es wohl kaum bessere Gründe gibt, die Fassung zu verlieren: vielleicht lag es gar nicht an ihnen oder am Gesundheitszustand von Mutter und Kind. Gehen Sie einmal die folgende Checkliste durch. Lag es vielleicht:

1. *am Ambiente*

Gefällt Ihnen immer noch der ausgesuchte Kreißsaal/ das Geburtshaus/das Schlafzimmer? Ist das Bett/die Badewanne/der Hocker/der Ball/das Seil bequem?

Haben Sie Ruhe oder geht es bei Ihrer Entbindung zu wie auf dem Bahnhof – Hebammen rennen rein und raus und halten Pläuschchen, Ärzte sagen kurz Hallo, Sie werden am Telefon von der besorgten Mutter verlangt und so weiter …

2. *an Ihrem geistigen Zustand*

Fühlen Sie sich fit oder eher verzweifelt?

Können Sie den Schmerz bejahen oder sind Sie gerade heute besonders schmerzempfindlich?

Haben Sie Zeit oder fühlen Sie sich gehetzt?

Haben Sie überhaupt das Gefühl, sich so geben zu dürfen, wie Sie empfinden?

Stehen Sie unter Medikamenteneinfluss? Wenn ja, warum?

3. *am Hilfstrupp*

Ist Ihre Hebamme pünktlich zur Stelle?

Werden Sie von ihr ermutigt oder angeraunzt, vielleicht sogar beschimpft?

Geben die anderen Ihnen Vertrauen in Ihre Kräfte und Intuition oder rollen sie mit den Augen, wenn Sie nur den Mund aufmachen?

Dürfen Sie gebären, wie Sie wollen? Haben Sie Vertrauen zu Ihren Helfern?

Werden Sie gut betreut und versorgt oder fühlen Sie sich komplett überrannt und ausgeliefert?

4. *an Ihrem Partner*

Verhält er sich adäquat?

Versucht er, das Kommando zu übernehmen?

Ist er irgendwie abwesend, ja vielleicht sogar aus den Socken gekippt?

Ist er überhaupt da?

Ich frage eine Mutter von elf gesunden Kindern. Die ersten beiden hat sie im Krankenhaus bekommen, die anderen sind Hausgeburten.

»Wie ist das mit dem Kinderkriegen? War das nicht sehr schmerzhaft?«

Sie überlegt, schaut mich dann ruhig an.

»Ja, schon. Und jede Geburt ist ganz anders. Aber es wird immer einfacher. Ab der dritten wirst du erst so richtig locker, wenn man dich lässt.«

Sie lacht amüsiert.

Wie konnte man bloß auf den Gedanken kommen, Frauen als das »schwache Geschlecht« zu bezeichnen?

Würden Männer Kinder gebären, würde in jeder größeren Stadt ein Denkmal für den heldenhaften Vater stehen, ganz egal, wie es gelaufen ist. Oder besser: je schrecklicher das Prozedere, desto heldenhafter der Mann.

Kapitel 3

Mutterschuld

Kaum habe ich die überwältigenden Erlebnisse der Geburt grob verdaut, werde ich abgeschoben. Es ist nicht mehr wie zu den Zeiten meiner Mutter, die nach einer normalen Entbindung 14 Tage Vollpension im Krankenhaus hatte.

»Heute geht es nach Hause«, ruft mir die Krankenschwester fröhlich zu, als sie ins Zimmer rauscht.

Ich bin nicht begeistert. Ich bin erschöpft, das Familienzimmer gefällt mir gut, die Aussicht ist schön, das Essen ist prima. Außerdem laufen überall Experten herum und die Nachtschwester ist äußerst praktisch. Draußen lauert die Gefahr und das Ungewisse.

»Ich bin doch erst seit drei Tagen hier. Kann ich nicht bleiben?«

»Es gibt dafür keinen Grund. Sie sind fit!«

»Vielleicht überlegen Sie es sich noch mal?«, versuche ich es mit beschwörendem Unterton und füge triumphierend hinzu:

»Schließlich war ich Risikopatientin!«

Sie belächelt mich mitleidig ob meines schwachen Versuchs und rennt wieder hinaus. Es hilft nichts. Ich kann laufen, ich kann stillen, ich darf gehen. Von nun an stehen wir auf eigenen Füßen. Da sind keine Großeltern, die um die Ecke wohnen, oder sonstige Verwandte, die sich bereitwillig ausbeuten lassen. Ein paarmal kommt die Hebamme ins Haus, mein Mann nimmt sich zwei Wochen Urlaub, dann bin ich frischgebackene Mutter tagsüber auf mich allein gestellt. Zum ersten Mal habe ich die Verantwortung für etwas Lebendiges, das nicht nur überleben soll, sondern sich auch zu seinem Besten entfalten soll – und sich eines Tages detailliert beschweren kann.

Väter machen es sich da oft leichter. Sie bedienen sich einer raffinierten Rückzugstaktik – sie gehen davon aus, dass Mütter auf magische Weise mehr über das Kind wissen als sie selbst (»Du bist doch die *Mutter*!«): Warum schreit es jetzt? Was macht es da? Was will es denn? Es gibt sogar Menschen, die an geheimnisvolle Hormone glauben, die es Frauen viel leichter machen als Männern, Babygeschrei und häuslichen Stress zu ertragen. Mit einem derart beruhigten Gewissen bleiben viele Väter laut offiziellen Studien die ersten Familienjahre dann lieber länger außer Haus.

Doch geben wir Frauen es doch ruhig offen zu – wir wissen meist genauso wenig über unsere Kinder wie unsere Partner. Es ist fraglich, ob das jemals anders war, aber im Zeitalter der pränatalen Diagnostik bleiben Intuition und naturgegebene Weisheit ganz sicher zu großen Teilen auf der Strecke.

Anfängerglück

Mein Kind – das Abenteuer. Das Baby ist wie der Besuch vom anderen Stern. Es setzt mich durch seine Laute, Bewegungen und Hungeranfälle ständig in Erstaunen. Ich wusste nicht, dass Babys so unterschiedliche Grimassen und Geräusche machen können. Ich wusste nicht, wie wichtig die Verdauung ist. Mir wird einiges klar im Leben.

Ich blicke in das Körbchen. Da schlummert mein winziges Töchterchen ruhig in ihrem Bettchen, ganz selbstverständlich, als wäre sie immer schon da gewesen. Es ist ein Wunder! Ich bin selig. Genau so hatte ich mir das vorgestellt. Genau so muss es sein. Wann war mir jemals ein Mensch so nah? Wen habe ich schon von Kopf bis Fuß gewaschen, gewindelt, gestillt, getröstet, gestreichelt, geherzt und geküsst? Wen habe ich so hingebungsvoll im Schlaf beobachtet und auf jeden seiner Atemzüge gelauscht? Wen habe ich stundenlang auf dem Arm getragen und innig seinen süßen Duft eingeatmet? Welche glucksenden Laute haben mich jemals so in Verzückung geraten lassen wie das Brabbeln dieses winzigen Kindes? Ich schaue auf mein schlafendes Kind und bin gerührt, tief ergriffen vor Mutterliebe.

Auf einmal öffnet das Baby seine goldigen Augen – und die sind erschreckend düster. Ich sehe die süßen Mundwinkel rasant im Bogen nach unten wandern, die Nase kraust, der Hals wird rot, der Mund öffnet sich – und im nächsten Augenblick dröhnen mir die Ohren wie unter Paukenschlägen. Baby schreit, und zwar kräftig. Das Kind hat eine gute Lunge. Vorsichtig nehme ich das Kind aus der Wiege, schleppe es umher, singe, schwinge, hüpfe, versuche es zu stillen. Es hilft alles nichts. Es will sich partout nicht beruhigen lassen. Je länger es dauert, umso elender fühle ich mich. Anflüge von Hysterie steigen in mir auf. Mein Kind schreit um Hilfe und ich weiß nicht, warum! Ich flehe es an, endlich Ruhe zu geben. Es dauert lange, bis ich den Zwiebackkrümmel im Strampler entdecke. Als mein Mann nach Hause kommt, schläft unser Kind zufrieden im Bettchen und ich sitze verheult am Küchentisch. Wer hatte denn die blöde Idee, ein Kind zu bekommen? (Ich habe vergessen, dass ich es war.) Und nun muss ich es ausbaden und der feine Herr macht sich derweil ein schönes Leben!

Jeder, der Babyschreie hört, versteht sofort, warum es international zu den schwer erträglichsten Geräuschen zählt. Die Natur hat es zum Überleben der Kleinsten so eingerichtet, dass alle sofort alles tun würden, nur um ein Baby nicht mehr schreien zu hören, aber Eltern können bei Strafandrohung nicht weglaufen. Besänftigungskunst ist gefragt, aber die schlägt leider nicht immer an. Es gibt – auch wenn einige Menschen dies nicht verstehen – keinen Knopf zum Ausschalten. Ein Kind, so klein es auch sein mag, hat durchaus Gründe zu schreien. Und wenn die Gründe nicht erkannt und behoben werden, gibt es kein Pardon.

Leider habe ich mir den Mutterschuld-Virus eingefangen, der da heißt: Mutter ist an allem schuld, ob Birnenfigur, falsche Partnerwahl oder sonstiges lebenslanges Unglück. Früher fand ich es irgendwie praktisch, meiner Mutter die Schuld an allem zu geben. Jetzt bin ich selbst Mutter, bin nicht mehr nur Tochter und Opfer. Da ändert sich die Perspektive. Ich bin jetzt Täterin und dieses Wissen macht mich fertig, wenn ich meine Tochter schreien höre. Mir fällt gar nicht auf, dass Schreien eigentlich normal ist für ein Wesen, das nicht dezidiert argumentieren kann oder die Zeichensprache beherrscht. Mir fällt nicht mal auf, dass sie eigentlich wenig schreit.

Aber es winkt der Erfolg des Kindes, es winkt sein Ruhm – und auf der anderen Seite lauert der Abgrund. Keine Mutter, die sich im öffentlichen Raum anerkannt sehen will, kann mal locker so in den Tag hinein leben, schon gar nicht, seit es diese Kehrseite der Medaille gibt, die Mutterschuld. Der Grundgedanke lautet hier: Die Weichen für die Karrieren der Kinder müssen frühzeitig gestellt werden. Glück ist machbar – Pech allerdings auch. Die beunruhigende Botschaft der Psychologen ist: Wenn die Kinderstube versagt, droht lebenslanges Unglück.

Der Psychoboom, der hier Müttern heute arg zu schaffen macht – denn sie sind es nun mal, die sich immer noch hauptsächlich um die Kinder kümmern –, kam in den 70er-Jahren des letzten Jahrhunderts auf. Bis heute hält sich hartnäckig die These – so beschreibt es 1975 der Psychoanalytiker Kurt Eissler, zitiert von Ursula Nuber in ihrem Buch *Der Mythos vom Frühen Trauma* –, dass

»*... die Ereignisse der ersten fünf Lebensjahre darüber entscheiden, ob aus dem Kind später ein Verbrecher oder ein Heiliger wird, ein Durchschnittsbürger oder ein Spitzenkönner, ein gesunder, angepaßter Mensch oder einer, den Neurose und Depression zerreißen.*«

Obwohl es zunehmend kritische Stimmen gibt, die es etwas übertrieben und einseitig finden, dass Hinz und Kunz ihre desaströsen Gefühle und missratenen Handlungen bis an ihr Lebensende mit dem Verhalten ihrer Mütter rechtfertigen können, ist der Gedanke in unser aller Leben an eine übermächtige Mutter allzu plausibel, als dass er sich schnell verflöge, und er wird immer wieder gerne in der ein oder anderen Form verbreitet. Es ist doch viel zu umständlich, in irgendwelchen komplexen Systemen zu suchen wie etwa auch in den biologischen Veranlagungen, vielleicht sogar die Lebensgeschichte eingehend zu untersuchen oder gar die Entwicklungen in einer Gesellschaft und den Umgang des einzelnen Menschen näher zu beleuchten. Nein, es ist weitaus einfacher, eine klare, greifbare Ursache zu haben, die auch noch schuldbewusst und stumm den Kopf senkt.

Das besonders Nette an der Mutterschuld ist, dass man trotz aller Kritik erstens nicht genau weiß, was eine Mutter denn nun tun muss, damit ihr Kind ein Heiliger oder ein Spitzenkönner wird, und zweitens eigentlich überall Menschen verbrecherisch, neurotisch und depressiv werden, auffallend wenige aber als Spitzenkönner, Heilige und gesunde, angepasste Menschen durch die Welt wandeln, sodass generell erst einmal ein abgrundtiefes Mißtrauen gegen jedwede Erziehung einer jeden Mutter besteht. Und heillose Verwirrung entsteht, wenn selbst Spitzenkönner von Depressionen zerrissen werden und Durchschnittsbürger zu Verbrechern werden. Im Grunde ist die gesamte Kinderaufzucht verrottet.

Mütter von Superhelden werden selten geehrt, Mütter von Verbrechern und Kranken werden täglich millionenfach verachtet. Jeder Mensch wäre makellos und zu wahrhafter Größe fähig – wenn ihn nicht die Kinderstube in den ersten fünf Jahren versauen würde.

Der kleine Nachteil dieser so überaus beliebten Ersten-fünf-Jahres-Theorie ist, dass sie jeden einzelnen Menschen zum lebenslangen Opfer seiner Kinderstube verdonnert. Wie soll ich mein Leben gestalten, wenn alles schon zu Hause vorherbestimmt ist? Bei manch einem empfindsamen Individuum löst dieser Gedanke hilfloses Entsetzen und lebenslanges Opfergefühl aus – denn wie soll man die Vergangenheit ändern? Der freie Wille, der jeden Menschen theoretisch befähigt, trotz allem oder gerade deswegen anders zu leben, als man aufgrund seiner oder ihrer Kinderstube vermuten könnte, spielt in der Fünf-Jahres-Theorie keine Rolle.

Auch ist es fragwürdig, ob tatsächlich alle Neurosen, Psychosen oder Depressionen in unserer Gesellschaft in den ersten fünf Lebensjahren begründet liegen. Ja, vielleicht sind sie sogar ganz gesunde Reaktionen auf ungesunde Verhältnisse. Es ist zwar verständlich, aber doch etwas naiv gedacht, dass der Mensch, selbst wenn er perfekt entwickelt ist und gefördert wurde, stets glücklich, gesund und erfolgreich ist. Leben wir denn im Paradies? Na also.

Aber diese kleinen Haken der Fünf-Jahres-Theorie sind offenbar nicht gewichtig genug, um die Schuldenlast von Müttern zu mindern. Es hat sich nicht rumgesprochen, dass da etwas nicht logisch oder zu kurz gedacht ist. Oder dass man die Entwicklung eines Menschen nicht einfach berechnen kann. Macht nichts. Wir haben ja Mütter. Meine Mutter konnte früher noch unbefangen schimpfen: »Mein Gott, ist das Kind laut! Was ist nur mit ihm los?«

Ich stammele verzweifelt: »Mein Gott, ist das Kind laut! Was habe ich nur falsch gemacht?«

Angst, meine ständige Begleiterin

Leider bin ich nicht nur schuldbewusst, sondern zu allem Überfluss extrem auf Risiko und Gefahr geeicht. Damit wir uns nicht falsch verstehen – eine gewisse Nervosität und Angst gehört als Mutter in den ersten Wochen, Monaten und Jahren unbedingt dazu, ja, sie sind sogar unerlässlich. Denn da niemand vorhersehen kann, was einem hilflosen Baby oder Kind in der nächsten Minute zustoßen kann, sind es gerade diese Ängste, die eine gute Mutter ausmachen und keinesfalls Anzeichen eines tief neurotischen Homo sapiens. Das bestätigen Experten wie Nadia Bruschweiler-Stern und Daniel N. Stern in ihrem Buch *Die Geburt einer Mutter*. Intuition zu besitzen bedeutet eben gerade nicht, frei von Angst und Sorgen zu sein – sind sie doch der Motor, der junge Mütter schön auf Zack hält und sie tödliche Gefahren wittern lässt. Ein Mensch, der sich um ein Neugeborenes kümmert, muss in allen Sinnen sensibilisiert und ständig in Alarmbereitschaft sein, um blitzschnell einschreiten zu können.

Nur wittere ich Unglück und Tod auf 1000 Meilen.

Mir fehlt nicht nur die Erfahrung, dass und wie ein Kind bei mir wachsen und gedeihen kann, was mich jetzt ein gehöriges Stück aufmuntern würde, sondern ich habe durch diese wunderbar fokussierte Schwangerschaft meine Risiko-Gefahren-Antenne auf gefühltes Satelliten-Maß ausgefahren. Ich bin mir eigentlich nie sicher, ob ich es richtig mache oder gerade dabei bin, meine Tochter für ihr gesamtes Leben zu ruinieren. Ich traue mich nicht, einfach auf meine Intuition zu hören, denn habe ich nicht in der Schwangerschaft gelernt, dass das völlig verantwortungslos wäre?

Ständig gehen mir quälende Fragen durch den Kopf:

Halte ich das Köpfchen gut? Oder kriegt mein Kind jetzt einen Halswirbelschaden? Ich denke an das gefürchtete Schütteltrauma!

Trinkt das Kind genug oder zu viel? Oder verhungert es allmählich vor meinen Augen? Wird es zu fett und kriegt diese elenden Fettzellen nie wieder weg?

Ist meine Tochter nach Vorschrift gewindelt? Oder bekommt sie schreckliche Infektionen, die ich mit Antibiotika behandeln muss? Wird das nicht ihr gesamtes Imunsystem lebenslang ruinieren?

Ist sie zu warm oder zu leicht angezogen? Bekommt sie einen Hitzeschock oder eine tragische Lungenentzündung? Muss sie dann ins Krankenhaus und an einen schmerzhaften Tropf? Ist meine Milch gut genug? Oder kann ich von Anfang an einfach nicht das Beste geben?

Bekommt sie genügend Schlaf, frische Luft, Pflege, Aufmerksamkeit, Liebe? Oder wird sie langsam unter meinen liebenden, aber leider unfähigen Händen dahinwelken?

Es ist furchtbar. Und es sind nicht nur die handwerklichen Fragen, die mich zermürben. Ständig habe ich Angst, meiner Tochter könne etwas zustoßen. Verhungern, ersticken, vom Wickeltisch fallen, in der Badewanne ertrinken oder schlicht aufhören zu atmen.

Manchmal wird mir alles zu viel, die Nähe, die Verantwortung, die Angst. In diesen Momenten sehne ich mich nach meinem alten, einfachen Leben zurück, fange an, biestig zu grübeln, ob andere Mütter nur von der Mutterschaft schwärmen, damit sie nicht alleine in der Falle sitzen. Und dann wieder schüttelt es mich vor Mitleid mit dem armen Wurm – wie soll das arme Kind mit solchen dilettantischen Eltern überhaupt leben? Wie kann es überhaupt, frage ich mich düster logisch denkend, wenn bei uns schon Topfpflanzen verkümmern?

Stillen nach Bedarf

Nicht nur die Ängste machen mich zu einem kleinen Nervenbündel. Nein, es ist auch die Ernährungsweise meines Kindes, die mich langsam, aber sicher an den Rand des Wahnsinns treibt. Denn ich stille nach Bedarf. Stillen ist das Beste für das Kind. Das sagen die Hebammen, die Krankenhäuser, die Stillgruppen, es steht in jedem Ratgeber, in jedem Artikel zur Baby-Ernährung, ja, wir hören es sogar in Werbespots und lesen es auf Kartons von Milchpulver, die die Muttermilch ersetzen kann. Eine gute Mutter stillt ihr Baby für mindestens sechs Monate nach Bedarf, am besten ein ganzes Jahr, und – wie auf den Internetseiten von Stillforen und Stillgruppen zu lesen ist – gerne auch mehr als zwei Jahre. Die Stillberaterinnen von La Leche Liga Deutschland e. V. – ein Verein, der eng mit der WHO (der Weltgesundheitsorganisation) zusammenarbeitet – weisen darauf hin, dass es (zwar offensichtlich eine Untergrenze, aber) keine Obergrenze für die Stilldauer gibt.

»Anthropologische Forschungen ergaben Hinweise darauf, dass das natürliche Abstillalter beim Menschen zwischen zwei, fünf und sieben Jahren liegt. Als Stillorganisation in Deutschland sehen wir es als unsere Aufgabe an, jede Familie dabei zu unterstützen, so lange zu stillen, wie es ihren individuellen Bedürfnissen und Möglichkeiten entspricht.«

Nun sind meine individuellen Bedürfnisse zu stillen bei einem halben Jahr relativ gut befriedigt, aber ich traue mich nicht abzustillen. Muttermilch soll zum Beispiel die emotionale Bindung zum Kind fördern und bietet Nestschutz, die Abwehr von Krankheitserregern. Sie ist auch ein gutes Mittel gegen Babyschnupfen und soll Allergien vorbeugen, aber dafür muss eine Mutter schon wenigstens ein Jahr lang die Brust hinhalten.

Leider wird »Stillen« überdies als Synonym für »Stillen nach Bedarf« verwendet, eine Ernährungsweise, die in den letzten Jahren sehr in Mode gekommen ist. Wenn ich von »Bedarf« rede, erübrigt es sich nach all dem bisher Gesagten, darauf hinzuweisen, dass hier natürlich nicht der Bedarf der Mutter gemeint ist. Auf so etwas würde gar keiner mehr kommen. Von Müttern wird ganz selbstverständlich erwartet, sich bedingungslos auf die Bedürfnisse des Kindes einzustellen. Stillen nach Bedarf meint, das Kind anzulegen, wann immer es möchte. Acht bis zwölf Mal in 24 Stunden gilt da als völlig normal, so heißt es in Stillgruppen, in Ratgebern, im Internet. Auch 12 bis 24 Mal sei akzeptabel, vermelden Still-Blogs. Und La Leche Liga e. V. verkündet energisch, es sei ein Ammenmärchen, dass ein Mindestabstand zwischen den Stillmahlzeiten von zwei Stunden eingehalten werden sollte.

Schön. Einige Babys brauchen ewig, bevor sie mit dem Trinken fertig werden. Man sitzt da und wartet. Es ist sehr zeitaufwendig und manch eine Mutter könnte gleich wach bleiben, um den nächsten Bedarf zu stillen. Aber egal. Das Kind ist wichtiger als der Schlaf der Mutter und natürlich hat eine gute, aufopferungsvolle Mutter das tiefe Bedürfnis, ihr Kind jahrelang rund um die Uhr zu stillen. Was denn sonst?

Einmal abgesehen von einigen Schwierigkeiten in der Alltagsgestaltung von Frauen, die neben dem Kind auch andere Aufgaben haben, wie sieht es denn mit der Bewältigung von Schlafmangel aus? Wer hier Antworten bei La Leche e. V., in Ratgebern, Broschüren oder im Internet sucht, wird meistens nicht fündig, denn dafür gibt es ja auch keine Lösung. Dafür finden wir viele gute Ratschläge, wie wir mit anderen Schwierigkeiten beim Stillen fertigwerden können, um durchzuhalten.

Damit wir uns nicht falsch verstehen: Ich stille gerne. Stillen ist schön – wenn man einmal die blutenden Bisswunden am Anfang überstanden hat, deren Schmerzen einem jedes Mal beim Anlegen des Kindes die Fußnägel aufrollen. Kleine Babys haben ungeheuer starke Kiefer und sind gierig. Da kann man zwar »Na, na, na!« brüllen, es bringt aber rein gar nichts, und so schließt man die Augen und denkt ans Vaterland. Aber nach zwei Wochen ist der Spuk meist vorbei, die Brust hat sich gewöhnt oder das Baby ist erzogen, was weiß denn ich. Ich habe in meinem Leben nur eine Mutter getroffen, die an der Brust von Anfang an völlig unempfindlich war, und ich war zwischen Unglauben, Ehrfurcht und Mitleid hin- und hergerissen. Die meisten Mütter behelfen sich mit Quarkwickel, Stillhütchen, Globuli oder sonstigem Hilfswerkzeug.

Aber Stillen ist nicht schön, wenn man sich dazu gezwungen fühlt. Nicht wenige Mütter stehen tapfer stillend schmerzhafte blutige Brustentzündungen durch und kämpfen sich eisern durch die gesamte Stillzeit, weil sie glauben, keine guten Mütter zu sein, wenn sie es nicht tun. Unseren Müttern wurde oft noch nach wenigen Stillversuchen gesagt, sie seien zum Stillen nicht geeignet, und damit war das Thema erledigt, der Stillversuch nach wenigen Tagen abgebrochen. Es wurde kein großes Gewese gemacht, sondern die ganze Sache pragmatisch gesehen, von Schuld noch keine Spur. Davon mag man halten, was man will, aber heute scheint es in das andere Extrem verfallen zu sein. Es gibt Stillberaterinnen, Stillratgeber und Still-Krankenhäuser, die helfen und überzeugen sollen, unter allen Umständen die erste schwierige Zeit zu überstehen. Es wird auch unter Müttern nicht gern gesehen, wenn Frauen beim Stillen nicht mitziehen. Die eine oder andere Mutter fühlt sich da argwöhnisch beobachtet, wenn sie dem Stillen lieber entsagt. Ja, manche munkeln sogar von einer regelrechten Still-Mafia, die Abweichlerinnen mit Vorwürfen und lebenslangem Kontakt-Entzug drohen.

Allerdings muss man sich fragen, was langfristig schlimmer ist – soziale Ächtung oder eklatanter Schlafmangel?

Wache Nächte

Wenn ich von Schlafmangel rede, meine ich nicht die schwebende Müdigkeit, die mich früher nach einer durchtanzten Nacht umgab. Ich meine auch nicht die wohlige Müdigkeit nach einem munteren Ausdauertraining oder einem kleinen Schäferstündchen. Ich spreche von einer Müdigkeit, die jenseits von bleiern ist. Von einem Druck in deinem Kopf, der deine Kiefer wie Granit zusammenpresst und dir das Gefühl gibt, langsam über Asphalt zu schrammen. Hätte mir jemand vor zehn Jahren gesagt, ich würde später mal für meine Kinder jahrelang jede Nacht zwei bis acht Mal aufstehen, ich hätte ihn nur mitleidig belächelt, denn ich gehöre zu den Menschen, die sehr gerne und ausgiebig schlafen, und so ein Irrsinn stand komplett außerhalb meines Vorstellungsvermögens. Ich hätte sogar vermutet, dass dieses ungesunde Verhalten langsam, aber sicher zum Tode führt.

Eines Tages lese ich mit grimmiger Genugtuung in der Zeitung, dass Schlafentzug schon seit Urzeiten zu den gängigen Foltermethoden gehört. Manche zivilisierte freie Welt hat diese Methode übernommen: Um Menschen geständig zu machen, wird ihnen der Schlaf geraubt und gleichzeitig werden sie permanent mit Kinderliedern beschallt, vorzugsweise, wie ich lese, aus der Sesamstraße. Ich habe sofort weitere Interpreten der Kindermusikszene auf der Zunge, die Inhaftierte mürbe werden lassen könnten, aber ich verkneife mir wohlweislich alle lauten Kommentare. Ich will nicht geschmacklos und undankbar erscheinen und mein Mutterleben mit dem harten Dasein von Häftlingen vergleichen oder aber krasse Verhörmethoden verniedlichen. Trotzdem bin ich seit diesem Tag etwas beruhigt. Erklärt das nicht so manchen meiner hysterischen Anfälle? Ich bin nicht verrückt – ich werde quasi gefoltert! Millionen Frauen weltweit rennen Nacht für Nacht mit einem Kind umher, und kaum eine von ihnen fragt sich mal, ob sie nicht einfach mal selbst nach Bedarf schlafen sollte.

Zugegeben: Schlafen geht natürlich am besten, wenn das Kind schläft. Es ist lustig, was Mütter und Väter alles unternehmen, um den Nachwuchs zur Ruhe zu bringen. Schreien lassen darf man das Kind nicht, weil das Trauma droht. DAS TRAUMA! Keiner weiß Genaues über dieses furchtbare Phänomen, aber alle wissen, dass das Trauma unsere Kinder tief verstört und schneller da ist, als man bis drei zählen kann. Lässt man ein Kind schreien – das Trauma kommt! Nimmt man ihm zu früh den Schnuller weg: traumatisch! Setzt man es zu früh aufs Töpfchen: lebenslanger Trauma-Schaden!

Wir können uns nur immer wieder fassungslos fragen, wie die Menschheit sich jemals entwickeln konnte bei all den furchtbaren Traumata, die in der Kinderstube lauern – und ich bin sicher, der eine oder andere ist überzeugt, dass wir uns wegen ihnen nur sehr schlecht entwickelt haben.

Also, schreien lassen geht nicht, da sind wir uns Hobby-Pädagoginnen im neuen Jahrtausend einig. Höchstens vielleicht ein paar Minuten unter Anleitung von ausgeklügelten Ratgebern, die einem immer wieder versichern, dass jedes Kind schlafen lernen kann, dass es normal ist, wenn das Baby in diesen Minuten schreit und uns und der Menschheit auch in Zukunft vertrauen wird. Und jeder, der das mal gemacht hat, weiß, dass uns Eltern in den paar Minuten trotzdem das Herz bricht, weil wir glauben, das Kind zu traumatisieren und unwiderruflichen Verlustängsten auszusetzen, und das Kind erst dann so richtig in Fahrt kommt. Trotz aller Erfolgsmeldungen, die hier und da durch die Presse geistern: Der Preis der wenigen Minuten ist vielen eindeutig zu hoch.

Ich habe mich unter müden Eltern umgehört: Einige fahren ihr Baby im Pkw durch die nächtlichen Straßen, weil der Kleine Brumm-brumm-Geräusche beim Einschlafen liebt. Andere legen ihren Sprössling auf die Waschmaschine im Schleudergang, weil ein sanftes Vibrieren ihn einschlafen lässt (Vorsicht – die Maschine braucht einen guten Stand!). Die dritten singen tapfer ellenlange Schlaflieder, bei denen sie selbst kaum die Augen offen halten können, die ihre Babys aber offenbar gut unterhalten. Eltern halten Händchen, hören mit ihren Kindern spezielle Babymusik oder tragen Babys in Gewaltmärschen durch die Wohnung. Ich für meinen Teil versuche es mit ausgeklügelten Fußmassagen, was aber eigentlich unsinnig ist, denn meine Tochter sieht mich nachts gern alle zwei Stunden an meiner Brust, auch gern mit Massage.

Die lieben Mitmenschen ... wissen alles besser

Ich nehme den Begriff »Stillen nach Bedarf« bitterernst. Um es neutral zu sagen: All dies greift die Nerven zusätzlich an.

Wundert es da noch, dass ich überaus sensibel auf launige Bemerkungen meiner Mitmenschen reagiere? Sprüche wie »Solltest du sie nicht einfach schreien lassen?« oder »Findest du nicht, dass du etwas wenig schläfst?« bohren nicht nur in den Existenzängsten einer todmüden Frau, sondern legen den Finger in die offene Wunde: meine Ohnmacht. Ich kann meiner Mutterschuld nicht entkommen.

Wenn ich dann noch Kommentare meiner Mitmenschen zu hören kriege, die versuchen, mir weitere, neue Schuldgefühle einzureden, von denen ich bisher noch gar keine Ahnung hatte, kann es schon mal sein, dass ich am Rande eines Nervenzusammbruches daherschrabbe. Wenn ich mir als Mutter den richtigen emotionalen Kick geben will, brauche nur mit meinem Baby in die Öffentlichkeit zu gehen. Wenn ich Glück habe, treffe ich auf schlaue Leute.

»Ach, ist die Kleine niedlich«, sagt die hochgewachsene Rentnerin und schaut erfreut in den Kinderwagen.

»Danke«, sage ich zufrieden.

Sie schaut mich streng an.

»Sie müssen es immer auf die Seite legen. Das wissen Sie ja wohl. Sonst kriegt es einen platten Kopf.«

»Äh ja, mache ich«, stammele ich verwirrt über die unerwartete Wendung des Gesprächs.

»Und Sie müssen dem Kind von Anfang an Grenzen setzen. Von Anfang an!« Sie blitzt mich aufgeregt an. »In unserem Haus, da ist ein Kind, das können Sie sich nicht vorstellen. Frech ist das, frech!«

Ein Tropfen ihrer Spucke landet auf meiner Lippe.

»Das hat Ausfälle, sage ich Ihnen. Ausfälle! Das schreit rum und ist laut. Unfassbar! Erschütternd!« Sie blickt finster auf mich runter. »Man müsste dem Bengel mal eins gründlich hinter die Löffel geben. Und die Mutter macht nichts! Nichts! Unfähig, sage ich Ihnen, vollkommen unfähig!«

»Wie alt ist denn das Kind?«, frage ich mit Kloß im Hals. In Gedanken sehe ich mich schon als neuesten Gesprächsstoff im Viertel kursieren.

Sie starrt mich an.

»Drei oder so.«

»Oh«, sage ich und lächele gequält. »Das soll ja auch kein leichtes Alter sein.«

»Sind Sie auch so eine von diesen Antiautoritären?«, fährt sie mich an. »Das hätte es früher nicht gegeben. Sind Sie etwa auch so eine?«

Ich ziehe meinen Kopf ein, drehe meinen Kinderwagen und mache mich davon.

»Ich geh hier immer spazieren!«, schreit sie mir hinterher und schüttelt fröhlich ihren Stock in der Luft.

Ohne Kind war ich wie ein Blatt im Herbstwind, konnte unbeachtet durch die Straßen gleiten. Mit Kind bin ich so etwas wie Freiwild. Ich muss auf einmal so etwas Putziges, Hilfloses oder Armseliges an mir haben, anders kann ich mir nicht erklären, warum mich völlig Fremde abfangen und Ratschläge geben. Und nicht nur die Rentner des Viertels lauern geradezu darauf, mich in ein beratendes Pläuschchen zu verwickeln. Auch »das Mittelalter« hält sich nicht zurück. Schon in der Schwangerschaft haben mir Fremde neckisch auf den Bauch gefasst. Jetzt halten sie mir ab und an kleine Vorträge. Und ich bin da keine Ausnahme. Ich habe mich erkundigt. Jede Mutter hat ihre eigenen Anekdoten. Die Palette reicht von netten Komplimenten über das Baby bis hin zu hässlichen Bemerkungen über Aussehen von Mutter und

Kind. Man mag es kaum glauben, aber manche Mitmenschen fühlen sich offenbar aufgerufen, nicht nur ein Baby ungeniert nach Erscheinungsbild und Fähigkeiten zu bewerten – und die Mängelliste reicht von spärlicher Kopfbehaarung über mehr oder weniger opulente Körperformen bis hin zu auffälliger Säuglingsakne oder Neurodermitis –, sondern sind sehr interessiert daran, auch den Müttern mal eben so im Vorbeigehen eine Standpauke zu halten. Jeder meint, sein Scherflein zu einer gelungenen Kinderaufzucht beitragen zu können. Zwar haben längst nicht mehr alle eigene Kinder, aber alle haben eine eigene Mutter. Da kann man doch mitreden. Gibt es heutzutage eine Frau mit Kindern, die wegen solch charmanter Wortbeiträge nicht schon einmal Tränen in den Augen hatte?

Besonders verblüffend ist für mich immer noch die Gruppendynamik im Supermarkt. Ich wusste nicht, dass Deutsche öffentlich so leidenschaftlich agieren können, wenn sie sich durch eine Mutter ihrer Ruhe beraubt fühlen. Ich wusste nicht, dass Risiko und Gefahr im Einzelhandel lauern.

Wir stehen an der Kasse in der Schlange. Es ist kurz vor Feierabend. Die Luft ist stickig. Draußen ist es schon dunkel. Es riecht nach muffigen Mänteln und kaltem Zigarettenrauch. Mein Kind liegt vor mir im Kinderwagen und schläft. Und dann schläft es nicht mehr. Es wacht auf und schreit und sieht nicht ein, dass das gerade ungünstig ist. Mit anderen Worten: Ich bin mit einem schreienden Kind in der Warteschlange im Supermarkt fest verkeilt. Sofort steigt Panik in mir auf. Jetzt geht es gleich los. Jetzt entfaltet sich das teutonische Temperament.

Der Mittvierziger hinter mir wirft theatralisch die Augen zum Himmel und seufzt herzzerreißend laut. Die Frau vor mir schüttelt stumm und erschüttert den Kopf. Menschen an anderen Kassen und um uns herum fangen an, nervös mit den Füßen zu scharren und eindeutiges Fluchtverhalten zu zeigen. Und von hinten brüllen sie aufmunternde Kommentare:

»Meine Ohren!!!«

»Ruhe!«

Oder:

»Wo ist die Mutter?«

Die Kassiererin kaut genervt auf ihrem Kaugummi.

Ich würde vielleicht etwas erwidern, würde vielleicht an gesunde Höflichkeitsformen erinnern oder auch mal »Ruhe!« brüllen, wenn ich nicht so müde wäre, so erschöpft, unsicher und verzagt und überhaupt das Gefühl hätte, es sei alles meine Schuld. Ich weiß ja, dass ich das Kind nicht im Griff habe. Ich lächele schwach. Entschuldigt, dass wir auf der Welt sind. Mit einem großen Kloß im Hals eile ich mit dem schreienden Kind davon. Und merkwürdigerweise ist da auch niemand, der ein gutes Wort für uns einlegt.

Denn warum auch?

Störfaktor Kind

Die Abneigung gegen Kinderlärm findet interessanterweise ihre Entsprechung in der deutschen Gesetzgebung. In der Verfassung sind Rechte von Kindern nicht verankert. Obwohl immer mehr Gerichte kinderfreundlich entscheiden, können Familien prinzipiell immer noch aus der Wohnung geklagt werden oder Kindergärten können geschlossen werden, wenn sich Nachbarn von der Lautstärke belästigt fühlen. In einer Welt, in der immer weniger Menschen Kinder bekommen, sind viele Erwachsene das Leben mit Kindern nicht mehr gewöhnt. In der ersten Hälfte des vergangenen Jahrhunderts waren nur 10 Prozent aller Frauen kinderlos. Heute sind es mehr als 30 Prozent. In Hamburg zum Beispiel wohnen nur noch in jedem zehnten Haushalt Kinder.

Das macht das Leben für Eltern nicht einfacher. Tagsüber gehe ich mit meiner Tochter nicht nur wegen der frischen Luft viel spazieren, sondern auch, damit andere sich nicht vom Babygeschrei gestört fühlen. Nachts hetze ich zu meinem brabbelnden Baby und versuche es ruhig zu wiegen, bevor es überhaupt anfangen könnte zu schreien. Meinem Mann diese Aufgabe zu erteilen, ist zwecklos. Er kann nicht nur nicht stillen, er wird auch erst dann wach, wenn ich schon hellwach neben ihm liege und energisch mit den Fingern auf der Matratze trommle. Nein, das kann ich mir gleich sparen.

So gebe ich mir keine Ruhe, damit die Ruhe der anderen nicht gestört wird. Und je mehr Horrorgeschichten ich aus dem Bekanntenkreis über aggressive Nachbarn höre – wie die von den Menschen, die einen Eimer Wasser vom Balkon auf ein brüllendes Baby auf dem Balkon unter ihnen schütteten –, desto gehetzter fühle ich mich.

Freies Lachen, Singen, unbekümmertes Schreien, Brüllen und Jauchzen – ach, wäre das schön! Bilde ich mir das nur ein oder stören sich wirklich mehr Menschen an Kinderlärm als am Geräusch mehrspuriger Straßen? Vielleicht denken sie, dass Automobile nicht schlecht erzogen sind.

Wahrscheinlich ist es da nur logisch, dass Automobile in unserer Gesellschaft mehr Raum als Kinder haben. Jeder einzelne Parkplatz für ein Auto ist größer als der Platz, der einem Kind in der Wohnung von Stadtplanern durchschnittlich als Lebensraum zugestanden wird. In der Stadt können Kinder nicht an frischer Luft frei spielen, weil Pkws freie Fahrt haben. Die kleinen eingezäunten Areale, in die Kinder deshalb zurückgedrängt werden, heißen »Spielplätze«, weil es tatsächlich die einzigen Plätze zum Spielen sind. Kaum einem fällt auf, wie verdreht eine Welt ist, in der Vehikel Kinder verdrängen dürfen. Ja, es ist eigenartig, dass sich nur Mütter voll auf die Bedürfnisse von Kindern einstellen müssen, alle anderen offenbar nicht.

Und nun komme ich mit meinem Kind. Ich wittere wunschgemäß jede Gefahr, wie von der Natur vorgesehen, und meine Alarmbereitschaft läuft auf Hochtouren. Aber leider hat die Natur nicht an Reizüberflutung und Diesel-Feinstaub gedacht. Früher vielleicht als anregend empfundene Straßengeräusche, Gerüche und Farben wirken auf einmal brüllend laut, penetrant und grell und die Sorge um das Baby lässt ständig mein Herz rasen. Nicht selten falle ich hektisch in Galopp, um mein Baby aus dem ohrenbetäubenden Krach und den stinkenden Abgasen herauszubringen. Wie um Himmels willen soll ich mein Kind vor Umweltgiften schützen? Wie soll ich das einhalten, was in den Ratgebern so unermüdlich und dringend gefordert wird?

Meine Empfindsamkeit nimmt mit den Wochen zwar ab, dafür nimmt mein Kind zu. Die körperliche Anstrengung wird größer. Ich kann alle Frauen mit starkem Kreuz nur beglückwünschen. Schön für euch! Ich selbst kann mein Baby nicht im Tragetuch tragen. Mein Rücken schmerzt unter dem Gewicht nach wenigen Minuten. Mit dem Kinderwagen allerdings komme ich vor jeder Bordsteinkante, U-Bahn-Treppe oder Ladenstufe ins Schwitzen, denn ich muss den Wagen möglichst ruckelfrei hieven und dann geschickt durch enge Zugänge manövrieren. Meterhohe Eingänge bei Bus und Bahn sind eindeutig etwas für Fortgeschrittene. Mit hochrotem Kopf lerne ich schnell, meinen Radius einzuschränken. Es ist mir zunehmend unerklärlich, warum das Fahren eines Kinderwagens nicht wie Windeln und Baden im Geburtsvorbereitungskurs erlernt wird oder zumindest psychologisch schonend auf dieses Alter Ego einer Gefängniskugel vorbereitet wird. Denn Mutter, Kind und Wagen verschmelzen quasi zu einer klobigen Einheit.

Adieu, ihr engen Discountläden, Boutiquen und Weihnachtsmärkte! Lebt wohl, ihr netten Cafés, Gaststätten und Kinos! Wir Mütter halten uns jetzt im Freien auf – auf Spielplätzen, in Parks und Biergärten, im Winter in Einkaufszentren und Restaurants schwedischer Möbelgeschäfte. Macht euch nicht vor, dass euch das Tragetuch vor dem gesellschaftlichen Abseits rettet – Kinder, weil laut lebend, sind selten erwünscht.

Hilfe! Wie soll ich mein Kind vor dieser Welt retten? Wo bitte ist die Idylle, die ich dem Kind bieten soll? Es hilft nichts. Ich brauche einen Experten.

Und wieder mal geht es zur Kinderärztin.

Bei der Kinderärztin: Von der U1 bis zur U11

»Ja, das ist doch prima!« Die Kinderärztin schaut lächelnd auf die Untersuchungsergebnisse.

»Sie können zufrieden sein. Ihr Kind entwickelt sich gut.«

Dankbar schaue ich sie an. So eine nette Frau. So sympathisch. Mir fällt ein riesiger Stein vom Herzen. Ich bin bei einer Kinderuntersuchung, einer sogenannten »U«.

Glücklicherweise hat jedes Kind in Deutschland ein Anrecht auf regelmäßige Untersuchungen bei Kinderärzten, die in unregelmäßigen Abständen kontrollieren, ob das Kind sich gut entwickelt und gesund ist. Die erste Untersuchung – kurz U1 genannt – findet direkt nach der Geburt statt, die U2 nach drei bis zehn Tagen, die U3 in der vierten bis sechsten Lebenswoche, die U4 im vierten Lebensmonat, dann U5 bis zur U9 in den folgenden Jahren bis zum 64. Lebensmonat des Kindes, sodass kein kleiner Mensch in den ersten fünf Jahren längere Zeit unbeobachtet bleibt. Neuerdings ist man dazu übergangen, zwei zusätzliche Untersuchungen für Sieben- oder Achtjährige und Neun- bis Zehnjährige einzuführen. U10 und U11 sollen psychische Probleme, Verhaltensstörungen und auch schädlichen Medienkonsum der Kinder aufdecken.

Praktischerweise sind diese Untersuchungen der Kinder mit der Ermittlung von schlechten Eltern gekoppelt. Ärztliche Untersuchungen sind oft die einzigen Möglichkeiten, Gewalt und Vernachlässigung in Familien zu entdecken. Deshalb wird ein Fernbleiben der kleinen Patienten äußerst kritisch gesehen. Die Untersuchungen sind theoretisch freiwillig, aber das System des Kinderuntersuchungshefts funktioniert wie eine Rasterfahndung: Man sucht nach den Merkmalen, von denen man annimmt, dass sie auf den gesuchten Personenkreis zutreffen. Und im Falle von gewalttätigen Eltern oder solchen, die ihre Kinder vernachlässigen, nimmt man an, dass diese zunächst einmal *ein* gemeinsames Merkmal haben, nämlich das, zu den Untersuchungen überhaupt nicht zu erscheinen.

Nordrhein-Westfalen startet den Modellversuch für das neue Meldesystem des Bundes: Kommen Kinder nicht zu den Untersuchungen, müssen die Kinderärzte das melden und die Daten werden mit den Daten der Einwohnermeldeämter verglichen. Wenn trotz schriftlicher Ermahnungen die Eltern mit dem jeweiligen Kind nicht innerhalb weniger Wochen bei den Regeluntersuchungen erscheinen, wird das Jugendamt eingeschaltet.

Das heißt für uns frischgebackene Eltern:

1. Wenn wir nicht an den Pranger gestellt werden möchten, vergessen wir das mal ganz schnell mit der Freiwilligkeit, planen unsere Urlaube sorgfältig außerhalb der Meldezeit und nehmen pflichtschuldigst alle anberaumten Termine wahr. Was den meisten Eltern kein Kopfzerbrechen machen dürfte, weil wir sowieso inzwischen alle überzeugt sind, dass nur regelmäßige Kontrollen durch Experten das Beste für unsere Kinder sind, und weil überdies hinaus kaum jemand von uns weiß, dass die Untersuchungen freiwillig sind. Das verschweigen Ärzte gern.

2. Wir können uns darauf verlassen, kontrolliert zu werden. Schädliches Versagen unsererseits bleibt nicht unbeobachtet. Wir können gar nicht großen Blödsinn machen. Man passt auf uns auf. Ja, wären unsere Kinder Salatköpfe, könnte man das »kontrollierten Anbau« nennen.

Die Untersuchungen sind zeitlich so angelegt, dass verschiedene Entwicklungsstufen der Kinder berücksichtigt werden und schwere Fehlentwicklungen und Erkrankungen meist rechtzeitig entdeckt werden dürften. Dabei ist das Kinderuntersuchungsheft in der Mutterschaft das, was der Mutterpass in der Schwangerschaft ist. Dieses gelbe Heft vom Bundesausschuss der Ärzte und Krankenkassen – oder in letzter Zeit auch schlicht »Gemeinsamer Bundesausschuss« genannt – soll Eltern und Kind in den ersten gemeinsamen Jahren begleiten. In ihm werden die Ergebnisse und Messungen der Untersuchungen eingetragen.

Kinderuntersuchungen sind prima. Es ist für alles gesorgt. Im Prinzip könnten sich Eltern nun relativ entspannt zurücklehnen. Tun sie aber nicht. Im Gegenteil, viele Eltern fangen an zu schwitzen. Denn einerseits sind für einige Eltern die

Texte im Heft der erste beunruhigende Kontakt mit der berüchtigten Fünf-Jahres-Theorie. Gleich auf der ersten Seite des Kinderuntersuchungshefts werden Mütter und Väter auf den Ernst der Lage eingeschworen:

»Wichtig für die Eltern (Erziehungsberechtigte)

Zweck dieser Untersuchungen ist die Früherkennung von Krankheiten, die die normale körperliche oder geistige Entwicklung Ihres Kindes in nicht geringfügigem Maße gefährden. Früherkennung ist Voraussetzung für eine erfolgreiche Behandlung.

Bedenken Sie, dass die Entwicklung in den ersten fünf Lebensjahren entscheidend für die spätere körperliche und seelische Gesundheit Ihres Kindes ist.«

Es ist das alte Lied von Krankheit, Risiko und Gefahr, die nur Experten sicher erkennen können. Es reicht nicht, den Arzt um Hilfe zu bitten, wenn das Kind nach Meinung der Eltern krank ist. Wenn die mütterliche Intuition oder der väterliche Instinkt sich melden, könnte es schon zu spät sein.

Und als wäre das nicht schon beunruhigend genug: Für alle Eltern ist das Kinderuntersuchungsheft eine Art Ergebnisheft, in das der Entwicklungsstand des Kindes schwarz auf weiß über lange Zeiträume festgehalten wird. Die Angst, vielleicht doch nicht ständig das Beste gegeben zu haben, etwas versäumt oder bei seinem Kind übersehen zu haben und dies dann auch noch peinlichst genau protokolliert zu finden, erfasst ironischerweise gerade oft die, die es besonders gut machen wollen. Es ist ein bisschen wie in der Schule. Die, die fleißig lernen, haben meist den größten Respekt vor Zensuren und Autoritäten, wobei, um bei dem Bild zu bleiben, der Zustand des Kindes das Zeugnis der Eltern begründet. Und bei aller Sorge um das Kind und dem Wunsch, jeder Makel solle entdeckt werden, damit man ihn beheben kann – es ist einfach nicht schön, Angst vor Zensuren zu haben. Da kann man schon mal Schwitzehändchen kriegen.

Was ist eine Hyperbilirubinämie?

Alles beginnt mit dem Apgar-Test gleich nach der Geburt, benannt nach einer Ärztin. Er ist der erste Test für das Kind außerhalb der Gebärmutter. Er sagt zwar nichts aus über den späteren Gesundheitszustand des Kindes, ist aber so schön praktisch. Schnell und einfach können hier Punkte von eins bis zehn für den Zustand des Kindes vergeben werden. Ein selbst ernanntes Babycenter im Internet erklärt die Bedeutung der Punkte für Eltern so schön, dass ich es hier gerne wiedergebe:

»Eine perfekte Zehn ist Musik in den Ohren stolzer Eltern, aber auch eine Acht oder Neun sind gute Neuigkeiten. (…) Mit einem Wert zwischen Fünf und Sieben befindet sich das Neugeborene in angemessenem Zustand und bekommt vielleicht eine Atmungshilfe. (…) Neugeborene mit einem Wert unter Fünf sind wahrscheinlich in schlechter Verfassung und benötigen Hilfe. (…).«

Jede weitere Untersuchung bis zur U11 hat zwar keinen Punktestand, aber gehörigen Raum im Heftchen und hat auch ein Feld für »Sonstige Bemerkungen«, wo man Bemerkungen wie »sonniges Gemüt«, »etwas faul«, »Windelsoor« oder »zeitgerecht entwickelt« finden kann, kurz das, was dem Arzt bei der Untersuchung zusammenfassend besonders auffällt. Es halten sich nicht alle an medizinische Fakten. Ich bin sehr froh, dass es solche Heftchen nicht für Erwachsene gibt. Ich habe weder Lust noch Neugier, meine Punktezahl oder etwaige hervorstechende Eigenarten in dieser Form ausgestellt zu sehen. Für Kinder gilt das natürlich nicht. Wir wollen ja alle nur das Beste für die lieben Kleinen. Da fragt man nicht lange und die Frage der Würde und Diskretion ist da nur ein unpassender Aspekt. Vor allem beim Arzt.

Damit auch alle Eltern unabhängig vom Punktestand ihres eigenen Kindes wissen, wie ein normales Kind aussieht, sind dem Kinderuntersuchungsheft praktische Tabellen beigefügt, in denen ich auf Anhieb sehen kann, ob ich mir Sorgen machen muss, weil mein Kind zu stark vom Durchschnitt abweicht. Diese sogenannten Somatogramme sagen mir, ob mein Kind im Vergleich mit anderen Kindern groß, klein, leicht oder schwer ist und wann man von Übergewicht oder Untergewicht ausgehen sollte. Wir merken gleich: Reines Augenmaß wäre viel zu grob gehandhabt. Wer weiß, ob wir Eltern überhaupt merken würden, wenn unser Kind bedenklich moppeliger, hagerer, riesiger oder winziger ist als die anderen und ob es nicht dann schon zu spät wäre, für was auch immer? Ja, sogar an einen frontooccipitalen Kopfumfang wird gedacht. Je nach Mädchen oder Junge kann ich hier ganz leicht in Diagrammen erkennen, ob der frontooccipitale Kopfumfang normal ist. Was frontooccipital ist? Keine Ahnung, irgendetwas mit Kopfumfang halt. Wer wird denn hier pingelig sein und über die Sprache mäkeln? Dann könnte ich das ganze Heft ja gleich in den Eimer schmeißen. Und dann wäre es um diesen schönen »Kennziffernkatalog« und die »Risikonummern zu U1« schade. »Asphyxie«, »Phenylketonurie«, »Hypothyreose«, »Isthmozervikale Insuffizienz« – was für wunderbare Wortgebilde. Im Geiste sehe ich schon meine Mediziner-Freunde wissend lächeln. Dagegen können »Kleinwuchs«, »Schielkrankheit« oder »Harnwegsinfektion« auf Seite 3 kaum mithalten und wirken so schnöde profan. Im Internet in den diversen Foren wird dann auch lustig gefahndet nach den Bedeutungen im Kinderuntersuchungsheft.

»Hallo an alle. Was bedeutet P97 hinten an der Perzentilkurve?«

Oder:

»Hilfe! Kann mir jemand sagen, was 03 Schwere Hyperbilirubinämie ist? Ich möchte meine Ärztin nicht anrufen.«

Und tatsächlich findet sich doch immer wieder jemand, der hier weiterhelfen kann. Ich nehme an, es sind Medizinerinnen in der Babypause. Kleine Frage: Ist das Kinderuntersuchungsheft vielleicht extra für die behandelnden Ärzte geschrieben? Warum sind dann Somatogramme angefügt? Haben die Damen und Herren ihre Hausaufgaben nicht gemacht? Interessanterweise fehlt in neueren Ausgaben des Kinderuntersuchungsheftes der blumige Kennziffernkatalog, aber ich durfte noch wie viele andere Eltern als junge Mutter in den vollen Genuss kommen.

Dummerweise bin ich seit der Schwangerschaft sehr argwöhnisch, wenn Ärzte mein Kind bewerten wollen. Solche Heftchen mit seitenlangen Listen von Krankheiten, Auffälligkeiten und Normkurven wie das gelbe hier machen mich irgendwie nervös. Man stelle sich vor, man würde seinen Mann mit derartigem Begleitmaterial nach Hause geliefert bekommen. Ich würde ihn jahrelang argwöhnisch beobachten und klammheimlich vermuten, dass jeden Augenblick die Bombe platzt und er gefährliche Krankheiten entwickelt. Und genau das mache ich jetzt bei meinem Kind.

Es ist ja nicht so, dass so ein Dokument mir die ganze Mutterschaft versauen könnte. Das wäre ja albern. Eine Schwalbe macht noch keinen Sommer. Aber ein Steinchen kommt zum anderen und es scheint sich so langsam ein Mosaik zu bilden. Das Mosaik eines Kindes, das stets von Experten untersucht werden muss, um drohendes Unheil, Unglück, Krankheit und lebenslanges Leid abzuwehren. Ist es denn vermessen, sich als Mutter ein wenig mehr Gelassenheit und Sorglosigkeit zu wünschen?

Einer spontanen, privaten, nicht wissenschaftlichen, aber meiner Meinung nach sehr repräsentativen Umfrage zufolge leben die Mütter und Väter am besten, die das Kinderuntersuchungsheft gar nicht erst lesen, sondern es stoisch von einer »U« zur nächsten schleppen und es ansonsten unbeachtet in die Schublade feuern. Aber ich weiß, was von mir erwartet wird, und nehme pflichtbewusst von Anfang an die regelmäßigen Gesundheitschecks bei der Kinderärztin wahr – die ersten Stationen auf dem langen Weg der Förderung. Es ist anfangs nicht so leicht zu begreifen, dass hier keine diskriminierende Fleischbeschau meiner Tochter mit anschließender Mängelliste stattfindet, sondern die ersten Schritte zur Erschließung des gesamten kindlichen Potenzials. Die Ärztin dreht und wendet mein Baby geschickt wie ein nacktes Hühnchen zwischen ihren Händen. Und während mir der

Schweiß ausbricht, stellt sie fachkundig fest, wo wir handeln müssen.

Alles ist machbar

Seit in den 50er- und 60er-Jahren des letzten Jahrhunderts Medizin, Psychologie und Pädagogik große Fortschritte verzeichnet haben, glauben wir fest daran, das Leben unserer Kinder maßgeblich gestalten zu können. Schicksal ist machbar, vom ersten Zeichen der Schwangerschaft an. Gottvertrauen wird durch Wissenschaftsglauben abgelöst. Nahezu alles scheint möglich. Die Soziologin Elisabeth Beck-Gernsheim beschrieb Ende des letzten Jahrhunderts in ihrem Buch *Die Kinderfrage* ausführlich, dass ein Kind aus diesen Gründen »immer weniger hingenommen werden (darf), so wie es ist, mit seinen körperlichen und geistigen Eigenheiten, vielleicht auch Mängeln«.

Und zu den Mängeln von damals sind inzwischen noch mehr hinzugekommen, die früher noch als kleine Macken hingenommen wurden. Körperliche Behinderungen sind vermeidbar oder zunehmend behandelbar, Wahrnehmungsstörungen und Schönheitsfehler sind ausgleichbar. Schielen, Stottern, Bettnässen, Nuscheln, Schlafstörungen, Zahnfehlstellungen, abstehende Ohren, Konzentrations- und Leistungsschwäche, Spätentwicklung, Schüchternheit und Wutanfälle sind heute keine Sachverhalte mehr, unter denen Kinder leiden müssen und mit denen man sich abfinden will. Zwar sind die Mängel manches Mal so gering, dass sie nur ein Arzt entdeckt. Therapien gibt es dann trotzdem. Nicht-Förderung und Nicht-Verbesserung sind keine Kavaliersdelikte mehr, sondern gelten als unterlassene Hilfeleistung und werden im sozialen Umfeld engagierter Eltern äußerst kritisch gesehen. Schließlich wird hier einem Kind das Leben unnötig erschwert, in einer Gesellschaft, in der alle anderen auf der Überholspur zu sein scheinen. Schön ist der Mensch, hilfreich und gut – wenn er tadellos, gesund und leistungsfähig ist.

Es kostet uns Mütter fast genauso viel Zeit, mit unseren Kindern zu Ärzten, Ergotherapeuten, Logopäden, Krankengymnasten, Osteopathen oder Lerntherapeuten zu gehen wie von Anfang an die eingehende Recherche zu betreiben nach weiteren Verbesserungswegen. Denn es gibt die Qual der Wahl. Es gibt keinen vorgeschriebenen Pfad. Nur vorgegebene Ziele. Jeder ist seines Glückes Schmied, oder eben auch nicht.

Das glückliche Leben eines glücklichen Kindes, ohne Macken und Kanten, ohne Versagensängste und Schwermut, dafür aber erfolgreich, fröhlich und vital, perfekt in die Gesellschaft eingegliedert. Am besten noch ungemein beliebt und überall gern gesehen. Respektiert und akzeptiert und ohne Angst vor den anderen. Der Gedanke ist so verführerisch. Scheitern, Trauer, Angst und Sorgen – wer möchte das noch als natürlich hinnehmen? Wer will sich damit abfinden, dass Macken menschlich sind und Menschen durch Misserfolge und Kummer lernen? Der Erfolg ist so nah.

In meinem Regal häufen sich die Ratgeber, die ein besseres Leben für mein Kind versprechen. »Es ist alles machbar«, flüstern sie. »Du musst dich nur anstrengen.«

Her mit den Ratgebern!

Ich bin süchtig nach diesen Büchern, nach den Zeitschriften und Internetforen für Eltern, nach den Broschüren aus dem rosa Pappkoffer. Diese Ratgeber geben alle vor, das Gelbe vom Ei zu präsentieren, doch wissen sie nicht zwangsläufig mehr als die eigene Mutter, denn Bücher darüber, wie eine Mutter ihr Kind am besten zu pflegen und zu erziehen hat, gibt es schon seit mehreren Hundert Jahren und bisher hat offensichtlich keines die Weisheit mit Löffeln gefressen. Aber sie versprechen die goldene Zukunft, die Idylle, den Erfolg, die Karriere meines Kindes, das lebenslange Glück. Sie geben mir das Gefühl, dass ich es schaffen kann, ich muss es nur ganz fest wollen.

Und machen wir uns nichts vor: Ratgeber sind ungemein

praktisch. All das, was ich bisher in meinem Leben über Babys nie gelernt habe, kann ich hier anschaulich gegliedert nachlesen. Von der perfekt eingerichteten Wickelkommode über Anleitungen zum Füttern und Schlafen bis zum Kurzlehrgang über Kinderkrankheiten und Unfallursachen. Leider bedeutet mehr Wissen nicht unbedingt mehr Seelenruhe. Ich lese entsetzt über Gefahrenpunkte und Risiken, an die ich noch gar nicht gedacht hatte. Gut, dass ich mich informiere! Schlecht, dass mir keiner sagen kann, was ich schon ganz gut mache. Ich starre ständig nur auf das, was ich nicht kann. Mein Fokus ist sehr deutsch, sehr nüchtern, sehr schwer. Das Glas ist immer halb leer, nie halb voll.

Dafür habe ich niemals unter ungebetenen Ratschlägen zu leiden. Ich kann Rat jederzeit einholen oder risikofrei ablehnen, ganz wie es mir beliebt. Ich bleibe völlig anonym und bewege mich auf absolut sicherem Terrain, denn ob ich mich an die Ratschläge halte oder nicht, merkt meist sowieso keiner. Ich kann kostengünstig die verschiedensten Experten zurate ziehen und flatterhaft von einem zum nächsten wechseln, ohne entdeckt zu werden.

Schon in der Schwangerschaft konnte ich ja gar nicht genug bekommen von diesen Texten, in denen ich im wahrsten Sinne des Wortes immer der Nabel der Welt war. Jede Regung von mir wurde wichtig genommen – selbst Blähungen, Sodbrennen und eine schwache Blase. Wo konnte ich schon jemals so viel über mich selbst lesen wie in einem Schwangerschaftsratgeber, das meistens auch noch stimmte? Es war oft ein warmes, wohliges Bad der Aufmerksamkeit und zarten Einfühlung.

Was mir in meiner Hilflosigkeit und Not um das Überleben des Kindes erst entgeht – das Bad ist nach der Geburt des Sprösslings merklich kühler geworden. Als hormonanfällige Wöchnerin erhalte ich zwar noch eine gewisse Schonfrist in puncto Allgemeinzustand, Launen und Schwächeanfälle, doch schon bald ist von meinem Befinden keine Rede mehr. Auf einmal steht nicht mehr mein Wohl im Mittelpunkt der hehren Betrachtungen, sondern das, worum es eigentlich von Anfang an ging – das Wohl meines Kindes. Da dies offensichtlich stark von meinem Verhalten abhängt, werde ich penibel instruiert, das Ganze harmonisch dekoriert und garniert mit wunderschönen Fotos, die selig lächelnde Babys und immer glückliche Mütter in gebügelten Kleidern zeigen, ganz wie in der Werbung. Nicht selten bekomme ich ein schales Gefühl im Mund, wenn ich den Blick vom Hochglanzfoto auf mein brüllendes Baby fallen lasse. Ich sehe im Spiegel mein blasses, müdes Gesicht, mein zerknautschtes Sweatshirt und die Sabberflecken auf der Brust und habe das dumpfe Gefühl, irgendetwas nicht richtig zu machen. Und wenn ich dann Ratgebertexte lese, die sich offenbar an eine völlig begriffsstutzige Person richten, kann ich nur schamerfüllt den Kopf senken. So lese ich Anfang des dritten Jahrtausends liebevoll mahnend unzählige Sätze wie diese an die unbedarfte Mutter, zum Beispiel in einem »Leitfaden für Eltern« der Bundesgesundheitszentrale:

»Jetzt ist das Baby ein eigenständiges Wesen, aber es braucht weiterhin Ihre körperliche Nähe, Ihre Wärme und liebevolle Zuwendung.(…) Wenn Sie wieder zu Hause sind, müssen Sie sich zunächst ganz auf die Bedürfnisse Ihres Babys einstellen. Es muss rund um die Uhr betreut werden.

Gut, dass mir das gesagt wird. Ich werde auch für den Fall, dass ich ihn vergessen sollte, an den Kindsvater erinnert. Er hat in der Schwangerschaft kaum eine Rolle spielen können. Jetzt wird er konsequent in die Kinderbetreuung einbezogen:

»Sie sollten auch überlegen, ob nicht andere Mitglieder der Familie – z. B. die Großeltern –, wenn sie zur Verfügung stehen, einbezogen werden könnten. Vor allen Dingen sollte der junge Vater mithelfen.«

Nicht dass ich auf die Idee komme, er solle sein Kind betreuen und ich würde *ihm* dabei helfen …

Später wird der Ratgeber richtig zutraulich:

»Mal ganz ehrlich: Keine Frau kommt als perfekte Mutter auf die

Welt, und kein Mann hat zwei linke Hände, nur wenn es um das Baby geht. Beide, Mutter und Vater, müssen erst lernen, mit dem Kind richtig umzugehen, und gemeinsam schaffen sie es am leichtesten. Das hat sich allerdings noch nicht überall herumgesprochen. Auch bei manchen Müttern noch nicht …«

Wenn ich nicht so müde wäre, würde es mich vielleicht empören, dass hier von mir nichts weiter erwartet wird, als perfekt zu werden, während es mein Mann allenfalls zum guten Handlanger bringen soll. Vielleicht wäre ich auch wütend, einen leichten Tadel herauszuhören, wie ich mit meinem Mann umgehe, er aber weitgehend ungeschoren davonkommt. Doch ich merke zu diesem Zeitpunkt nicht einmal, wie die Daumenschrauben angezogen werden. Ich stecke bis zum Hals in Ängsten und ich bin müde, sehr müde. Mein Blick ist vernebelt. Und letztendlich stoße ich ja hier auf nichts anderes als auf ein uraltes vertrautes Prinzip der traditionellen Familie, das mir jetzt nicht ungewöhnlich auffällt: Eines ist – und das soll ich mir offenbar gut merken – mindestens ebenso empfindsam wie der unschuldige Nachwuchs – und das ist: der Mann. Siehst du, du bist jetzt *Die Mutter*!

Die perfekte Mutter

Stoßen mir solche Feinheiten in Ratgebern nicht sauer auf, wenn ich ausgeruht bin, ist mit Fug und Recht zu vermuten, dass ich das Idealbild der perfekten Mutter und Ehefrau im traditionellen Sinne, unbewusst oder bewusst, schon prima übernommen habe. Wogegen ja im Prinzip erst einmal nichts zu sagen wäre. Ein Ideal an sich ist etwas Positives. Ich kann nach ihm streben. Ich kann versuchen, über mich hinauszuwachsen. Ich kann einen besseren Menschen aus mir machen. Aber vorher sollte ich mir gründlich überlegen, ob ein erklärtes Ideal mir erstens in seiner Tragweite überhaupt bewusst ist, und zweitens, ob es tatsächlich auch ideal für mich ist und nicht für meine Großmutter oder sonstige Vertreterinnen untergehender Kulturen. Und dann wäre es vielleicht noch ratsam, sich ganz schnell darüber klar zu werden, dass Ideale Wunschgedanken sind. Träume. Holder Schein. Kurz: etwas, das ich nie erreichen kann.

Es ist geradezu absurd – dieser Gedanke scheint für Mutterideale irgendwie verloren gegangen zu sein. Die »gute Mutter« ist ein Synonym für die »perfekte Mutter« geworden. Gut ist nicht gut genug. Perfekt muss es sein. Und es gibt bis ins kleinste Detail in Deutschland präzise Vorstellungen darüber, was perfekt genannt werden darf. Man versuche erst gar nicht, der verstörenden Logik auf den Grund zu gehen, dass nach den gängigen deutschen festen Vorstellungen, wie Mütter zu sein haben und wie sie handeln müssen, jede andere Kultur außer der unseren unweigerlich dem Untergang geweiht sein müsste, denn Mütter anderer Kulturen machen es eben anders als wir, und zwar ebenso überzeugt wie wir. Ich kann nur eindringlich davor warnen, darüber mit Fanatikern zu diskutieren. Möglicherweise werden sofort grausige Statistiken aus der Tasche gezogen, die eindeutig beweisen sollen, wie kriminell die Franzosen, wie arbeitslos die Engländer und wie unglücklich die Finnen sind. Eine Argumentationslogik, die jede Diskussion an die Wand fährt.

Aber wie sieht es denn nun heute aus, das deutsche Ideal der guten perfekten Mutter? Werte ich Ratgeber und Empfehlungen von Institutionen, Familie, Freunden und Fremden aus, verfolge ich aufmerksam Beiträge über Mütter in Funk, Fernsehen und den Printmedien, sehe ich Werbung und lese ich Anzeigen, komme ich zu folgender grober Zusammenfassung:

Eine gute Mutter in Deutschland liebt ihr Kind bedingungslos, achtet aufmerksam auf all seine Bedürfnisse und verbringt viel Zeit mit ihm. Sie lässt es nie unbeobachtet.

Sie bleibt nach der Geburt für etwa drei Jahre zu Hause.

Sie freut sich stets, wenn sie sich um ihren Nachwuchs kümmern darf, ist verständnisvoll, sanft und geduldig.

Sie lobt ihr Kind, damit es Selbstvertrauen entwickelt und später glücklich wird.

Sie glaubt an ihr Kind. Sie klammert nicht. Sie kennt immer das richtige Maß.

Sie ist konsequent. Sie kann ihrem Kind eindeutige Grenzen setzen, ohne seine Kreativität zu ersticken.

Sie bietet einen verlässlichen Tagesrhythmus mit Ritualen, der optimal an die Bedürfnisse des Kindes angepasst ist.

Eine gute Mutter kann sich jederzeit beherrschen. Selbstverständlich darf sie auch mal wütend werden, aber sie lässt ihre Wut nicht an den Kindern aus, sondern boxt, wenn es denn sein muss, zur Aggressionsabfuhr stumm ein Kissen hinter der Badezimmertür.

Sie ist sich darüber im Klaren, dass das Verhalten des Kindes nur das Verhalten der Eltern widerspiegelt.

Sie weiß intuitiv, was am besten für ihr Kind ist und wie sie es behandeln muss, damit es ein »liebes« Kind ist.

Sie kennt alle kindlichen Entwicklungsstufen.

Sie lässt ihr Kind an frischer Luft gedeihen.

Sie legt höchsten Wert auf Sicherheit und schaltet präventiv sämtliche Gefahrenquellen aus.

Sie besucht möglichst zeitig sorgfältig ausgewählte Mutter-Kind-Gruppen, um sich weiterzubilden und ihr Kind umfassend zu fördern und ihm den sozialen Umgang mit anderen Kindern zu ermöglichen.

Sie kauft pädagogisch wertvolles, schadstofffreies Spielzeug und hölzerne Kindermöbel.

Sie beherrscht Homöopathie und Naturheilmethoden für Kinder, schätzt aber durchaus die Fortschritte der modernen Medizin und lässt das Kind in den geforderten Abständen medizinisch untersuchen.

Sie hört auf Experten.

Sie stillt mindestens ein halbes Jahr voll, kocht vollwertig, ausgewogen und gesund und vermeidet allergieauslösende Substanzen.

Sie raucht nicht.

Im Sommer fährt sie mit dem Kleinkind in das gemäßigte Klima der Nord- oder Ostsee.

Den Vater bezieht sie in ihre Bemühungen so weit ein, dass er sich nicht überflüssig vorkommt und seine wichtige Rolle als Vater zum Tragen kommt.

Sie engagiert sich im Kindergarten und in der Schule.

Sie ist selbstlos und bringt gerne Opfer.
Das Glück ihres Kindes ist ihr wichtiger als ihr eigenes, denn sie will immer nur das Beste für ihr Kind.
Wenn ihr Kind glücklich ist, ist sie es auch.

Nun bin ich natürlich etwas geschmeichelt, dass mir ein solch edles Verhalten zugetraut wird, ich muss mich nur ein wenig anstrengen. Zwar ist es merkwürdig, dass mir gleichzeitig eingebläut wird, ich bedürfe lückenloser Kontrolle und stetiger Anleitung, aber ich will nicht kleinlich sein und nach Logik suchen. Frauen – so lerne ich – haben das Potenzial, geradezu himmlische Charaktere zu werden, vor Weisheit, Wissen, Kraft, Opferbereitschaft und Güte nur so strotzend. Sie müssen nur ein Kind kriegen und von einer Minute auf die andere sind sie durch die Mutterliebe geläutert.

Erst viel später fällt mir auf, dass ich keine Mutter kenne, die den oben genannten Merkmalen entspricht, auch wenn einige vielleicht so tun. Aber vielleicht halte ich mich in den falschen Kreisen auf? Ich will gar nicht bestreiten, dass es dieses göttliche Wesen irgendwo gibt. Rudimente von Güte, Kraft und Weisheit kann ich durchaus auch in mir entdecken, nur nicht rund um die Uhr, 24 Stunden am Tag. Fachwissen in Pädagogik, Psychologie, Ernährungswissenschaften, Schadstoffkunde und Medizin versuche ich mir anzueignen – es gibt ja genügend Lektüre –, und auch die Urlaubsplanung versuche ich zu bewerkstelligen. Aber bei der stets richtigen Lösung, der immerwährenden Freude und Geduld und dem allzeit richtigen Maß muss ich passen. Auch habe ich das dumpfe Gefühl, mir eigentlich mehr für mein Leben zu erhoffen als aufopfernde Selbstaufgabe. Und was der ganzen Sache eine zusätzliche Brisanz gibt: Ich bin ein extrovertierter Typ, nicht der gewünschte introvertierte, besonnene Muttertyp mit der stummen Aggressionsabfuhr. Ich bin mehr der Sophia-Loren-Muttertyp, die Filmmutter der 60er-Jahre, nur ohne ihr Gesicht und ihre Figur. Leider sind Mütter völlig *out*, die keineswegs stumm ihr Kissen boxen, sondern spontan laut lachen und schreien, wenn ihnen danach zumute ist.

Was mache ich nun? Ich bin keine Halbgöttin, sondern eine Frau mit Ecken und Kanten. Schmeiße ich die Ratgeber an die Wand, haue auf den Putz und wettere gegen weltfremde Forderungen, die jegliche Authentizität über den Haufen werfen? Erkenne ich, wie rigide hier das Bild einer Mutter entworfen wird, an dem ich mich messen lassen soll? Frage ich mich, wie eine echte Liebesbeziehung zu meinem Kind entstehen soll, wenn ich mich nicht so geben darf, wie ich bin? Erkenne ich, dass hier ein Leben mit Kind zur Farce mutiert, zur weltfremden Idee, zur Karikatur, zum sinnentleerten Rollenverhalten? Nein, mitnichten. Ich kriege Schuldgefühle – wie Millionen andere Frauen, weil sie den Erwartungen an eine gute Mutter nicht zu entsprechen scheinen. Wie Statistiken zeigen, fühlen sich die meisten Mütter mit ihren Kindern hoffnungslos überfordert und suchen die Gründe für ihr Unbehagen mit der Situation bei sich selbst. Sie sind voller Selbstzweifel und massiv verunsichert im Umgang mit ihren Kindern, gerade die, die es besonders gut machen wollen. Und das wollen wir entgegen aller anders lautenden Gerüchte doch fast alle.

Das Dumme an schönen Mutteridealen sind nicht die Wunschvorstellungen an sich. Das Dumme ist, dass Mütter am Anfang der Mutterschaft zu wenig Erfahrung haben, um diese Ansprüche, die Tag für Tag unaufhörlich aus Ratgebern, Gruppen, Organisationen, Foren, Zeitungen, Zeitschriften, Büchern und Gesprächen auf sie einprasseln, realistisch einschätzen zu können. Es ist wie die ersten Wochen in einem großen Unternehmen: Man versteht die wahren Hierarchien und Machtspielchen noch nicht. Man ist noch nach allen Seiten bemüht, einen guten Eindruck zu machen und alle Aufgaben gewissenhaft zu erfüllen. Nur mit dem Unterschied, dass es für Mütter keine Vorgesetzten gibt – auch wenn uns das gerne vorgegaukelt wird. Weil uns unsere natürliche Führungsrolle gegenüber unserem Kind von Anfang an kaum zugestanden wird, ja, im Gegenteil wir auf Expertenmeinungen, Gehorsam und Ideale eingeschworen werden, kommen viele von uns gar nicht auf den Gedanken, tatsächlich Herrin im Haus zu sein. Wir erkennen nicht, welche Ratgeber uns haarsträubend einseitige, ja absurde Mutterbilder präsentieren. Die meisten von uns bekommen stattdessen Schuldgefühle, Minderwertigkeitskomplexe und das latente Bedürfnis, beim besten Experten des Landes das Lager aufzuschlagen, damit er uns sagt, wie wir denn als Mutter zu sein haben, damit unser Kind wird, wie es denn zu sein hat.

Aber wenn wir nicht unterstützt, gelobt und bestätigt werden – wie bitte sollen wir Anfängerinnen ein gesundes Selbstbewusstsein aufbauen und dem Wahnsinn trotzen?

Kapitel 4

Willkommen im Klub!

Wen wundert es, dass ich nach positivem Feedback japse wie ein Fisch auf Landurlaub nach Wasser? Ich brauche dringend Frauen, die schon Erfahrungen mit Kindern haben und mich unterstützen können, die mich ermutigen und bestätigen. Handfeste, selbstbewusste, fröhliche Vorbilder, keine Papierleichen aus überdrehten Ratgebern. Frauen, die mir ganz praktisch zeigen, wie man mit Kindern umgeht und dabei ein schönes Leben hat, und die mir vielleicht auch mal sagen, was ich vielleicht schon ganz gut mache.

»Schließlich ist die Mutterschaft eine Art Handwerk, und alle jungen Mütter brauchen in ihrer Lehrzeit eine Art Rollenmodell oder Vorbild – eine Art Meisterin –, die all das Neue schon einmal erlebt hat. Die Rolle des Vorbildes besteht nicht nur darin, Ratschläge zu geben und Informationen zu vermitteln. Es soll vielmehr ein psychologisches Umfeld schaffen, in dem Sie sich sicher und vertrauenswürdig fühlen können, und in dem Sie den Mut finden, Ihre Fähigkeiten als Mutter zu erkunden.«

So beschreiben es Bruschweiler und Stern in ihrem Buch *Geburt einer Mutter*. Und das kling äußerst logisch. Wer liegt da für mich theoretisch näher als meine eigene Mutter? Schließlich verstehen wir uns prima und sie hat immer behauptet, die Zeit mit ihren Kindern aus vollen Zügen genossen zu haben.

Aber so einfach ist das mit dem Vorbild gar nicht.

Im Perfektionsrausch

»Kind, was siehst du blass aus!« Meine Mutter schaut mich besorgt an. »Meinst du nicht, du solltest mal etwas ausruhen?«

»Mutti, wie soll ich mich ausruhen! Ich habe ein Baby!« Aufgebracht blitze ich sie an.

»Ja, aber ich meine ja nur. Es muss doch nicht immer alles so perfekt sein. Vielleicht solltest du mal etwas locker lassen.« Freundlich lächelt sie mir zu.

»Mutti«, seufze ich genervt. »Das ist nicht mehr so wie früher bei euch. Das ist nicht mehr so locker. Man muss da ständig aufpassen!«

»Vielleicht solltest du das nicht alles so ernst nehmen«, sagt sie vorsichtig.

»Du hast gut reden«, antworte ich wütend.

Düster beiße ich auf meine Unterlippe. Ganz klar, meine Mutter geht völlig anders an die Mutterschaft heran als ich. Sie hält mich für übervorsichtig, überängstlich und verbissen. Denn es ist keineswegs die gestrenge Großmutter, die die junge Mutter zu Vorsicht und Sorgfalt im Umgang mit dem Kleinkind mahnt. Nein, es ist die junge, gut informierte Tochter – also ich –, die die Großmutter laufend vor Risiken und Gefahren warnt. In allen Kinderfragen ist meine Mutter viel unbekümmerter und spontaner als ich. Gegen mich alte Oberglucke wirkt meine Mutter geradezu jugendlich leichtsinnig, ob es um Aufsicht, Ernährung, Pflege, Unterhaltung, Transport oder die Sicherung der Umgebung geht. Ich habe laufend das ermüdende Gefühl, meine Mutter in das Handwerk der Mutterschaft einweihen zu müssen, und nicht umgekehrt. Sie hat uns Kinder früher unbekümmert zu Großtanten gegeben, die zwar nett waren, aber selbst nie Kinder hatten. Ich traue mich nicht mal, mein Kind meiner erfahrenen Mutter für zwei Stunden zu geben, ohne ihr vorher ellenlange Vorträge über Sicherheitsvorkehrungen zu halten.

Das kommt meiner Mutter merkwürdig vor. Sie will einfach nicht sehen, dass nicht ich verbissen bin, sondern die Situation. Sie kann nicht glauben, dass man heutzutage von uns jungen Müttern erwartet, jegliche Gefahr, Krankheit und Risiko von den Kindern fernzuhalten, um deren lebenslanges Glück, deren Erfolg und Gesundheit zu verursachen. Sie hält diese Erwartungen für reichlich weltfremd und schüttelt insgeheim den Kopf über meinen Eifer.

Sie kann gut reden. Sie hatte sie ja nicht – die pränatale Diagnostik, die dauernden Warnungen vor Risiko, Krankheit und Gefahr, die mahnenden Broschüren, Bücher und Instruktionen, die Kinderuntersuchungshefte und hochgesteckten Ziele. Zu ihrer Zeit gab es zwar Ratgeberliteratur zur Pflege und Erziehung von Kindern, aber sie war noch nicht sehr verbreitet. Meine Mutter las keine Bücher zur Erziehung von Kindern und fand die Frauen auch immer etwas seltsam, die in Büchern nach dem richtigen Umgang mit ihren Kindern suchten. Sie war der Meinung, dass das eigene Gefühl und der eigene Instinkt die besten Ratgeber seien. Das konnte sie auch so locker denken, weil es sie ja für sie noch nicht gab, die »Mutterschuld«.

Oder – schießt es mir schmerzhaft durch den Kopf – hat sie recht? Bin ich vielleicht zu perfektionistisch?

Wieder einmal zweifle ich, ob ich zur Mutterschaft überhaupt geeignet bin …

Aber wer versteht meine Lage? Wer bestärkt mich in meinen Nöten? Wo finde ich Seelenverwandte, die den Druck genauso spüren wie ich? Keine Frage, unter anderen Müttern mit Kindern. Es ist eine Tatsache, dass junge Mütter nahezu ausschließlich die Nähe von jungen Müttern suchen. Ja, es scheint eine Art biologischer Zwang von Müttern zu sein, andere Mütter aufzuspüren und sich paarweise oder in Gruppen zu sammeln. Alte Freundinnen mit Kindern – vorher oft instinktiv gemieden, weil deren Leben wenig kompatibel mit dem eigenen kinderlosen Leben schien – sind schlagartig unglaublich interessant. Auf einmal könnte ich stundenlang mit ihnen plaudern und einen Malzkaffee trinken. Es gibt ein unendlich weites Gesprächsthemenfeld: das Kind. Endlich kann ich jemanden fragen, der die neuesten Trends der Kindererziehung genauso verinnerlicht hat wie ich.

»Wie oft bist du denn nachts aufgestanden?«

»Wie habt ihr eure Wohnung sicher gemacht?

»Wie lange hast du gestillt?«

Und die andere nickt wissend, erzählt aus ihrem Erfahrungsschatz und gemeinsam gehen wir die wichtigen Dinge des Lebens durch.

Kinderlose Freundinnen finden mich jetzt meist wenig amüsant. Junge Mütter können mit erstaunlicher Akribie über Windelinhalte, Schlafgewohnheiten, Babygarderobe und Stillpläne reden, ohne sich um aufkeimende Unruhe beim Gegenüber zu kümmern.

Bald ist die eine Freundin gelangweilt (»Ich muss jetzt leider weg!«), die andere ist eifersüchtig (»Mein Gott, muss sich denn wirklich immer alles um das Kind drehen?«), die dritte hat kein Faible für Babys (»Sei mir nicht böse, Schätzchen, aber ich mag Kinder nicht besonders.«) und die vierte ist neidisch (»Hast du dir das mit einem Kind wirklich gut überlegt?«). Alle zusammen haben zwar keine Kinder, wissen aber immer alles besser.

Und ich, ich grolle manchmal und bin zickig, wenn ich mitansehen muss, wie beneidenswert frei sich meine kinderlosen Freundinnen bewegen, wie sie ausschlafen und ausgehen und erfolgreich im Beruf sind. Ich habe lange so gelebt wie sie und ehrgeizig auf eine berufliche Karriere hingearbeitet. Mutterschaft heißt nicht, sämtliche Allüren fahren zu lassen.

Das alles sind Gründe, dass Treffen mit meinen alten Freundinnen immer weniger werden, bis sie schließlich ganz aufhören.

Es lebe die Mutter-Kind-Bewegung!

Glücklicherweise habe ich gute Aussichten, neue Freundinnen zu finden. Es gibt eine Vielzahl von Kursen, die sich gezielt an Mütter mit Baby wenden: Gruppenangebote zum Stillen, zur Babymassage, zur Ernährung, zum Tragetuchbinden, zum PEKiP, zum Babyturnen und vielen anderen interessanten Dingen, die eine Mutter lernen sollte, um ihrem Kind von Anfang an optimale Startbedingungen verschaffen zu können. Unter professioneller Anleitung treffen Frauen mit Kindern andere Frauen mit Kindern.

Früher, ab den 70er-Jahren des 20. Jahrhunderts, soll es Frauengruppen gegeben haben, in denen Mütter über Frauenbewegung, Frauenpower, Feminismus und das eigene Selbstverständnis als Frau und Mutter diskutierten. Das hatte den unschönen Nebeneffekt, dass Frauen miteinander stritten. Heute machen wir Mütter in Gruppen so etwas nicht mehr. Wir geben uns unpolitisch. Die Wörter »Feminismus« oder »Emanzipation« kommen in Gruppengesprächen nie vor und würden auch deplatziert wirken, ja, sogar geschmacklos und beleidigend. Schließlich halten wir uns alle für gleichberechtigt und jede, die uns eines anderen belehren möchte, nur weil wir jetzt Kinder haben, macht sich sofort unbeliebt. Wir reden nicht gerne von Emanzipation, wir reden von uns als »moderne Mütter«.

Die Grundidee unter modernen Müttern ist nicht, sich auseinanderzusetzen, sondern sich hinzusetzen, um den Nachwuchs in professionell geführten Gruppen zu fördern und sich zu informieren, wie man ihn darüber hinaus effizient fördern kann. Deshalb heißen wir Frauen in Gruppen auch nicht mehr »Frauengruppen«, sondern »Mutter-Kind-Gruppen«, »Stillgruppen«, »PEKiP-Gruppen«, »Babymassagegruppen«, »Babyschwimmgruppen«, »Krabbelgruppen« oder »Spielgruppen«. Die Frauenbewegung ist tot, es lebe die Mutter-Kind-Bewegung! Das Kind bewegt sich, die Mutter begleitet es wohlwollend. Es soll spielerisch lernen, es soll unter Gleichaltrige kommen und Sozialverhalten einüben. Im Prinzip sind diese Versammlungen nichts anderes als gut organisierte Arbeitstreffen, in denen Mütter sich wie Kolleginnen über ihre Projekte austauschen und sich gegenseitig auf dem neuesten Stand der Forschung halten. Wir wollen die erste Zeit mit unserem Kind genießen. Diese Arbeitstreffen erleichtern das Handwerk und geben uns die Möglichkeit, ein gutes Netzwerk aufzubauen.

Aber welchen Kurs soll ich als Einstieg nehmen? Private Frühförderung boomt. Was vor Jahren mit den Klassikern PEKiP und Babyschwimmen begann, nimmt heute weite Dimensionen an. In den politischen Diskussionen, in Zeitungen, Zeitschriften und Broschüren, im Internet, in Arztpraxen und Institutionen – immer und überall ist das Thema: Wie können unsere Kinder und wir besser werden? Was können wir tun, um die Entwicklung der Kinder zu fördern? Wie können wir von Anfang an das Beste für unseren Nachwuchs tun? Der Hype ist überall und ansteckend. Nahezu alle Mütter, die ich kenne, sind äußerst lernwillig und eifrig. Merke: Ein erfolgreiches Leben beginnt in den Windeln.

Bald macht beeindruckendes Halbwissen die Runde: Von der modernen Hirnforschung und dem sagenhaften Aufnahmevermögen eines Kleinkindes, von neuronalen Netzwerken und Synapsen, die sich schließen und verbinden, von den vielfältigen Anregungen, die ein Kleinkindhirn braucht, um sich zu ungeahnten Höchstleistungen aufzuschwingen, von der erstaunlichen Mühelosigkeit, mit der Zwei- bis Vierjährige Fremdsprachen erlernen können – und von der bitteren Erkenntnis, dass wir alle nur in den ersten zwei, drei, vier, fünf, sechs, sieben oder auch zehn Jahren (die Angaben variieren je nach Anbieter und Interessenlage) spielend lernen und dann zunehmend dem geistigen Verfall anheimfallen. Hochmoderne Wissenschaft paart sich mit alten Weisheiten: Was Hänschen nicht lernt, lernt Hans nimmermehr.

Da drängt natürlich die Zeit, da hat man keine Muße mehr, mal in Ruhe nachzudenken, ob denn alles Gold ist, was glänzt. Dass Zwei- bis Vierjährige Fremdsprachen genauso schnell wieder vergessen, wie sie sie freudig aufgenommen haben, wenn sie nicht kontinuierlich Tag für Tag weiterlernen und üben, das beeindruckt uns in keiner Weise. Im Zweifelsfalle ist so eine Frühförderung für die Katz, das weiß man ja, aber man weiß ja auch nie, ob es nicht doch zu etwas gut ist. Die Zeit und das Geld – wir investieren es mit gutem Gewissen. Wir geben uns gerne fortschrittlich und es ist angenehm, neue Menschen kennenzulernen und Termine zu haben, die den Alltag mit Kind etwas strukturieren. Das hat etwas von Zielstrebigkeit. Das Klima für Experimente ist exzellent.

Und so brauchen sich findige Geschäftsleute nicht einmal zu schämen, wenn sie uns eifrigen Eltern Englisch-Kurse für Babys im Alter von drei bis 18 Monaten anbieten.

»Babys und Eltern lernen gemeinsam Lieder, Aktivitäten, Reime, Rhythmen und jede Menge über die kindlichen Entwicklungsstadien.«

Was sich wie ein guter Witz anhört, ist gar keiner. »Baby's Best Start« heißt es vielversprechend auf der Website des Helen-Doron-Sprachzentrums und wird auch gern mit Broschüren in Kindergärten beworben. Wie praktisch, dass die Kinder noch nicht sprechen können und die Liedertexte nicht auswendig lallen müssen. Da ist der Leistungsdruck nicht ganz so hoch.

Ich hätte da eine kleine Anregung: Wie wäre es denn mit Latein für Babys? Dann fällt das mit der Aussprache gar nicht mehr auf. Ich sehe schon direkt vor mir, wie mancher Leser, manche Leserin überlegt, ob das nicht tatsächlich eine gute Idee wäre. Schließlich liegen Babys den lieben langen Tag nur rum. Da kann ein bisschen Bildung nicht schaden, nicht wahr?

Ich verfüge inzwischen über ein ansehnliches Archiv unterschiedlicher Informationsbroschüren und Ratgeber und täglich kommen neue hinzu. Nicht nur beim Kinderarzt, in Apotheken und Drogerie-Beilagen und in den gängigen Elternzeitschriften und Internetforen gibt es stets interessante Artikel und Flyer über die Möglichkeiten der frühen Förderung meines Säuglings. Nein, auch die Stadt versieht uns in regelmäßigen Abständen gerne und unaufgefordert mit den Kursangeboten der Familienbildung und Erziehungsberatung und lässt nützliche Elternbriefe aus Berlin zu Entwicklungsphasen unseres Kindes jahrelang ins Haus flattern. Der Oberbürgermeister erinnert uns in Broschüren seit der Geburt unseres Kindes in freundlichen Grußworten immer mal wieder daran, wie wichtig die körperliche und geistige Entwicklung unserer Kinder sei und wie viel leichter unsere Kinder neue Bewegungen lernten, wenn sie über gut trainierte, koordinatorische Fähigkeiten verfügten. Anbei finden wir das Kursprogramm.

Eines ist klar: Wir Mütter – denn wir sind es nun mal, die sich immer noch hauptsächlich um die Kinder kümmern – sind nicht nur zum Vergnügen hier. Wir müssen uns da gar nichts vormachen. Natürlich geht es dem Staat bei dem Aufruf zur Förderung unserer Kinder auch um Chancengleichheit unabhängig von Geschlecht, sozialer und ethnischer Herkunft und um den Ausgleich von individuellen und sozialen Benachteiligungen. Aber der künftige Bürger, den wir hier heranziehen, ist für den Staat existenziell wichtig. Kinder sind unsere Zukunft, Kinder sind unser Kapital. Die Gesellschaft braucht frische Talente. Und da die Geburtenrate sinkt, liegt die Verantwortung umso schwerer auf den Schultern der wenigen künftigen Staatsbürger. Die alte Maxime engagierter Pädagogen »Kein Kind darf verloren gehen« bekommt da eine ganz neue Bedeutung, eben nicht mehr nur nächstenliebend, sondern auch profitorientiert, und daraus wird auch gar kein Hehl gemacht. Gesund, intelligent, innovativ und geschickt sollen die lieben Kleinen nämlich nicht nur später den Steuerzahlern keinesfalls auf der Tasche liegen, sondern sie sollen einmal die Rente und die Zukunft unseres Landes retten, die wir gerade in den Sand setzen.

Das ist nicht wenig, und ja, ich gebe es offen zu, wenn sie das schaffen sollen, was man von ihnen erwartet, brauchen wir ständig guten Rat. Wir brauchen exzellente Schulen für alle Kinder, um diese Mammutaufgabe zu stemmen. Aber unsere Nation investiert ungern in Bildung. Deutschland gibt im Vergleich mit anderen Industrieländern recht wenig Geld für Bildung aus. Nur die Türkei, die Slowakei, Spanien und Irland sind noch sparsamer als wir. Unser Staat flickschustert lieber und hofft auf das Beste. Wir nehmen lernwillige Mütter, die nicht streiken, wenn sie zwar von Anfang an von allen Tipps, Belehrungen und Ratschläge erhalten, aber kaum praktische Unterstützung bekommen. Meistens nicht mal von ihren Männern und auch nicht vom Staat. Keine Haushaltshilfe, wenig Kinderbetreuung, kaum Geld, nicht mal Aussicht auf Erfolg, von Ruhm und Ehre gar nicht zu sprechen. Dafür bekommen sie Sprüche zu hören wie »Ein Kind gehört zu seiner Mutter« und viele gute Wünsche an die Mutter, wie sie denn zu sein hat, damit das Kind wird, wie es denn zu sein hat. Und Schuldzuweisungen, wenn das alles nicht klappt.

Da ich nicht auswandern möchte und die Zeit knapp ist – bevor ich als verantwortliche Bürgerin irgendeine politische Veränderung anstoßen könnte, wäre meine Tochter aus ihrer Hoch-Hirn-Phase entwachsen –, muss ich mich mit den Vorgaben meines Landes arrangieren. Ich muss für mein Kind nehmen, was ich kriegen kann, und das sind die Kurse. Außerdem möchte ich meine Mutterschuld ein bisschen abarbeiten und ich brauche Freundschaften. Die Kurse kommen mir gar nicht ungelegen. Ich entscheide mich unter den Angeboten, die uns Müttern so warm ans Herz gelegt werden, für einen Klassiker, den PEKiP-Kurs, weil er Raum für Plauschereien gibt. Die sind beim Babyschwimmen schlecht möglich. Man ist zu sehr bemüht, das Kind über Wasser zu halten, während es seine Intelligenz entwickelt und die motorischen und sensorischen Fähigkeiten schult.

Glück in der Gruppe

PEKiP steht für »Prager-Eltern-Kind-Programm«. Ab der vierten bis sechsten Lebenswoche treffen sich junge Eltern mit ihren Babys in kleinen Gruppen und bleiben für das erste Lebensjahr zusammen. In Gruppenarbeit sollen die Säuglinge in ihrer Entwicklung wahrgenommen, begleitet und gefördert werden. Das Programm vermittelt Bewegungs- und Sinnesanregungen und soll Kontakte zu Gleichaltrigen ermöglichen. Letzteres ist meiner Tochter meiner Meinung nach in den ersten Monaten herzlich egal, sie ist noch sehr mit sich selbst beschäftigt, das junge Ding, aber ich freue mich sehr, neue Gesichter kennenzulernen und Frauen zu treffen, die in den kommenden Monaten ganz offensichtlich genau die gleichen Interessen und den gleichen Tagesrhythmus haben wie ich.

In diesen PEKiP-Gruppen ist es vollkommen egal, wer die Mütter sind, woher sie kommen und was sie früher getan haben. Egal, ob vorher Arzthelferin, Hausfrau, Wissenschaftlerin, Staatsanwältin, Lehrerin, oder Postangestellte – in diesen Gruppen sind wir alle nur *Mutter*.

»Hallo«, sagt die Frau neben mir. «Ich bin Kathrin und das ist Charlotte. Sie ist am 3. März geboren und sie ist unser erstes Kind. Das ist unser erster PEKiP-Kurs.«

Alle stellen sich ganz unkompliziert vor. Wir machen die Runde. Alle tragen mehr oder minder Einheitslook (meist Shirts und leicht zu reinigende Hosen) und Haare werden schmucklos mit Gummis zusammengehalten. Konversationen über Politik und Wirtschaft, beeindruckende Urlaubsreisen, Hobbys, Autos und Freunde sind tabu. Hier geht es schlicht um das Kind. Mütter – und selten auch mal Väter – streben zueinander, um miteinander etwas Luft zu holen, um sich ein bisschen fallen zu lassen, sich auszutauschen und zu lernen. Wir sitzen alle im Kreis, die Babys liegen nackt und frei auf Gummimatten vor uns und wir spielen mit ihnen und lernen sie zu verstehen.

Ich genieße es, mit meinem Kind einen festen Anlaufpunkt zu haben. Endlich finde ich Frauen und Männer, die in derselben Situation sind wie ich. Wo finde ich sonst Menschen, die sich so bereitwillig anhören, wie ganz außergewöhnlich das Leben mit Kindern ist? Wo kann ich so intensiv über beunruhigende Verdauung diskutieren, ohne fortan gemieden zu werden? Und wo könnte ich theoretisch besser neue Freundschaften finden? Die Gruppe fängt mich auf, beglückt mich und gibt mir endlich das Gefühl, normal zu sein. Viele meiner Probleme entpuppen sich auf einmal als Scheinprobleme:

»Was, dein Kind spuckt auch so wild?«
Oder:
»Schläft euer Kind auch noch nicht durch?«

Die Erfahrung, dass es anderen ähnlich geht, lässt mich tief aufatmen und das Leben in rosigeren Farben sehen. Ich fördere spielend mein Kind und spreche mit anderen Müttern über Kinderernährung, Stillprobleme, Schlafgewohnheiten und kindliche Entwicklungsphasen und fühle mich geborgen. Wir tauschen uns aus über Panikattacken im Straßenverkehr, über Supermarkt-Theater, aufdringliche Passanten und rüstige Rentner und sind ein Stück getröstet. Es tut gut zu wissen, dass man nicht schuld ist an diesem Aufruhr, sondern dass es in Deutschland eine Art Volkssport ist, Müttern die Leviten zu lesen.

Und es gibt keine bessere Informationsbörse. Möchte ich wissen, welche Windeln, Strampler, Fläschchen, Schnuller oder sonstiges Babyutensil von Stiftung Warentest mit »gut« bewertet wurden, wo ich sie am günstigsten erstehen kann und ob es dazu Gutscheine gibt? Kein Problem. Eine von ihnen weiß es bestimmt. Brauche ich einen guten Kinderarzt, einen Osteopathen, Logopäden oder Ergotherapeuten? Hätte ich gerne einen guten Ratgeber über gesunde Babynahrung oder effektives Schlaftraining? Bin ich neugierig, welche anderen Fördergruppen für uns interessant wären und wo ich die besten Anbieter finde? Ich frage die Gruppe. Es gibt keine bessere Informationszentrale als zehn Mütter, die über die Stadt verteilt wohnen, Internetanschluss besitzen und die Augen offen halten.

Wer kann am besten sein Fäustchen drehen? – Baby-Wettbewerb

Nun ist es mit der menschlichen Natur so eine Sache. Wir sind zwiespältig. Einerseits wollen wir Menschen uns in einer Gruppe als Gleiche unter Gleichen aufgehoben fühlen. Vor allem wir Frauen sehnen uns oft danach, harmonisch mit anderen im Einklang zu leben, das zu tun, was alle machen, und uns mit den Wellen zu wiegen. Wir möchten in dem beruhigenden Gefühl leben, das Richtige zu tun, weil es eben alle tun.

Andererseits möchten wir Menschen aber gerne auch etwas Besonderes sein, einzigartig unter Gleichen. Wir möchten in unserem individuellen Wesen erkannt und anerkannt werden. Und wie kann ich feststellen, was gerade mich ausmacht? Wie finde ich meine Identität? Ganz einfach: indem ich mich abgrenze von den anderen. Indem ich mich vergleiche. Was habe ich, was andere nicht haben? Was haben die anderen, was mir fehlt? Erfolg, bestimmte Fähigkeiten, Bildung, Schönheit, Klugheit, Geld, Aufmerksamkeit, Autos, Häuser, Freunde, Männer, Glück? Die Liste lässt sich endlos ausdehnen. Es gibt nichts, was sich nicht vergleichen ließe. Und eben auch die Kinder.

Zunächst finde ich es schön, mit meinem Baby in der Gruppe aufzugehen. Aber bald möchte ich auch wissen, was mein Kind von den anderen unterscheidet. Was kann das Baby da zum Beispiel, was meines nicht kann? Was zeigt meines, was anders ist? Es ist interessant, das eigene Kind mit anderen zu vergleichen. Man lernt es viel besser verstehen. Was ich in den Somatogrammen im Kinderuntersuchungsheft oder in den zahlreichen Büchern nicht nachvollziehen konnte – hier kann ich ganz praktisch sehen, was die meisten Kinder in bestimmten Phasen können und wie sie sich verhalten, und ich kann ganz leicht erkennen, ob mein Kind sich im Bereich des Normalen bewegt oder auf den Normkurven gefährlich hin- und herschwankt.

»Dein Kind ist aber ruhig«, sagt eine Mutter neben mir und schaut prüfend auf meine Tochter. Ich habe mein Baby auf meinen Knien liegen. Die Kleine schaut gebannt dem Schattenspiel auf meinem Pullover zu.

»Ja«, antworte ich. »Sie schreit jetzt wirklich selten.«

Die Mutter schweigt. Und nach einer Weile:

»Bist du sicher, dass das normal ist? Vielleicht solltest du sie mal vom Arzt untersuchen lassen. Ist doch merkwürdig.«

Ich schlucke.

»Nö, wir waren erst neulich da. Sie ist einfach nur sehr zufrieden.«

Die Mutter schweigt.

»Na«, sagt sie plötzlich, »dafür sitzt meines stundenlang im Tragetuch ohne zu mucken.« Und wendet sich brüsk ihrer anderen Nachbarin zu.

Müttern ist es oft peinlich, dass sie vergleichen, weil wir die Einzigartigkeit unserer Babys anerkennen wollen. Wir leugnen es ab. Aber wir können uns noch so oft darüber lustig machen, wie blöd es wäre, Kinder miteinander zu vergleichen, »weil doch jedes Kind einzigartig« ist und jedes Kind »sein eigenes Tempo hat« und wir können noch so sehr beteuern, dass wir das niemals tun würden, weil es unwürdig wäre: Wir tun es doch. Wir schauen mit gesenktem Blick auf das Nachbarkind auf der Gummimatte und klopfen im Kopf wichtige Fragen ab. Ist mein Kind genauso weit? Kann es schon, was das da kann? Was kann meines besser? Wo muss ich aufpassen und wo kann ich beruhigt sein? Dieses Verhalten ist nicht nur natürlich, sondern bei uns modernen Müttern auch überaus hochgezüchtet. Denn wir haben ja nicht nur alle unsere Normkurven und Kinderuntersuchungshefte, sondern auch alle mehr oder weniger gewissenhaft gelernt, dass Risiko, Gefahr und Krankheit für unsere Kinder von uns selbst gar nicht früh genug erkannt werden können. Dazu haben wir ja vor und nach der Geburt die regelmäßigen Kontrollen beim Arzt. Und wenn die eine Untersuchung gerade vorbei und die andere noch in weiter Ferne weilt – was gibt es Nützlicheres als solche vergleichenden Wissenschaften in Babygruppen? Wenn sich genau jetzt, genau hier und heute im Vergleich mit anderen Babys ein eklatantes Nachzüglertum bemerkbar macht, ein Problem, eine Gefahr, ein Risiko, vielleicht sogar eine Krankheit – dann kann ich es schön erkennen und flugs einen Arzttermin außer der Reihe anberaumen.

Die Kinderarztpraxen und Notaufnahmen sind stets voll mit besorgten Eltern und schlecht gelaunten Babys, und manch eine Mutter, manch ein Vater ist so verunsichert, dass ein nett gemeintes »Das wächst sich aus« des Arztes als unterlassene Hilfeleistung gewertet wird. Wir trauen dem Frieden nicht so leicht. Wir sind durch eine gründliche Schwangerschaftsschulung gegangen. Da ist man nicht mehr so naiv und hofft auf das Beste.

Je mehr Wochen und Monate ins Land ziehen, je älter die Babys werden, desto deutlicher werden die Unterschiede.

»Schaut mal«, ruft die Gruppenleiterin erfreut. »Niklas kann schon den Kopf heben.

Wir alle gucken auf Niklas. Da liegt er fröhlich krähend auf dem Bauch, den Kopf hoch erhoben. Sein ganzer kleiner Körper ist ein einziges Kraftwerk. Er trommelt mit den Händchen begeistert auf die Matte.

Wir schauen auf unsere Babys. Da liegen sie, auf dem Rücken, nuckeln versonnen an Fäustchen, Füßchen und Tüchern und schauen gemütlich dem strahlenden Siegertypen zu.

»Ist das schlimm, dass die Emma das noch nicht kann?«, fragt die Mutter neben mir ängstlich.

»Nein, gar nicht«, sagt die Gruppenleiterin. »Das kommt schon noch.«

Aber die eine oder andere von uns hat auf einmal nachdenkliche Falten auf der Stirn.

Wer kann schon das Fäustchen drehen? Wer kann alsbald das Köpfchen heben? Wer liegt als Erste oder Erster auf der Seite? Wer spricht deutliche Laute? Wer reagiert geschickt am schnellsten und am besten auf das angebotene Programm, sprich Luftballons, Rasseln, Federn, Stöcke und so weiter? Und wer liegt dröge auf der Matte, schreit vielleicht sogar noch wie am Spieß und zeigt so gar kein Interesse für die Potenziale, die in ihr oder ihm schlummern? Mit anderen Worten: Wer macht seine Mutter strahlend stolz und wer gibt Anlass zu grauen Haaren?

Allmählich baut sich Druck auf. Je deutlicher die Unterschiede werden, desto unruhiger werden wir Mütter. Wir stupsen unsere Babys ein bisschen in die Seite, schubsen sie auf den Bauch, halten ihre Köpfchen hoch, damit sie kapieren, wo es hinführen soll, und treiben sie mütterlich liebevoll an, mal etwas schneller zu machen, weil die anderen sie sonst überholen.

Wir glauben an Normkurven. Wir glauben, dass unpopuläre Abweichungen von der Norm therapiert werden sollten. Wir glauben, dass wir unser Kind antreiben müssen, weil das Leben ein Wettrennen um die besten Plätze ist.

Und dann machen wir uns auf die Suche nach weiteren Förderkursen und geeigneten Therapien. Babyschwimmen, Krankengymnasten, Ergotherapeuten, Osteopathen …

Natürlich sind Vergleiche im zarten Babyalter nicht nur in Bezug auf körperliche, sondern auch auf gesellschaftliche Normen genauso simpel wie später im Leben. Wenn ich wissen möchte, ob mein Kind in der Gesellschaft von Anfang an gut ankommt, ist das ganz einfach. Da gibt es klare Regeln: Als angenehm gilt ein Kind, das in sauberer Kleidung steckt, wenig Mühe und Aufmerksamkeit erfordert und sich leicht anpasst. Ruhige, saubere, freundliche und aufgeweckte Kinder sind beliebt. Solche Kinder sehen kleine und große Gesellschaften gerne.

Ist das Kind aber laut, dreckig, aggressiv, uninteressiert und zeigt vielleicht noch, dass es bestimmte Erwachsene nicht mag, erntet es schnell Befremden.

Natürlich gibt es bei den Wesensvergleichen unterschiedliche Wertungen für Mädchen und Jungen. Ein lautstarker dominanter Junge gilt im Windelalter noch als »echter Junge«, ein ähnlich gestricktes Mädchen wird dagegen schon alsbald als »Zicke« bezeichnet. Ein schüchternes Mädchen ist süß, ein schüchterner Junge ein Weichei und so weiter und so fort.

Welche Mutter ist die beste?

Und wenn wir schon einmal dabei sind – warum sollten wir nur die Kinder vergleichen? Ob ein Kind nun einen besonders guten Eindruck macht oder aber einen ausnehmend schlechten – die Frage ist doch: Was macht die Mutter, dass das Kind ist, wie es ist? Wer ist wirklich eine gute Mutter und wer ist es eher nicht?

Diese Frage zu beantworten, ist nicht so einfach, will ich korrekt und objektiv sein und mich nicht auf reine Sympathie oder Antipathie berufen. Es gibt einige pseudowissenschaftliche Kriterien. Eine Mutter etwa, die alles im Griff hat, ein gepflegtes, sauberes Aussehen, Fröhlichkeit und souveränes Auftreten zur Schau trägt (eben so wie in den Hochglanzbroschüren) und vor allem über beeindruckendes Wissen über Kinderpflege, -ernährung, -ratgeber und optimale Fördermöglichkeiten verfügt und sich auch noch konsequent an die Richtlinien an die gute Mutter hält –, diese Frau genießt stillen Respekt.

Mütter, die von oben bis unten wie ihre Kinder bekleckert sind, fettige Haare haben, keine Ahnung von Kinderpsychologie und optimalen Förderangeboten besitzen und dafür auch noch demonstrativ Desinteresse zeigen, vielleicht noch frech behaupten, es reiche, mit gesundem Menschenverstand, mütterlicher Liebe und Intuition den richtigen Weg zu finden, ja, vielleicht sogar mit dem Kind den lieben langen Tag zu kuscheln und wertvolle Zeit ungenutzt vorüberstreichen zu lassen, ernten stummes Kopfschütteln, auch wenn das Kind noch so goldig ist. Diese Mütter haben einfach nicht verstanden, dass die Welt kein Kuschelpfad ist.

Natürlich muss ich mich im Endeffekt bei meiner Wertung bei diesen oberflächlichen Kontakten im geschützten Raum eines PEKiP-Kurses darauf verlassen, wie die anderen sich präsentieren und was sie von ihrem Alltag erzählen. Sie müssen ja nicht mal lügen. Schweigen ist so einfach und beschönigen ist nicht verboten. Kein Mensch sieht hier, wie dieselbe Frau, die hier souverän ihr Baby behandelt und kundig neueste Forschungsergebnisse über Frühförderung von sich gibt, unter Extrembedingungen reagiert, sprich bei schreiendem Kind im Supermarkt oder in der völlig verdreckten Wohnung und Schwiegermutterbesuch.

Auch kann ich schlecht kontrollieren, ob die Dame mir gegenüber tatsächlich kontinuierlich eine halbe Stunde pro Tag mit ihrem Baby motorische Übungseinheiten durchzieht. Ein konsequentens Verhalten, das mir vor Neid die Mundwinkel fallen lässt. Schon bei dem Gedanken, derartige Trainingseinheiten zu leiten, fühle ich meine Füße einschlafen und Anflüge von Depression über mich schwappen. Ich habe zwar den Verdacht, dass einige Mütter gekonnte Selbstdarstellerinnen sind, kann es aber nicht beweisen, und bald ertappe ich mich dabei, wie ich meinen Profi-Mutter-Alltag etwas aufpeppe. Es müssen ja nicht alle wissen, wie oft ich mich als komplette Versagerin fühle.

»War das heute ein schöner Tag!«, strahle ich die anderen an.

»Mmh«, sagen die anderen. Sie sehen etwas müde aus.

»Wir waren heute den ganzen Tag an der frischen Luft«, sage ich und zupfe behaglich die Windel meiner Kleinen zurecht. Ich verschweige geflissentlich, dass ich den Rest der Woche sehr häuslich war.

»Es hat ihr so gut gefallen. Sie haben immer so viel Spaß draußen, nicht?«

Und schon habe ich mein Image etwas aufpoliert.

Dummerweise ist die Mutter-Kind-Welt eine, wie sie ungerechter nicht sein könnte: Das eine Kind schreit sieben Stunden am Tag, das andere sieben Minuten in der Woche. Jenes Baby schläft bald durch, das andere niemals. Das eine Kind ist krank oder behindert, das andere ist kerngesund. Das Kind dort erntet überall Wohlwollen, das andere da meistens Missfallen. Das da ist bildschön, das andere eher nicht. Das da reagiert schnell, das andere gar nicht. Dort hat eine Mutter rund um die Uhr Hilfe vom Vater, von Verwandten und Freunden, eine andere muss alles alleine machen. Da hat eine Mutter genügend Geld, um sich Babysitter, Designermode und exklusive Frühförderung zu leisten, die andere weiß kaum, wie sie die Windeln bezahlen soll. Die eine sieht blühend aus, die andere verwelkt. Jene hat abgenommen, die andere hat Speck angesetzt. Die eine Mutter ist glücklich, die andere verzweifelt. Ach, du schöne Gruppenharmonie! Du kannst einem schon zum Halse raushängen, wenn ich mich in puncto Zufriedenheit am unteren Ende der Skala befinde.

Meine Nachbarin ist glücklich. Ihr Baby ist zwei Wochen alt. Meines ist fast fünf Monate auf der Welt.

»Stell dir vor«, sagt sie, »die Kleine schläft durch! Ich habe die ganze Woche geschlafen wie ein Murmeltier!«

Ich merke, wie meine Gesichtszüge entgleiten. Ich werde gallenbittergrün. Nie in meinem Leben war ich so hässlich neidisch.

»Aha«, sage ich tonlos. »Wie schön.« Tiefe Schatten liegen um meine Augen.

»Ich muss dann mal los«, sage ich. Und lasse sie einfach sitzen.

Neid und Gruppenharmonie

Es ist ohne Zweifel eine der größten Herausforderungen, andere Eltern glücklich und zufrieden zu sehen, ohne es selbst gerade zu sein. Da kann ein Mensch schon mal schnell neidisch werden.

Nun ist Neid an sich nicht nur eine schlechte Eigenschaft. Im Gegenteil – er kann Menschen positiv motivieren. Nehmen wir folgenden Witz vom Neid-Forscher Rolf Haubl aus seinem Buch *Neidisch sind immer nur die anderen*:

»Geht ein US-Amerikaner mit seinem Freund spazieren. Kommt ein großer Cadillac vorbei. Sagt der Amerikaner zu seinem Freund: ›So einen Wagen fahre ich auch noch mal!‹ – Geht ein Deutscher mit seinem Freund die Straße entlang, fährt ein BMW vorbei. Sagt der Deutsche zu seinem Freund: ›Der Typ geht auch noch mal zu Fuß!‹«

Wie der Witz durchblicken lässt, gelten wir Deutsche im interkulturellen Vergleich nicht gerade als besonders großzügig. Uns Deutschen wird eher nachgesagt, ordentlich missgünstig neidisch zu sein. Wir sehen es nicht gerne, wenn

Einzelne sich allzu deutlich von der Gruppe entfernen, ob nach unten oder nach oben. Nur wenige fühlen sich durch die Güter anderer angespornt. Im Allgemeinen frustriert den Deutschen das offensichtliche Glück anderer eher, als dass es ihn zum Nacheifern veranlasst.

Und Mütter sind da nicht anders. Ja, um ehrlich zu sein, bin ich besonders anfällig für missgünstigen Neid. Ich bin todmüde und erschöpft. Ich habe keine Hilfe von Verwandten und mein Mann arbeitet viel. Die pränatale Diagnostik sitzt mir immer noch in den Knochen, die Angst im Alltag macht mich fertig, die Anforderungen der Ratgeber schnüren mir den Hals zu und die Mutterschuld sitzt mir im Nacken. Ich habe ständig Angst zu versagen und nage an gewaltigen Schuldgefühlen. In einer Zeit, in der Medien rund um die Uhr verkünden, dass alles machbar sei – »man muss es nur wollen« –, finde ich es sehr beschämend, wenn mein Baby oder ich eben nicht »alles« machen. Mir fällt gar nicht auf, dass es den meisten anderen Müttern auch so geht. Sie wirken so viel selbstsicherer, zielstrebiger und entschlossener als ich.

Manchmal reicht es in einer miesen Stimmung, eine andere Mutter zufrieden mit ihrem Kind auf dem Spielplatz sitzen zu sehen, um mich schlecht zu fühlen. Ich schätze es nicht besonders, wenn eine andere Mutter es anders macht als ich, vor allem nicht, wenn sie es irgendwie besser zu machen scheint. Das hat einerseits mit dem Wunsch zu tun, Gleiche unter Gleichen zu sein, andererseits mit meinem Bestreben, einzigartig sein zu wollen. Einzigartig schlecht zu sein, war eigentlich nicht meine Absicht. Geht es mir gerade schlecht und einer anderen Mutter so richtig gut, fühle ich mich ganz schnell ganz klein. Und da können harmlos gemeinte Bemerkungen anderer Mütter in meinem frustrierten Mutterohr überraschend heftig zu bösen Vorwürfen mutieren:

»Na, sie SCHREIT aber VIEL!«

»Was? Du bringst dein Kind um 10 Uhr ins Bett? Ist dir das nicht ZU SPÄT?«,

»Ich KOCHE unseren Brei immer SELBST. Man weiß ja nie, was in den Gläsern ist.«

Es ist wirklich schwer zu sagen, wie Sticheleien zwischen Müttern beginnen – ist die eine unbefangen in ihren Bemerkungen und die andere einfach überempfindlich? Oder will mich da tatsächlich eine ärgern? Es ist Vorsicht geboten vor voreiligen Schlüssen und ausgeprägtem Selbstmitleid, denn die Deutschen sind an sich kein Volk, das zu Lob und positivem Denken neigt. In Deutschland ist es die Kritik, die weiterbringen soll, der Fokus auf den Mangel – und nicht das ausufernde Lob. Das Glas ist halb leer und nicht halb voll, und jeder, der etwas anderes behauptet, ist ein armer Optimist. Manche Mutter fühlt sich ganz zu Unrecht bestraft. Vielleicht ist die Dame gar nicht missgünstig, sondern nur einfach typisch deutsch zurückhaltend, besserwisserisch oder freut sich auch nicht an ihrem eigenen Kind. Wie soll sie sich dann mit anderen freuen?

Das ist vielleicht das wahrhaft Aufregende unter deutschen Müttern. Die verkannte Würze im Kinder-Mütter-Alltag: Man weiß nie, woran man ist. Es bleibt immer etwas aufregend. Ressentiments zwischen Müttern laufen meist sehr subtil ab. Es sind Nadelspitzen, kleine, feine Pfeile, die verschossen werden, und damit ist es wohl auch wie in vielen Arbeitstreffen: Antipathien, Neid und Konkurrenzgefühle werden unter der Oberfläche, indirekt ausgetragen. Es gilt, sich keine Blöße zu geben und sich nicht angreifbar zu machen. Wichtig ist, die Gegnerin im Unklaren zu lassen. Hat sie mich nun ärgern wollen oder bin ich einfach nur verweichlicht? Dazu eignen sich sehr schön bedeutsames Schweigen oder unerbetene Informationen, zum Beispiel »Mein Harry kann schon laufen«, wohl wissend, dass es Lisbeth noch nicht kann, oder intensives Nachfragen zum Entwicklungszustand des Kindes, als Sorge getarnt:

»Kann er immer noch nicht laufen? Mach dir keine Sorgen, das wächst sich bestimmt irgendwann aus. Hat er denn andere Talente?«

Die Informationen und Bemerkungen müssen so geschickt platziert werden, dass frau im Notfall alles treuherzig abstreiten kann. Das ist wichtig, da sie sonst Gefahr läuft, für ihr ungebührliches Verhalten von der Gruppe ausgegrenzt zu werden. Und wo sollte sie dann noch hin?

Dabei wäre es so einfach, sich gegenseitig zu bestärken. Hey, ihr Gruppenleiterinnen! Wie wäre es denn mit Lobrunden, die wir in deutschen Mutter-Kind-Gruppen einführen? Vielleicht können wir so etwas üben. Wir richten das Augenmerk auf das Gelungene und das Gute unter uns und bauen uns gegenseitig auf. Damit wir das psychologische Umfeld bekommen, in dem wir uns als Mütter ausprobieren und unsere Fähigkeiten erkunden können, anstatt irgendwelchen weltfremden Richtlinien nachzueifern. Vielleicht merken wir dann, wie stark wir sind und dass nicht nur ein besonnener Mutter-Coach das Gelbe vom Ei ist. Vielleicht entsteht dann so etwas wie Vertrauen, Gruppengefühl und Toleranz unter Müttern. Es geht ja nicht darum, uns schönzureden. Es geht darum, die Ansprüche mal etwas herunterzuschrauben. Und nebenbei wird unser Nachwuchs auf gelungene Motivation eingeschworen für Arbeitstreffen jeder Art künftiger Generationen. Das wäre doch mal was.

Leider ist es noch nicht so weit und ich will bald keine Hilfsnetzwerke mit anderen Müttern mehr gründen und mich mit ihnen austauschen, so wie ich es vor der Schwangerschaft geplant hatte, denn mir schwant dunkel, dass wir uns herzlich wenig bestärken würden, sondern uns eher gegenseitig runterziehen würden. Wir haben ja alle kaum Kraft, uns selbst über Wasser zu halten.

Die Stärkung des Selbstbewusstseins scheint eher anders herum zu funktionieren: Wir Mütter werden guter Dinge, wenn wir andere Mütter bekritteln können. Es tut doch gut, nicht immer die Erste in der Nahrungskette zu sein, die gefressen wird, sondern ein paar andere hübsch vor mir über die Klinge springen zu lassen.

Wir beherrschen sie alle, diese Taktik zur Rettung unseres Rest Seelenfriedens: Wir treffen uns mit Müttern, die ihr Kind ähnlich pflegen und erziehen wie wir (dann fühlen wir uns wenigstens in der Wahl unserer Herangehensweise bestärkt, wenn schon nicht in der Ausführung derselben), und dann tun wir so, als wüssten wir am besten, was gut für Kinder ist. Und dann wundern wir uns gemeinsam über die Pflege und Erziehung der anderen. Und dann fühlen wir uns gut.

»Hast du gesehen, wie sie mit ihrem Kind umgeht? Das würde ich nie machen. Das ist doch wirklich seltsam!«

Es spielt keine Rolle, ob uns Frauen in diesen Momenten irgendetwas anderes verbindet als ein kleines gemeinsames Stück Kindererziehung. Was zählt, ist dieses bisschen Sicherheit und Entspannung. Wir wollen auch mal das Gefühl haben, es richtig zu machen. Der Druck ist so hoch. Und je höher der Druck, desto unerbittlicher sind wir mit anderen.

Es ist immer wieder verblüffend, wie wir bei aller Verunsicherung, die uns bei unseren eigenen Kindern von Zeit zu Zeit überfällt, für Kinder anderer Mütter immer ganz genau sagen können, was richtig für sie wäre. Damit wir uns recht verstehen – es geht nicht nur um große grundsätzliche Belange, die diskutiert werden – ob Kinder gedemütigt, vernachlässigt, missbraucht oder geschlagen werden –, sondern es geht um die vielen kleinen Details, die den Alltag von Mutter und Kind ausmachen. Es geht um die kleinen Mosaiksteine, die das Bild der perfekten Mutter zusammensetzen.

Da ist zum Beispiel die ausländische Mitbürgerin, die ihr Kind zweisprachig erzieht, und das in einer Gruppe, in der ansonsten nur Deutsch gesprochen wird. Sie hat es nicht einfach. Ihr werden gerne mal diverse Theorien aus Ratgeberbüchern unterbreitet, was das Beste für ihr Kind sei, und das, was sie mache, wäre es ganz sicher nicht.

Da ist die Mutter, die ihr Kind um Mitternacht zu Bett legt. Sie kann sich freuen: Auch das wird diskutiert. Ein deutsches Baby schläft am besten von 20 Uhr bis 6 Uhr morgens. Punktum!

Da ist die Frau, die ihrem Baby frühzeitig harte Brötchen zum Lutschen gibt. Aufregung in der Gruppe. Ob das denn schon gut für das Kind ist? Sie kann doch nicht einfach machen, was sie will. Wo kämen wir da hin?

Ja, du schöne Gruppenharmonie.

Das erklärt doch gut, warum die eine oder andere Mutter einfach dem Herdentrieb folgt, anstatt überhaupt erst in Versuchung zu geraten, eine eigene Meinung zu entwickeln.

Was für Außenstehende wie der übliche harmlose Zickenkrieg aussieht, ist Müttern von Babys und Kleinkindern todernst. In kaum einer anderen Gruppe wird so gnadenlos selektiert wie unter Müttern. Sehen Sie die Geburt als bewegendes Naturerlebnis und wollen auf keinen Fall Schmerzmittel? Vermutlich werden Sie erst einmal keine Anhängerin von Vollnarkose und Kaiserschnitten zur Freundin haben. Gebären Sie im Geburtshaus und legen Sie Wert auf Stoffwindeln? Es ist unwahrscheinlich, dass Sie Freundinnen im Krankenhaus-Pampers-Lager finden. Stillen Sie oder geben Sie die Flasche? Eine wichtige Entscheidung für Ihren Freundeskreis. Kaufen Sie Gläschen oder kochen Sie selbst Öko-Brei? Favorisieren Sie das Familienbett? Beschäftigen Sie Babysitter? All diese für Außenstehende nichtig erscheinenden Aspekte haben das Potenzial, ganze Riegen unerfahrener Mütter zu trennen. War die Suche nach Freundinnen in einem früheren Leben oft ein langes Auseinandertüfteln von »so bist du und so bin ich und wir schauen, ob wir zusammenpassen«, ist sie jetzt ein Ruck-zuck-Verfahren. Frei nach dem Motto: »Zeige mir dein Kind und wie du es behandelst, und dann schaue ich, ob ich dich treffen will.«

Die Impfdebatte: Mehr als eine persönliche Entscheidung

Das Thema »Impfen: ja oder nein?« ist hierbei regelrecht zum Glaubenskrieg mutiert, nicht nur unter Müttern. Denn hier geht es ja nicht mehr allein darum, dass Eltern für ihr eigenes Kind entscheiden, sondern es geht auch um die Frage, ob Impfverweigerung anderen Kindern schaden könnte, eine These, die von vielen Ärzten und Eltern vehement vertreten wird, von anderen Ärzten und Eltern genauso heftig bestritten wird. Zu dem Thema gibt es unzählige Texte, Argumente, Gespräche und Studien. Forscher X behauptet dies, Forscherin Y proklamiert das, und im Freundes- und Bekanntenkreis kursieren haarsträubende Geschichten und Bücher über Impfungen genauso wie über Impfverweigerer. Letztendlich gibt es keine absolut richtige oder absolut falsche Entscheidung. Es gibt nur eine Wahl zwischen beiden. Wir müssen ins kalte Wasser springen, ob es uns gefällt oder nicht. Viele drehen sich im Kreis auf der Suche nach der perfekten Lösung, andere folgen den Empfehlungen ihres Kinderarztes, aber wie wir uns auch entscheiden – so oder so könnte ein Kind Schaden nehmen.

Und deshalb sind Diskussionen um dieses Thema immer besonders sensibel. Hier prallen nicht nur Welten aufeinander, vergleichbar den Diskussionen zwischen eingefleischten Schulmedizinern und überzeugten Homöopathen, sondern hier sitzen Mütter, die echte und begründete Angst haben, mit ihrer Entscheidung ihrem Kind zu schaden, und nur gutgläubige Anfängerinnen in der Mutterwelt wie ich beginnen arglos Gespräche über Impfungen und wissen dann gar nicht, wie ihnen geschieht. Mutter-Kind-Gruppen werden ja meist nach dem Alter der Kinder zusammengestellt, nicht nach den Interessen und Weltbildern ihrer Mütter. Da können sich schon mal spannende Konstellationen in der Gruppendynamik ergeben. Wer einmal erlebt hat, wie Mütter sich über dieses Thema von jetzt auf gleich bitterböse in die Haare geraten, ist fassungslos, wie tief die Ängste schwelen und wie hoch die Aggressionen kochen können – und macht sich keine Illusionen mehr über die Toleranz unter Müttern.

Zehn nette Mütter, die sich immer gut verstanden haben, sitzen im PEKiP-Kreis auf dem Boden. Die Sonne lacht, wir sind gut gelaunt, unsere Babys liegen ruhig auf den Gummimatten und machen Pause. Wir haben Zeit zum Plauschen.

»Habt ihr eure Kinder schon geimpft?«, frage ich.

»Ja, letzte Woche«, sagt Sabine.

»Ich weiß nicht, ob ich impfen lasse«, sagt Katrin.

Kurzes Schweigen.

»Wieso weißt du das nicht?«, fragt Sabine.

»Weil ich gelesen habe, dass Impfschäden auftreten können. Ich finde das gefährlich«, antwortet Katrin.

Kurzes Schweigen.

»Also, wir haben die Fünffachimpfung gemacht und sie hat alles gut vertragen«, sagt Sabine plötzlich mit hochrotem Kopf. »Ich glaube nicht, dass wir unser Kind in Gefahr gebracht haben.« Sie holt Luft. »Ich finde es eher kriminell, sein Kind nicht zu impfen. Damit gefährdet man alle anderen Kinder.«

Wieder Schweigen.

Die Mütter nesteln nervös an ihren Kindern rum.

Katrin betont ruhig:

»Willst du damit sagen, dass ich eine Verbrecherin bin, wenn ich nicht impfen lasse?«

»In gewissem Sinne ja, schon«, sagt Sabine.

Katrin zeigt rote Flecken am Hals.

»Das ist doch absurd. Schließlich haben wir immer noch die Impffreiheit.« Kurze Pause. Dann fügt sie hinzu: »Ich finde die Fünffachimpfung kriminell. Das würde ich schon mal gar nicht machen. Damit spritzt man doch etliche Krankheitserreger auf einmal. Weißt du, wie viele Kinder davon behindert wurden nach dieser Impfung?«

»Weißt du, wie viele Kinder durch Leute wie du schon gestorben sind?«, ruft Brigitte auf einmal hitzig von hinten in den Raum. »Das ist total egoistisch. Dein Kind kann Krankheiten übertragen und unsere sterben daran.«

»Wenn das Kind geimpft ist und die Impfung nicht anschlägt, kann man ja wohl nicht denen die Schuld geben, die nicht geimpft sind. Dann war die Impfdosis wohl Schrott«, wirft Katrin erbost zurück.

»Ja, klar! So einfach kann man sich das machen. Wir lassen unsere Kinder alle impfen, damit ihr schön ohne Krankheit und Impfung leben könnt«, zischt Sabine.

»Die Krankheiten, gegen die man impft, sind so gut wie ausgerottet, und übrigens nicht wegen der Impfungen, sondern wegen der gestiegenen Hygiene. Ich bringe mein Kind nicht in Gefahr, nur weil ihr glaubt, dass ich das machen muss. Impfung ist doch nichts anderes als Körperverletzung!«

»Nicht-Impfung ist kriminell!«, ruft Brigitte.

Aufgebracht starren sich die Frauen an.

»Ich muss jetzt weg«, sage ich mit vor Schreck geweiteten Augen und laut klopfendem Herzen, und im Nu rennen wir alle auseinander.

Die Impfdebatte zu aller Zufriedenheit aufzulösen ist unmöglich, und daher ist sie ein hervorragendes Beispiel, wie die moderne Mutter-Kind-Welt im Grunde funktioniert: Wenn ich es anders mache als die anderen, kann ich nicht mit Toleranz und schon gar nicht mit aufrichtigem Interesse oder Respekt rechnen. Ganz im Gegenteil: Ich kann mich auf Schuldzuweisungen freuen. Wenn ich es anders mache als andere Mütter, bin ich per se die Doofe. Wohl der, die eine Gruppe von Müttern findet, zu der sie passt. Und bedauernswert die, die keine Verbündeten findet. Es kann ganz schön einsam werden. Und der ganze Spaß unter Müttern geht erst richtig los, wenn es nicht mehr allein um die Frage geht, ob denn eine Spritze gesetzt werden soll oder ein Brötchen geknabbert werden darf. Die wahren Brüche unter Müttern finden ganz woanders statt. Die echte Trennung vollzieht sich zwischen Hausfrauen und Berufstätigen.

Wer ist der bessere Coach: Hausfrau oder Erwerbstätige?

Interessanterweise wird im Gegensatz zum Thema Impfung dieser Punkt »Zu Hause bleiben oder arbeiten gehen« kaum noch im Alltag zwischen Müttern entgegengesetzter Positionen diskutiert. Da sind wir inzwischen alle vorgewarnt. Aber unter Gleichgesinnten und auch in Zeitungen, Zeitschriften, Büchern und im Internet können wir, auch gerne anonym, ungezwungen die Meinung sagen. Und es ist nicht übertrieben zu sagen: Die gegenseitigen Vorwürfe von einer Mutter zur anderen schwingen sich zu einer Gehässigkeit und Aggression auf, die man sich so im Alltag besser nicht erlauben sollte, wenn man gedenkt, noch einmal unbehelligt auf die Straße zu gehen. In diesen uns allen wohlbekannten Statements, welche Mutter denn nun die beste Kinderbetreuung leistet, herrschen eine Intoleranz und eine Angriffslust, die ihresgleichen suchen. »Du vernachlässigst dein Kind« kontra »Du klammerst« ist da noch freundlich.

Es ist übrigens in diesen Beiträgen zur gelungenen Kinderbetreuung für alle Mütter immer ganz wichtig zu signalisieren, dass es ihnen als Mutter natürlich nicht darauf ankommt, was sie als Frau im Leben wollen, wie sie ihre Tage verbringen möchten oder sich für ihr Leben zu rechtfertigen. Sondern es ist natürlich immer nur wichtig, was ich als Mutter und gute Bürgerin darf. Wo leiste ich am meisten für die Gesellschaft? Wie kann mein Kind durch meine Arbeit optimal aufwachsen?

Im Prinzip ist damit in unserer modernen Zeit an die Stelle des Patriarchen, der die Frau jahrhundertelang zur Leistung antrieb, das Kind getreten, dem wir unter Anleitung von Experten dienen und opfern. Und das Kind muss nicht mal selbst die Peitsche schwingen. Was für selbstlose, göttliche Kreaturen wir Mütter doch sind!

Zurück zur Schuldfrage: In den letzten Jahren haben sich die Positionen in Deutschland verschoben. Während es vor gar nicht allzu langer Zeit in diesen wunderbaren Kleinkriegen zwischen Berufstätigen und Hausfrauen im Prinzip darum ging, dass das Kind zu seiner Mutter gehört, weil es nur bei ihr die echte Liebe erfahre, die es brauche, um Urvertrauen zu bilden, steht heute zunehmend die Frage im Fokus, welcher Muttertyp dem Kind eine bessere Karriere ermöglicht. Wie kann man beim Kind mehr Synapsen im Hirn zum Wachsen anreizen und seine soziale Kompetenz schulen? Welches Kind ist hier begünstigt? Das, welches gemütlich an Mamis Rock hängt, oder jenes, welches in Kindergruppen von Anfang an gefordert wird? Welche Mutter ist das bessere Vorbild für kleine Töchter, für die späteren erfolgreichen Geschäftsleute, Ingenieurinnen und Projektentwicklerinnen, die jetzt noch in den Windeln stecken? Das Heimchen am Herd oder die berufstätige Frau? Na eben.

Mit anderen Worten: Hausfrauen haben heutzutage ein denkbar schlechtes Image. Sie gelten bei Nicht-Hausfrauen als langweilig, dumm und unterdrückt und als karrierehemmend für ihren Nachwuchs. Also würde ich mir eher die Zunge abbeißen als von mir zu sagen, ich wäre Hausfrau. Je nach Stimmung variiere ich meine Antworten, wenn es Fragen nach meiner beruflichen Situation gibt. Ich nuschele durch die Zähne solche Sachen wie »bin zurzeit zu Hause«, »Erziehungszeit« oder »momentan Vollzeitmutter«. Hausfrau sein ist völlig *out*, und ich möchte mich nicht mitleidig belächeln lassen, zumal ich gar kein Haus bewohne, sondern nur eine Wohnung. Der Begriff »Hausfrau« kommt mir da doppelt albern vor. Ich bin eine moderne junge Mutter, ich will auch als solche gelten.

Das Dumme ist nur, dass ich nicht erwerbstätig bin und auch keinen Arbeitsplatz vorweisen kann, an den ich eines Tages zurückkehren könnte. Wenn man es genau nimmt, *bin* ich eine Hausfrau, nur habe ich noch keinen Namen gefunden, der diesen Fakt für andere als das Erstrebenswerte darstellt, was es trotz aller Schwierigkeiten als Mutter für mich ist. Wohin ich auch schaue – der Begriff »Hausfrau« weckte düstere Vorstellungen.

Denn ich bin als Hausfrau kein Opfer mehr, und so paradox es klingen mag: Das genau ist mein Problem. Ich werde nicht mehr durch Ehegesetze gezwungen, zu Hause zu bleiben, die Kinder zu erziehen, zu waschen, zu kochen, zu putzen und zu trösten. Heute dürfen Frauen lernen, studieren, arbeiten, Geld verdienen. Sie können theoretisch selbst entscheiden, ob sie schwanger werden wollen oder nicht. Sie müssen nicht mehr heiraten und Kinder kriegen, um akzeptiert zu werden. Sie heißen nicht mehr »Fräulein« oder »alte Juffer« (auch: »alte Jungfer«), wenn sie ledig bleiben. Seit 1977 dürfen Männer ihren Ehefrauen nicht mehr verbieten, berufstätig zu sein, seit 1994 dürfen Frauen ihren Namen bei einer Eheschließung behalten und seit 1997 darf der Gatte sie auch tatsächlich nicht mehr straffrei in der Ehe vergewaltigen. Frauen sind in Deutschland per Gesetz keine Untergebenen mehr – zwar noch nicht lange, aber immerhin – und daher kann ich nicht wie meine Kolleginnen in den 70er-Jahren mit dem Mitleidsbonus rechnen. Ganz im Gegenteil. Ich muss mich für meine Lebensweise rechtfertigen.

Interessanterweise bedeutet für viele Menschen »Emanzipation der Frau« nicht die Freiheit einer Frau, über ihr Leben selbst entscheiden zu können und gemäß ihren Neigungen und Anschauungen zu leben, solange sie mit dem Grundgesetz und der Verfassung einhergehen. Sondern »Emanzipation der Frau« heißt hier vielmehr, sich richtig entscheiden zu müssen, einem höheren Ganzen zuliebe. Sprich: sich so zu entscheiden, wie es diese oder jene Gruppierung für richtig hält, um unsere Gesellschaft im Ganzen zu verbessern. In diesem Zusammenhang wird häufig nicht der *Zwang* zur Hausarbeit als Unterdrückung gesehen, sondern die Hausarbeit an sich, die Arbeit einer Hausfrau zum Wohle anderer, auch wenn sie freiwillig geleistet wird.

Mir ist das alles sehr peinlich. Ich habe mich immer als Feministin verstanden und bin aufrichtig betrübt, nicht mehr dazuzugehören. Ich will den Fortschritt der Frauen nicht aufhalten. Ich fühle mich schuldig und unwohl bei dem Gedanken, patriarchalen Strukturen zum Auftrieb zu verhelfen, auch wenn mir nicht ganz klar wird – so denke ich ketzerisch –, was ich früher im Büro zur Rettung der Frauen beitrug, so fremdbestimmt und ausgeliefert ich mich damals oft fühlte.

Aber wie dem auch sein – ich bin wild entschlossen, jeden Verdacht einer unterdrückten Mutti und Hausfrau im Keime zu ersticken. Ich möchte zeigen, dass auch ich mich mündig in die Gesellschaft einbringe. Ich möchte zeigen, dass auch ich als Hausfrau im Vollbesitz meiner geistigen Kräfte, Rechte und Pflichten bin. Schließlich bin ich immer noch dieselbe wie früher, nur jetzt mit Kind und ohne Lohn.

Allerdings scheint meine Überzeugungskraft mäßig zu sein. Während ich früher mein stressiges Arbeitsleben in Partygesprächen zu eindrucksvollen Projekten einer Powerfrau aufpeppen konnte, hängt mir heute keiner mehr an den Lippen. Meine Versuche, mein Leben als Mutter und Hausfrau als erfüllend und anspruchsvoll darzustellen, werden höchstens belächelt. Ja, ich werde sogar gefragt, wann ich wieder richtig arbeiten werde, ob ich mich nicht langweilen würde und nicht intellektuell unterfordert sei. Anfangs habe ich auf diese Fragen noch fröhlich und ehrlich geantwortet, dass ich es liebe, keinen Chef zu haben und gute Zeitungen und Bücher zu lesen, aber eines musste ich schnell lernen: langweilige Hausfrauen sind schlecht. Hausfrauen, die sich ein schönes Leben zu machen versuchen, sind noch viel schlechter. Wo doch alle anderen so selbstlos schuften. Pfui!

Mit einiger Verblüffung sehe ich, dass es meiner berufstätigen Freundin auch nicht besser geht. Zwar erfüllt sie formal alle Kriterien einer emanzipierten Frau und Mutter, und ihr Kind wird von Anfang an gefordert, aber man will ihr doch nicht so recht verzeihen, dass sie auch noch zufrieden ist. Wenn schon Karriere als Mutter, dann doch bitte als Verzicht! Wenn sie sagt, dass sie gerne arbeitet und es nicht anders haben möchte, schnappen viele Menschen hörbar nach Luft. Beim kleinsten Fehlverhalten ihres Kindes wird sie scheel angesehen und das Wort »Rabenmutter« schwebt laufend unausgesprochen im Raum. Sie muss sich immer mal wieder fragen lassen, warum sie denn überhaupt Kinder hat, wenn sie Karriere möchte, und im Büro schwingen sie gerne die »Dein Kind ist immer krank«-Keule, die sie schmerzhaft trifft, weil ihr Unternehmen alles andere als familienfreundliche Arbeitszeiten hat und gute flexible Kinderbetreuung, die sich der Arbeitswelt anpasst, eigentlich gar nicht existiert. Einige interessante Projekte gehen ihr durch die Lappen, weil sie wegen ihrer Kinder nicht uneingeschränkt einsetzbar ist. Wenn sie aber gnädigerweise ein wichtiges Projekt ergattert, muss sie sich wieder von anderer Stelle vorhalten lassen, eine schlechte Mutter zu sein.

Da kann man schon mal sauer werden, auch aufeinander, die Hausfrauen und die Berufstätigen. Denn eines ist doch wohl klar: Wäre die Mutter nicht, die es anders macht, müsste ich mich nicht rechtfertigen für das, was ich mache. Wenn wir alle dasselbe machen würden, gäbe es keine Diskussionen, keine Angriffe, keine Rechtfertigungen, keine Schuldgefühle, keine Versagensängste, keine vernichtenden Urteile.

Gäbe es keine Hausfrauen, hätten die Berufstätigen ein leichteres Leben, weil die Unternehmen sich darauf einstellten und die Gesellschaft sie nicht mehr als Rabenmutter beschimpfte und lückenlose professionelle Kinderbetreuung anbieten müsste.

Wären die Berufstätigen nicht, müssten sich die Hausfrauen nicht vorwerfen lassen, langweilige Frauen und Heimchen am Herd zu sein und ihre Kinder nicht genügend zu fordern, sondern im Gegenteil maßlos zu behüten.

Wir würden alle besser leben.

Dieser Gedanke einer uniformen Mutterbeschäftigung für alle ist in unserer vielfältigen Gesellschaft heutzutage so simpel wie absurd, ist aber nichtsdestotrotz ein kleiner, kräftiger Motor für unzählige Mütter-Fehden. Zahllose Mütter versuchen grimmig andere Mütter in Zeitungen, Zeitschriften, Büchern und im Internet zu überzeugen, dass sie sich genauso – oh Verzeihung – anders verhalten sollen, damit die Schwierigkeiten endlich aufhören. Solche Feldzüge finden auch gerne mal pseudowissenschaftlich in Fernseh-Talkshows statt. Hausfrauen schimpfen über Berufstätige und Berufstätige über Hausfrauen und zwischendrin flackert die eine oder andere psychologische, feministische, ökonomische, soziologische oder sonst eine Theorie auf sowie viele schöne Vorurteile und Schubladendenken.

Natürlich schneiden wir Mütter uns ins eigene Fleisch, wenn wir uns gegenseitig immerzu angreifen. Es rächt sich, dass wir nicht miteinander diskutieren und unsere unterschiedlichen Lebensentwürfe anerkennen, sondern lieber aufeinander draufhauen.

Wenn zum Beispiel Berufstätige behaupten, dass Lohnarbeit viel mehr wert sei als die Arbeit zu Hause, machen sie sich blind für ihre eigene alltägliche Leistung, die sie selbst Tag für Tag zu Hause erbringen, und das führt zu solch merkwürdigen Wahrnehmungen wie die einer teilzeitarbeitenden Mutter, die nicht versteht, warum sie sich so ausgebrannt fühlt.

»Ich arbeite doch nur zwei Vormittage in der Woche. Den Rest der Woche bin ich doch zu Hause.«

Oder es kommt zu solch rührenden Bekenntnissen von beruflich erfolgreichen Frauen, wie sie immer mal wieder durch Interviews in Frauenzeitschriften geistern:

»Im Büro mache ich Urlaub von den Kindern und wenn ich bei den Kindern bin, mache ich Urlaub vom Büro.«

Man möchte ihnen am liebsten zurufen: Wie wäre es denn mal mit Urlaub auf dem Tennisplatz?

Und wenn Hausfrauen berufstätige Mütter als schlechte Mütter verurteilen und Sätze verbreiten wie: »Wenn eine Frau nicht zu Hause bleiben will, soll sie doch gar keine Kinder kriegen!«, manövrieren sie sich selbst ganz schnell in eine Sackgasse.

Eine Mutter, die denkt, eine Mutter sei eine schlechte Mutter, wenn sie nicht stets in erster Linie an ihre Kinder denkt und immerzu bei ihnen ist, verbaut sich schlicht selbst alle Wege, nicht nur Mutter, sondern auch Mensch zu sein. Sie sieht dann nicht, dass das Leben auch für Frauen mit Kindern heutzutage tatsächlich sehr viel mehr zu bieten hat als aufopfernde Selbstaufgabe und dass es Kindern auf viele verschiedene Arten gut gehen kann. Das kann dazu führen, dass eine Hausfrau tatsächlich lebt wie ein Klischee der frustrierten Hausfrau, die sich Tag und Nacht abrackert und Undankbarkeit von allen beklagt, aber nicht weiß, wie sie dem Hamsterrad entkommen soll.

Es ist schade, aber wir Frauen mit Kindern sind eine heillos zerstrittene Mannschaft, in der jede die Position der anderen auf dem Spielfeld beäugt und beschimpft. Willkommen im Klub der ewigen Verliererinnen. So kann man keine Siege einfahren und kein gutes Gefühl unter Müttern verbreiten.

Inzwischen bin ich auf der Hut. Wann immer ich das Wort »Mutter« in einer Schlagzeile lese oder im Fernsehen höre, blättere ich schnell weiter oder schalte um. Ich will mir nicht schon wieder die Laune verderben lassen.

Das andere Geschlecht: die Väter

Väter können sich übrigens inzwischen entspannt zurücklehnen und die Hände reiben. Die Frauen halten sich so angestrengt in Schach und werfen sich gegenseitig so vehement vor, ihren Pflichten als Frau oder Mutter nicht zu genügen, dass sie völlig vergessen, auch die Väter stärker in die Pflicht zu nehmen. Ja, es geht sogar so weit, dass – hurra, wir sind modern! – der Nutzen der Frau für den Mann zum ernst gemeinten Diskussionsargument wird: »Eine Hausfrau ist für den Mann langweilig« kontra »Karrierefrauen geben dem Mann nicht die Aufmerksamkeit, die er braucht«. Wenn er sie verlässt, ist immer sie schuld. Darüber herrscht Einigkeit. Da ist man doch gerne Mann.

Sehen wir es positiv – ist es nicht schön, dass wir so gut zu unseren Männern sind, wenn wir es schon nicht zu uns selbst sind? Es sei ihnen doch gegönnt, den neuen Vätern, auch wenn es sehr viel weniger sind, als man gemeinhin annimmt.

Ich will hier nicht den Eindruck erwecken, als würde ich die vielen guten Entwicklungen in den letzten Jahrzehnten bei den Männern nicht sehen. Natürlich gibt es den neuen Vater, der sich liebevoll und verantwortungsbewusst um sein Kind kümmert. Natürlich gibt es Männer, die echte Partner sind. Und es gibt immer mehr von ihnen. Schön! Ich hätte kein Kind, wenn es nicht so wäre. Dank an den Trüffel! Aber all denen, die deswegen die rosa Papi-Brille tragen, sei gesagt: Es gibt immer noch nicht genug von ihnen. Wir sollten uns nicht davon täuschen lassen, dass Männer in Kreißsälen zu sehen sind, Elterngeld beantragen, geschickt windeln und füttern und mit Kinderwagen das Straßenbild bevölkern. In Deutschland hält sich nach wie vor hartnäckig die Auffassung, dass ein Kind zu seiner Mutter gehört und der Haushalt Frauensache ist. Nach einer Familienstudie von Vorwerk 2008 wünscht sich fast jede zweite Frau (42 Prozent) vom Partner mehr Hilfe im Haushalt – wobei das Wort »Hilfe« schon alles über das Rollenverständnis sagt. 90 Prozent der Männer aber sind überzeugt: »Mehr Hilfe ist nicht nötig!« Und während 64 Prozent der 16- bis 29-jährigen Frauen es für »ganz besonders wichtig halten«, dass berufstätige Mütter ihre Freizeit nicht nur mit Hausarbeit und Kinderpflege verbringen, findet nur jeder Dritte der gleichaltrigen Männer, dass Frauen sich nicht für die Familie aufopfern, sondern selbstbewusst auch eigene Interessen und Wünsche durchsetzen sollten.

Man muss es diesen Männern lassen: In ihrem Kosmos sind sie logisch. Sie wollen doch auch nur das Beste für ihr Kind, und dafür sind sie bereit, das Beste ihrer Frauen zu opfern. Wie sollen Mütter auch Zeit haben für ihre Interessen, wenn sie »Haushalt und Kinder« sorgfältig »erledigen«? Denn »Haushalt und Kinder« ist großzügig definiert: Es ist nicht nur Waschen, Putzen, Bügeln, Staubsaugen, Einkaufen und Kochen, Kinderpflege, -einkleidung, -transport, -erziehung, Babysitten und Betreuung der Hausaufgaben, nicht nur die Erforschung und Begleitung zu sämtlichen Förderkursen, Therapien und Elternabenden, sondern auch die Planung und Organisation aller Familien- und Gesellschaftsfeste und gemeinsamen Unternehmungen in der Familie. Ob Geburtstage für Groß und Klein, Karneval, Ostern, Sankt Martin, Halloween oder Weihnachten, ob Taufe, Kommunion, Konfirmation oder Feste anderer Religionen, denen man angehört, ob Verwandtenbesuche, Wochenendausflüge oder Jahresurlaube: Es sind meist Frauen, berufstätig oder nicht, die sich hier den Kopf zerbrechen, planen, basteln, nähen, kaufen, einladen und buchen und sich die Hacken ablaufen, während die Männer, wenn es hochkommt, an besagten Tagen selbst gerne mal kräftig mit anfassen, ansonsten aber ihre Hirne und Alltage gerne unbelastet von derlei Tamtam lassen.

Ach, für Mütter und unter Müttern könnte es heute so schön sein. Ist es aber oft nicht. Wirklich dumm, dass auch wir Frauen uns gegenseitig so wenig Respekt zollen. Es ist ein Bumerang, der uns schmerzhaft trifft. Es ist die letzte Bastion, die fällt. Denn wenn selbst wir Mütter uns nicht das gute Gefühl geben, genug zu leisten, wer soll es denn dann noch tun?

Nein, Ihr Herren und Damen Ratgeber! Ich weiß nicht, in welch glücklicher Gesellschaft die Autoren Bruschweiler und Stern unter Müttern ein *»psychologisches Umfeld«* finden, *»in dem Sie sich sicher und vertrauenswürdig fühlen können und in dem Sie den Mut finden, Ihre Fähigkeiten als Mutter zu erkunden«*, aber in meinem Umfeld ganz sicher nicht. In der

Gesellschaft, in der ich mich bewege, sind selbstständige Erkundungen einer Mutter gar nicht gefragt. Falls ich jemals die Erwartung hatte, dass ich, wenn ich als Mutter zu anderen Müttern stoße, einer Welt aus mütterlicher Güte, Freude, Toleranz, liebender Aufmerksamkeit und unerschütterlicher Sicherheit im Umgang mit Kindern begegne, war das leider recht kindlich und falsch. Mütter sind entgegen allen hartnäckigen Gerüchten auch nur Menschen, und zwar häufig sehr müde, überforderte, ängstliche, erschöpfte, verunsicherte, geschmähte und aggressionsgeladene Exemplare, die von allen Seiten massiv unter Druck gesetzt werden, ein perfektes Kind in einem perfekten Heim zu einem perfekten Menschen heranziehen zu müssen und nach allen Seiten dabei versuchen, ein bisschen Sicherheit zu ergattern. Und das bisschen Sicherheit finden sie oft nur noch unter Gleichgesinnten, nicht aber bei Andersdenkenden.

Sagt die eine Mutter zur anderen: »Mein Gott, was ist mein Kind frech. Was habe ich nur falsch gemacht?«

Sagt die andere: »Das kann ich dir genau sagen!«

Kapitel 5

Wer läuft schneller?

Die Zeit vergeht, die Kinder werden älter, sie stehen auf und – oh Wunder! – fangen an zu laufen. Vielleicht ist dies hier und da ein erster Erfolg der Frühförderung? Wir wissen es nicht und wir werden es nie erfahren. Was für eine wunderbar krisensichere Sache diese Frühförderung doch ist!

Die ersten Babygruppen lösen sich auf. Auch mein PEKiP-Kurs war nur für das erste Lebensjahr. Und was kommt jetzt? Es ist Zeit für mich, mich neu zu orientieren.

Aufmerksam studiere ich die Angebote von Mutter-Kind-Kursen. In gut gelaunten, kindgerecht illustrierten Texten betonen diverse Anbieter, dass gerade bei ihnen Babys und Kleinkinder miteinander und voneinander besonders gut lernen. Bei ihnen hätten sie den optimalen Start für das ganze Leben. Die lieben Kleinen dürften natürlich auch Spaß haben, aber nicht als Selbstzweck, sondern als Methode. Lernen mit Spaß und unter professioneller Anleitung, das ist die alles übergreifende Devise. Da auch wir Mütter lernen müssen, wie man ein Kind effektiv fördert – jeder versteht, dass hohe Ziele beim Kind hohe Qualifikationen der Mutter voraussetzen –, sind die Kursangebote vielfältig. Wie wäre es denn zum Beispiel mit ein bisschen Kommunikationstraining?

»*Möchten Sie Ihr Baby noch besser verstehen und wissen, was in seinem Köpfchen vorgeht?*«, heißt es auf einer Website.

Ich schaue auf mein Töchterchen, das gerade fröhlich ins Badezimmer tippelt, saubere Socken in die Toilette schmeißt und befriedigt hinterherguckt. Ja, gerne möchte ich das. Schließlich sollen wir Mütter die natürlichen Entwicklungsphasen unserer Kinder verstehen, um sie optimal fördern zu können.

»Kommunizieren Sie mit Ihrem Kind, bevor es sprechen kann – mit babyleichter Zeichensprache!«

Nicht, dass ich nicht auch nonverbal mit meinem Kind kommunizieren könnte. Ich wedele gerade wild mit den Armen herum. Aber der Kurs »Babyzeichensprache« könnte ihr und mir vielleicht zu einem dezidierten Gedankenaustausch verhelfen. Was wollen mir die Socken präzise sagen? Ist das Kind bereit für das Bedienen der Waschmaschine? Allerdings – ich bin eine aufgeklärte Mutter – hält eine effektive Zeichensprache mein Kind nicht vom Spracherwerb ab? Warum sollte Töchterchen den Mund aufmachen, wenn Mami schon auf Fingerschnipsen reagiert?

Vielleicht sollten wir doch lieber einen Babymassage-Kurs buchen? O-Ton Website:

»Zahlreiche wissenschaftliche Studien belegen, dass das regelmäßige Massieren von Babys einen positiven Einfluss auf deren neurologische und physiologische Entwicklung hat. Entwicklungspsychologen sind sich einig, dass eine liebevolle Babymassage bewirken kann, dass Babys sich körperlich, geistig und seelisch bestmöglich entwickeln können. Babys lernen von Geburt an mit allen Sinnen!«

Auch ich lasse mich gerne massieren und fühle mich unter erfahrenen Händen durchaus positiv entwickelt. Ja, es hört sich alles sehr überzeugend und schlüssig an. Es ist ein bisschen wie Horoskope lesen – auf wundersame Weise scheint irgendwie alles zu passen.

Besonders beeindruckt bin ich durch die Angebote verschiedener »Bildungszentren«, die gewitzte Kursleiter von Mutter-Kind-Gruppen gegründet haben (wie klein darf ein Zentrum sein?). In den Werbetexten reden sie klug von optimaler Gehirnentwicklung, dem positiven Einfluss auf spätere Leistungen in der Schule und dem gewünschten Einfluss auf lebenslanges Lernen. Hier gibt es *»nicht einfach*

›Kinderturnen‹, ›Musikerziehung‹ oder eine ›Krabbelgruppe‹ für Kinder und Babys«, das wäre viel zu simpel. Hier gibt es ausgeklügelte Programme zur Entfaltung des vollen kindlichen Entwicklungspotenzials und Tipps für die Unterstützung für das optimale Wohnambiente für meine kleine Windelmaus:

»Weiterhin bekommen Sie eine Menge Ideen, wie Sie zu Hause eine tolle ›Lernatmosphäre‹ für Ihr Kind schaffen können. Sie können Ihrem Kind helfen, sein volles Potenzial an Entwicklung, Intelligenz und sozialer Kompetenz auszuschöpfen.«

Wer genauer in den Texten liest, entdeckt hier und da Hinweise, dass die meisten Förderprogramme ursprünglich für Kinder mit Lernschwierigkeiten entwickelt worden sind. Aber wen interessiert das schon? Warum sollen nicht alle Babys den *»maximalen Nutzen aus jeder natürlichen Entwicklungsstufe«* ziehen? Die Programme klingen beeindruckend. *»Sensorische Stimulation«, »Aktivitäten zur motorischen Entwicklung«* – all das hört sich doch viel bestechender an als »Rassel schütteln« oder »Purzelbaum machen«. Wollen wir unseren Kindern etwa ihr volles Potenzial verwehren? Das wäre doch töricht. Denn, so ruft der Berliner Kursanbieter KindyROO Deutschland euphorisch auf seiner Website:

»Nichts kann mehr Befriedigung geben, als die Entwicklung des eigenen Kindes zu fördern!«

Ah ja.

Parcours! Babyturnen & Co.

Ich will ehrlich sein, ich oute mich hier, auch auf die Gefahr hin, für Jahre mein seriöses Mutter-Antlitz zu verlieren: Die Förderung des Gehirns meiner Tochter ist mir in ihrem zarten Alter noch herzlich egal. Sie wird das schon machen, die Kleine. Mein Vertrauen in ihre natürliche Entfaltung ist inzwischen riesengroß. Sie hat schließlich die ersten Monate bei einer hysterischen Mutter nicht nur prima überlebt, sondern ist dabei tatsächlich gewachsen und gesprossen und scheint auch noch fröhlicher Dinge zu sein. Ich finde sie gut so, wie sie ist, und bin fest überzeugt, dass sie ganz von alleine noch so viel zu entdecken hat, dass sie die nächsten Jahre mit Wachsen und Spielen gut ausgelastet ist, auch ohne Zusatzprogramme. Für mich kann sie erst einmal Spaß haben bis zum Umfallen, rein als Selbstzweck. Der Rest kommt schon noch.

Aber – sie und ich, wir sind gern unter Menschen. Und da sich viele Mütter in den neuen Kursen anmelden, tun wir das auch. Ich will nicht den sozialen Anschluss verlieren. Mein Herdentrieb ist zwar sonst schwach ausgeprägt, aber für einfaches Traben in Gruppenveranstaltungen reicht es gerade noch. Und so landen wir in einer Babyturngruppe. Sie wissen schon, motorische Entwicklung und so.

Babyturngruppen zeichnen sich dadurch aus, dass nicht nur die Babys turnen, sondern auch hochmotivierte Eltern von einer Ecke zur anderen hüpfen. Ich merke gleich zu Anfang, dass ich besser zu Hause geblieben wäre.

»Guten Tag. Hallo! Guten Tag.«

Nach allen Seiten grüße ich eifrig bekannte Gesichter, während ich krampfhaft versuche, meinen Kinderwagen im Vorraum noch zwischen die anderen zu quetschen. Atemlos hebe ich meine Kleine schließlich aus ihrem Gefährt und gemeinsam bahnen wir uns einen Weg durch die winzige Umkleidekabine und suchen ein Plätzchen, an dem wir uns umziehen können. Mit angewinkelten Ellbogen versuche ich meiner Tochter und ihrer Windel einen sportlichen Dress überzuziehen und werde gleich nervös durch all die kleinen Sportler, die mir um die Beine flitzen. Schon nach zwei Minuten bin ich in Schweiß gebadet, ohne überhaupt auch nur ein Beinchen zum Turnen gehoben zu haben. Vorsichtig sehe ich in die Gesichter der anderen arbeitenden Mütter und des einen obligatorischen Vorzeige-Vaters. Ob sie sich auch so unwohl fühlen wie ich? Sehe ich funkelnde zielstrebige Augen, bereit zum Trainingscamp, oder sind das bereits Tränen der Erschöpfung?

Und dann geht es auch schon los. Nach einem kurzen Begrüßungsliedchen, bei dem inzwischen nicht mehr nur die

Mütter singen, sondern auch die Kinder begeistert mitlallen, stürzen wir uns in die Trainingswelt.

Babyturnen ist im Grunde ein wissenschaftliches Experiment. Anstatt unsere Kinder frei in Wald und Wiese laufen zu lassen, uns gemütlich auf eine Decke zu setzen, ein gutes Buch zu lesen und unseren Nachwuchs im Augenwinkel zu behalten, begeben wir uns beim Babyturnen mit den Kindern in einen sicheren, künstlichen Raum mit vier ausbruchssicheren Wänden, ohne fiese Krabbeltiere, ohne stinkende Hundehaufen, Bierglasscherben und Fixerbestecken, giftige Pflanzen, gefährliche Sonneneinstrahlung oder tiefe Gewässern, dafür aber mit sicheren Versuchsaufbauten, sprich stabilen Holzbänkchen, TÜV-geprüften Leitern, Holzböckchen und jeder Menge dicker Gummimatten. (Im Prinzip ist die ganze Mutter-Kind-Welt eine Gummimattenwelt, das wird mir allmählich klar.) Wir ahmen im Prinzip die Natur gekonnt nach, nur ohne diese garstigen Unannehmlichkeiten und spontanen Eingebungen der Kinder, denn wir tun nur alle so, als könnten sich unsere Kinder frei entfalten. Ihre Bewegungsabläufe sind vorher ausgeklügelt geplant und die Bewegungsreihen bauen geschickt aufeinander auf. Wir lassen die Kinder auf unfallverhütenden Gummimatten krabbeln, laufen, hüpfen und springen und sind durch die Versuchsanordnung bequem in der Lage, jede Bewegung und Äußerung unserer Kinder miteinander und untereinander weitgehend zu kontrollieren. Ja, mehr noch. Wir krabbeln und hüpfen durch die verschiedenen Parcours vorweg, damit sich die Kinder freuen und wissen, wie es aussehen soll. Und dann rufen wir unseren Kindern aufmunternd zu, es doch auch mal zu versuchen.

»DAS MACHT GANZ VIEL SPASS!«

Und so setzen sich unsere Kinder mehr oder weniger in Bewegung und entdecken ihre motorischen, sensorischen und sozialen Kompetenzen. Oder auch nicht.

Um es vorneweg zu sagen: Diese ganzen Vergleiche in der PEKiP-Gruppe sind Pipi-Kram. Wen interessiert heute noch, wer als Erstes das Köpfchen hob? Jetzt erst wird es spannend. Jetzt wird es interessant, denn die Kinder sind nun kleine, aufrecht gehende Homo sapiens und wir Mütter wollen wissen, ob sich die Synapsen bisher günstig verbunden haben. Wen wundert's, dass manche von uns von Anfang an scharf die Konkurrenz unserer lieben Kleinen im Auge behält? Wer ist schneller, weiter, höher, intelligenter? Wer läuft wie ein Wiesel, hüpft wie ein Känguru und purzelt wie ein Butzemann? Und wer bleibt einfach stehen, hockt sich hin und macht die Spaßbremse? *It's showtime, babe!*

Ewig locken wir Mütter. Wir laufen mit und ohne Kinder durch die Halle, lachen, rufen, stellen uns vor Kletteraufbauten in Reihe auf, um unseren Kindern den Platz frei zu halten und das Entwicklungspotenzial unserer Kinder lückenlos zu entfalten. Wir kriegen uns wie Kleinkinder in die Haare, wenn die Reihenfolge nicht eingehalten wird, wer als Nächstes springen, hüpfen, rollen darf (»Nicht vordrängeln! Wir sind dran!«) und in kleinen Atemverschnaufspausen stehen wir am Rand der Turnaufbauten, beobachten die Kinder und feuern unseren Nachwuchs an.

»Lauf, Paul, lauf!«

»Spring, Lena, spring!«

»Toll machst du das! Ganz toll!!«

Und dann geben wir kleine Manöverkritiken unter Müttern zum Besten von uns.

»Mensch, die Lena will aber auch so gar nicht heute.«

Oder:

»Hast du gesehen, wie der Paul da laufen kann? Unglaublich! Mein Alexander kann das gar nicht.«

Ja, man kann eine gewisse Leistungsorientierung nicht überhören. Aber wer will es uns verdenken? Wir haben alle die Informationsbroschüren der Kursanbieter gelesen. Wir versprechen uns für unseren Einsatz und unsere Kursbeiträge einen klaren Wettbewerbsvorteil, und den möchten wir auch mal sehen. Nicht, dass es keinen Spaß machen würde, mit den Kindern rumzutollen, aber ein gewisses Maß an Anspruchshaltung ist nicht zu überhören. Wir wollen Ergebnisse sehen. Das hier ist kein Spaß! Dafür ist das Gehopse zu teuer. Da könnten wir ja gleich auf den nächsten Spielplatz ziehen und die Kinder Kinder sein lassen.

Assessment-Center für die Kleinsten – PISA und die neue Elite

Die meisten Mütter haben einen harten Arbeitsmarkt kennengelernt und sie wissen: Es geht nicht mehr darum, ein Kind zu einem anständigen Menschen zu erziehen, der seiner Tage Arbeit ehrlich nachgeht. Arbeit gibt es ja nicht mehr für alle. Es geht darum, Kinder so breit, so gut und so früh wie möglich zu fördern, damit sie später auf dem hart umkämpften Arbeitsmarkt überhaupt eine Arbeit finden können. Der Run auf die wenigen Plätze hat bereits begonnen. Das glauben wir jedenfalls. Deshalb heißt »Kind sein« nicht mehr »Freiheit genießen und spielen«, wie es zum Beispiel in der Flower-Power-Generation mal üblich war, sondern »spielerisch lernen und Potenziale erschließen«. Intelligenz, Begabung, Mobilität und Schnelligkeit gelten heutzutage schon im Windelalter als Indikatoren einer guten Kinderstube und der Begriff «hochbegabt« schleicht sich allmählich in unsere Gespräche genauso oft ein wie das Wort »PISA«.

Die PISA-Studien sind so etwas wie der Super-GAU im Eltern-, Kinder-, Erzieherinnen- und Lehreralltag. Kaum etwas hat uns in den letzten Jahren so erschüttert wie die Erkenntnis, dass das einst so viel gerühmte deutsche Bildungssystem im internationalen Vergleich verheerend abschneidet. Im Jahr 2000 attestierte das PROGRAMME FOR INTERNATIONAL STUDENT ASSESSMENT (Programm für Internationale Schülerbewertung) der Organisation für wirtschaftliche Zusammenarbeit und Entwicklung (OECD) dem deutschen Bildungssystem eklatante Mängel. Von 33 teilnehmenden Ländern in der PISA-Studie lagen deutsche Schüler mit ihren Leistungen auf Platz 25.

Seit dem Jahr 2000 finden in dreijährigem Turnus immer

wieder internationale Schulleistungsuntersuchungen in den meisten der Mitgliedsstaaten der OECD und in Partnerstaaten statt, die die alltags- und berufsrelevanten Kenntnisse und Fähigkeiten 15-jähriger Schüler messen sollen, aber bedauerlicherweise sind die Ergebnisse immer noch alles andere als erfreulich. Man mag darüber diskutieren, ob PISA-Ergebnisse aussagekräftig sind, ob die Bildungssysteme der verschiedenen Länder mit der gewählten Methode überhaupt vergleichbar sind oder ob die getesteten Fähigkeiten überhaupt allgemeingültige Bildungsziele sind. Fest steht aber: Die Bildungsberichte der OECD konstatieren, dass Deutschland mit seinem gesamten Bildungssystem international weit zurückliegt. Zu wenige Akademiker, nicht genug Geld für Schulen und Universitäten – Deutschland muss damit rechnen, international den Anschluss zu verlieren. Mit anderen Worten: Die OECD tadelt das deutsche Bildungssystem. Und unsere Kinder sitzen mittendrin. Das macht nicht fröhlich. Im Gegenteil – das Misstrauen gegen das deutsche Bildungssystem sitzt inzwischen tief. Private Vorsorge scheint vielen angebracht.

Gleichzeitig ist der Begriff der Elite seit einigen Jahren kein Tabu mehr in Deutschland. Erstmals seit dem Zweiten Weltkrieg wird der Begriff wieder ungezwungen verwendet und meint damit heute mehr oder weniger eine Minderheit, die sich durch ihre hohe Begabung und Leistung von der großen Mehrheit unterscheidet und Spitzenpositionen einnehmen kann. Elite zu sein steht dieser Definition nach theoretisch allen Bürgern und Bürgerinnen in unserer Demokratie offen und daher ist es nicht mehr anrüchig, Eliten zu benennen. Ausgewählte Elitekindergärten, -schulen und -universitäten schießen wie Pilze aus dem Boden und private Kindergärten und Schulen, die eine erstklassige Bildung versprechen, haben Hochkonjunktur. Immer mehr Eltern wenden sich von dem gescholtenen öffentlichen Bildungssystem ab.

Und was steht am besten am Anfang der Elite-Karriereleiter? Die Hochbegabung. Wir wünschen uns natürlich nicht laut, dass unser Kind hochbegabt ist, aber viele von uns insgeheim schon.

Eine Mutter steht neben mir am Rand der Turnhalle. Wir schauen unseren Kindern zu. Ihr Sohn nimmt gerade Mattenstapel in der Ecke auseinander und ist genau bei der Arbeit. Die Kursleiterin lächelt säuerlich. Meine Tochter galoppiert mit fliegenden Zöpfen gekonnt an allen Turnaufbauten vorbei und wiehert wie ein Pferdchen. Ein paar Kinder laufen begeistert mit. Mir wird das Herz schwer. Gleich muss ich mein Kind einfangen, damit es artig vom Klettergerüst springt.

»Ich bin wirklich froh«, sagt die Mutter neben mir, »dass der Alexander nicht hochbegabt ist.«

»Ach, ist er nicht?«, frage ich zerstreut. Ich bin in Gedanken ein Pferdchen.

»Nein, ist er nicht«, sagt sie. Und weil ich offensichtlich begriffsstutzig bin:

»Und ich bin deswegen s-e-h-r f-r-o-h!«

Endlich bin ich bei der Sache. Ich schaue sie an.

»Wieso bist du denn froh, dass er nicht hochbegabt ist? Das ist doch was Schönes.«

»Das glaubst du!«, sagt sie. »Das ist unglaublich anstrengend. Laufend musst du zu irgendwelchen Extrastunden, musst eine ganz spezielle Schule nehmen und dann ist dein Kind auch noch ein Außenseiter. Das ist ganz schwer!«

Ihr Sohn fällt gerade von einem hohen Mattenstapel.

»Das würde ich nie haben wollen«, schreit sie, während sie auf ihr Kind zuläuft. Ich schaue ihr nachdenklich hinterher. Bisher hatte ich mir über Hochbegabung keine Gedanken gemacht.

»Kennst du denn hochbegabte Kinder«, frage ich sie, als sie atemlos wieder zurückkommt.

»Ja, ich kenne eines. Und das ist das Ungerechte«, sagt sie grimmig. »Die werden so gefördert. Spezielle Schulen, speziellen Förderprogramme. Und unsere Normalen? Da kümmert sich keiner drum.«

Und schon rennt sie wieder los, um ihrem Sohn zu helfen.

Ohne Zweifel, es ist die Bildung einer Elite, die viele Mütter von Anfang an auf Trab hält, denn Elitebildung bedeutet auch immer, dass eine Schicht gebildet wird, von der sich die Elite abheben kann. Und wer möchte schon der Steigbügel sein?

Um das plump auf das Bild einer Babyturngruppe zu übertragen: Da bildet sich die eine Gruppe, die Elite, die vornewegläuft, und die andere Gruppe, die Normalen, die hinterherläuft. Dass die eine Gruppe Elite sein soll und die andere die Normalen, ist reine Interpretationssache, aber vorherrschende, undiskutierte Meinung unter den Müttern. Die Eifrigen sind die Hellen. Ich tendiere ja eher zu der Auffassung, dass eine gewisse Verweigerungshaltung durchaus gesund ist, aber ich hüte mich, diese ketzerischen Gedanken in den Raum zu werfen. Denn die Stimmung ist nie unbelastet. Jede Woche ist die eine oder andere Mutter frustriert, weil ihr Kind aber auch so gar keine spielerische Freude an den Lerngeräten zeigt.

»Ich weiß nicht, was ich machen soll«, wispern wir. Und die Kursleiterin sagt freundlich:

»Das ist doch ganz natürlich. Das wird schon noch. Dein Kind ist eben ein guter Beobachter.«

Natürlich will keine von uns ein Beobachter-Kind, sonst wären wir ja nicht in einer Babyturngruppe. Da wollen wir den agilen Sprinter oder die pfiffige Kletterathletin, aber das sagen wir nicht. Das wäre unfein.

Haben Sie Ihr Kind im Griff?

Irgendwie müssen wir Mütter alle insgeheim überzeugt sein, dass unsere Kinder jetzt sind, wie sie immer sein werden. Mehr kommt nicht. Dass das, was sich uns im zarten Alter unserer Kinder von 16 Monaten präsentiert, unser ganzes Leben lang vor unserer Nase rumhüpfen wird. Würden wir sonst so nervös werden, nur weil das Kind herzlich wenig Freude an Turnaufbauten hat?

Wenn ich also annehme, dass mein Kind mir jetzt schon sein volles Potenzial zeigt, seine Begabungen, Anlagen und Talente, dann kann ich schon mal unruhig werden, wenn andere schneller laufen, hüpfen, springen und begreifen. Und diese Unruhe kann sich bis zur ausgewachsenen Panik steigern, wenn die Kinder in die Entwicklungsphase der frühkindlichen Aggression kommen. Denn dann stelle ich mir flugs die Frage: Ist mein Kind nun lebenslang Opfer oder ein Verbrecher von morgen?

Der Junge in Windeln läuft schnell heran und schaut neugierig in das Gesicht des Mädchens mit der bunten Hose. Sie hat auf der Wange ein großes, sehr interessantes Muttermal. Er greift neugierig zu – und drückt. Kräftig. Die Kleine stößt wutentbrannt einen spitzen Schrei aus und – zack – schon hat sie dem Kleinen ihre scharfen Fingernägel über die Wange gezogen. Ein kleines Rinnsal Blut glitzert im Licht. Er brüllt wie am Spieß, sie starrt ihn erbost an. Ihre Körperhaltung ist eindeutig: Komm näher und ich mach dich alle!

Wären die beiden 15 Jahre älter, wären alle begeistert, zumindest von ihr. So eine starke Frau. Jetzt sind sie es nicht. Aufgebracht starrt die Mutter des Jungen die Mutter des Mädchens an.

Die grinst unbefangen.

»Mensch«, sagt sie. »Da muss man ja richtig aufpassen!«

»Allerdings! Du hast dein Kind nicht im Griff«, schreit die Mutter des Jungen. »Du passt überhaupt nicht auf.«

Verblüfft starrt die Angegriffene zurück. Wie soll sie das Kind denn im Griff haben, wenn sie es nicht im Arm hat? Und was ist mit ihr selbst, der anderen Mutter? Ihr Sohn hat doch schließlich angefangen.

Diese kleine Szene kommt harmlos daher, beinhaltet aber eine ganz neuartige Definition von Mutterschaft. Sie zeigt: Wir Mütter haben uns weiterentwickelt, jawohl! Wir geraten nicht mehr nur in Wallung, wenn unser Kind von anderen attackiert wird. Nein, viele von uns ärgern sich jetzt auch, wenn eine andere Mutter ihr Kind nicht jederzeit so sorgfältig und lückenlos beobachtet, dass solche körperlichen Attacken von vornherein gar nicht vorkommen können. Soziale Kompetenz lernen hin oder her – immer mehr Mütter erwarten von anderen Müttern, dass sie ihr Kind jederzeit »im Griff« haben. Und zwar bevor die Kinder sich aufmachen, solch unerfreuliche Zusammenstöße zu haben.

Das wilde Ego

Prekärerweise gibt es in Mutter-Kind-Gruppen einen kleinen, feinen Unterschied zu den Meetings, die Erwachsene sonst so abhalten. Das Thema ist keine Sache, keine Firmenposition, man spricht nicht über Zahlen oder Fakten und auch entgegen den verbreiteten Vorstellungen nicht über Projekte, sondern das Thema ist immer und überall das eigene Fleisch und Blut. Da gibt es so etwas wie den natürlichen Beschützerinstinkt und eine gewisse mangelnde Objektivität. Selbst einander wohlgesonnene Mütter können in heller Aufregung aufeinander losgehen, wenn sie ihr Kind bedroht sehen. Das eine oder andere nett geplante Zusammentreffen von Müttern und Kindern endet im Eklat, weil die Kinder sich partout nicht verstehen wollen. Wild, ungeschminkt und kompromisslos kommen sie zutage, die Aggressionen und Antipathien zwischen den lieben Kleinen in dieser frühkindlichen Phase. Das kann sehr irritierend sein für Mütter, die eigentlich dachten, das Wesen ihrer Kinder gut zu kennen und planen zu können. Die dachten, Kinder fänden es schön, mit anderen Kindern zu spielen.

Kinder sehen aber für lange Zeit in anderen Kindern keine Busenfreunde, sondern Konkurrenten. Es kann wirklich schaurig werden, wenn die lieben Kleinen ihr Ego entdecken und wild entschlossen sind, spontanes Eigentum mit Zähnen und Klauen zu verteidigen. Da sind die Vorwitzigen, die schon früh ihrem Babykollegen die Schaufel über die Stirn ziehen, und da sind die, die hilflos brüllen. Da sind die Mütter, die entsetzt zusehen, wie sich die Kinder Miniaturschlachten liefern, mit echten Tätern und blutenden Opfern. Da sind große Tumulte und wüste Schuldzuweisungen unter Müttern, denn zu allem Übel sind die Kinder nicht alle zur gleichen Zeit in der gleichen Phase, sodass es mal die einen, mal die anderen wären, die Lehrgeld zahlen. Nein, ungünstigerweise sind die einen eher aggressiver als die anderen, bis diese sich dann so weit entwickelt haben, dass sie für ihr Ego kämpfen wollen. Das kann Monate, ja in manchen Fällen Jahre dauern und ist alles andere als erquicklich. Nie wieder sind Menschen so aggressiv wie im zarten Alter von zwei Jahren. Theoretisch wissen viele Eltern das, aber praktisch sind die meisten von uns von der Wucht dieser Aggressionen erschlagen. So hatten wir uns das nicht vorgestellt. Vielleicht ein bisschen zicken, vielleicht ein wenig schreien, aber doch nicht dieser schonungslose Ego-Trip!

»Ich möchte nicht, dass mein Kind seine Konflikte körperlich austrägt«, sagt eine Mutter und bringt auf den Punkt, was viele wünschen. Wie die lieben Kleinen ihre Grenzen ohne Sprache und ohne Körpereinsatz durchsetzen sollen, ist allerdings nicht ganz klar, aber dieser Aspekt rückt irgendwie in den Hintergrund. Manche Mütter oder Väter versuchen mit den Kinder zu diskutieren:

»Schau doch mal, Lena, der kleine Junge möchte doch auch mal mit deinem Förmchen spielen.«

Lena soll »Abgeben« lernen, bevor sie »Haben« gelernt hat. Und während Lena die Empörung in den Augen steht, geben die Eltern demokratisch das Spielzeug weiter. Wird dieses Kind davonlaufen, wenn es groß ist, weil sich die Eltern in alles einmischen? Wir wissen es nicht. Und es spielt jetzt keine Rolle. Wir wünschen uns Frieden im Sandkasten. Aber den gibt es nicht. Und dann prallen sie wieder aufeinander, die Welten, die Philosophien der Mütter und Väter, ähnlich wie in der Impfdebatte, nur sind es hier auf der einen Seite die einen, die die Kinder lieber unbeobachtet spielen lassen und dann den Kindern – wenn sie sich an die Gurgel fahren – deutlich zeigen, dass so ein Verhalten nicht akzeptabel ist. Und da sind die anderen, die immer einen Schritt präventiv neben den Kindern bleiben und sie nie aus den Augen verlieren und von anderen Eltern verlangen, ebenso zu handeln. Und dann gehen sie wieder los, die Schuldzuweisungen und Schuldgefühle. »Du hast/ich habe das Kind verweichlicht«, oder: »Du hast/ich habe das Kind verzogen.«

»Dein Kind ist unmöglich!«, schreit Lenas Mutter, weil Lena weinend auf dem Boden liegt.«Du hast ja selbst erzählt, wie sie das schon bei anderen gemacht hat. Da musst du aufpassen!«

»Dein Kind kann sich überhaupt nicht durchsetzen!«, ruft Pauls Mutter zurück. »Du springst immer viel zu schnell dazwischen.«

Und wir können sicher sein, dass diese beiden Frauen die nächsten Jahre keinen Malzkaffee mehr miteinander trinken.

Die Phase der frühkindlichen Aggression hat dummerweise das Potenzial, Mütter auf ewig zu trennen. Denn während sich die Kleinen streiten und es im nächsten Augenblick schon wieder vergessen haben, sind die Mütter oft nicht dazu bereit, nicht jetzt, nicht später während der Kindergartenzeit und auch nicht in der Schule. Frauen ohne Kinder können sich auch kränken, aber mit Kind geht das viel besser: Zeige mir, dass du mich nicht magst, und es tut weh. Zeige mir, dass du mein Kind nicht magst, und du triffst mich ins Mark.

Kind haut Kind: Wir gehen aufeinander los

Es ist im Grunde erstaunlich, wie offen wir Frauen zum Beispiel in Mutter-Kind-Gruppen über die intimsten Gewohnheiten und Verhaltensweisen unserer Kinder mit Frauen reden, die wir oft gar nicht gut kennen. Wir diskutieren über Schlaf- und Essgewohnheiten, besprechen eingehend Verdauungs- und Erziehungsprobleme und sinnieren über Verhaltensauffälligkeiten, über angebliche Stärken und Schwächen. Die Themen sind intim, keine Frage, denn würden wir so offen über uns selbst oder über unsere Männer reden? Solch eine offenherzig zur Schau gestellte Kinderstube birgt Angriffspotenzial. Häufig kommt es zu tiefen Ressentiments und gegenseitiger Meidung.

Man kann die grundlegende Beziehung dieser kategorischen Trennung zwischen Müttern verschiedener Auffassungen auf dem Spielplatz gut beobachten. Die Szenen verlaufen hier meist nach einem bestimmten Ritual: Ein Kind haut ein Kind. Und wenn jetzt die Tätermutter nicht der Opfermutter signalisiert, die Nöte ihres Kindes zu erkennen (»Das arme Kind!«), nicht ihr eigenes Aufsichtversagen entschuldigt (»Ich habe es nicht gesehen, tut mir leid!«) und nicht ihr Kind energisch zur Rechenschaft zieht (»Das tut man nicht! Hast du das verstanden?!«), kommt es manches Mal zu argen Spannungen unter den Großen. Wann soll man einschreiten? Soll man bestrafen? Was ist überhaupt eine Bestrafung und was ist angemessen?

Je nachdem, wie unterschiedlich die Einstellungen der Mütter sind, wie streng sie ihre Kinder erziehen und welche Strafmethoden, wenn überhaupt, ihnen als recht und billig gelten, werden hier Mütter ganz schnell wütend aufeinander. Nicht, dass es auf dem Spielplatz oft zum offenen Streit käme. Nein, da gibt es viel lieber zornige Blicke unter gesenkten Köpfen und verkniffene Münder. Und Mütter, die sich wütend die Haare aus dem Gesicht pusten wie schnaubende Pferde. Frauen zerren Kinder voneinander weg oder tragen sie an die andere Ecke des Spielplatzes. Nur im Extremfall gibt es einen offenen Streit, in dem man sich dann vorwirft, das Kind »nicht im Griff zu haben« oder aber »überzubemuttern«.

Eine »Kind haut Kind«-Situation ist übrigens häufig das erste Mal von vielen, in denen sich Müttern laut gegenseitig beschuldigen, am üblen Verhalten ihrer Kinder schuld zu sein.

Welche Ausmaße mütterliche Aggressionen nehmen können, wenn sie ihr Kind durch andere Kinder bedroht sehen, sehen wir im Internet in den zahlreichen Mütter-Foren, in der Frauen mit Kindern Alltagssituationen diskutieren. Das Internet garantiert bei Bedarf absolute Anonymität. Und dies lässt offenbar jegliche Hemmungen fallen. Es ist wirklich erschreckend, wie hämisch und aggressiv Frauen mit Kindern gegen andere Frauen mit Kindern werden können, wenn sie sich unentdeckt wähnen. Ungeachtet aller Beschwörungen von Psychologen, Kleinkinder ihre Kämpfe untereinander alleine austragen zu lassen, wollen einige Mütter offenbar viel lieber mitmachen. Häufiges Motiv der charmanten Wortbeiträge ist, die Mutter verprügeln zu wollen, deren Kleinkind andere Kinder auf dem Spielplatz haut und die ihr Kind nicht ausreichend bewacht oder nicht ausreichend züchtigt. Opfermütter sinnen auf Rache – die betreffende Mutter soll bluten! Andere drohen, das Täterkind selbst zu schlagen, sollte es ihnen einmal unter die Finger kommen. Ab und an schafft es eine wütende Mutter auch mal in die Zeitung, wie diejenige Frau, die ein fremdes Kind mit Brennnesseln peitschte, weil dieses ihr Kind geschubst hatte. Das alles ist recht paradox, beklagen die Mütter doch eigentlich den Gebrauch von Gewalt.

Bin ich die Einzige, die bei diesem Gebaren vor Entsetzen erschauert? Mich stressen die Aggressionen unter den Kindern, aber die Wucht der Aggressionen unter den Müttern geht mir an die Substanz. Der Blick ins Internet gibt mir den Rest. Wer sind diese Frauen, die anderen Kindern und Müttern Prügel androhen? Sitzt eine von ihnen vielleicht mitten unter uns? Argwöhnisch betrachte ich die Mütter im Kurs. Sie sehen so nett aus. Könnte die da so etwas machen oder jene dort drüben? Wo sind die wandelnden Zeitbomben? Wie weit gehen Mütter, wenn sie ihre Kinder bedroht sehen? Oder – schießt es mir heiß durch den Kopf – sind wir alle kurz vor dem Wahnsinn, nur einige von uns haben noch nicht das Chatten entdeckt?

Warum sind Mütter gegen andere Kinder und Mütter so aggressiv? Ist es mehr als der natürliche Beschützerinstinkt? Ist da vielleicht die eine oder andere ängstliche oder ehrgeizige Mutter, grüble ich, die in anderen Kindern nicht mehr harmlose und notwendige Spielkameraden sieht, sondern Konkurrenten, die sich durch ihr aggressives Auftreten Wettbewerbsvorteile verschaffen wollen? Die ihr Kind einschüchtern und vom Lernen abhalten? Zum lebenslangen Opfer abstempeln? Wir haben sie ja alle mehr oder weniger im Kopf, die Mahnungen und Hinweise, dass gerade die ersten fünf Jahre über das lebenslange Schicksal unserer Kinder entscheiden. Wir alle wollen glückliche Kinder. Wir alle sollen das perfekte Kind in einem perfekten Heim zu einem perfekten Erwachsenen mit perfekter Karriere und optimal ausgebildeten Synapsen heranziehen. Können da noch alle verkraften, dass ihr Kind nicht nur von Anfang an im Wettbewerb mit anderen Kindern steht, sondern auch von ihnen bedroht wird?

Allmählich bekomme ich Angst vor Frauen mit Kindern. Sie scheinen mir unberechenbar. Auch davon hatte mir meine Mutter gar nichts erzählt. Natürlich gab es vor dreißig Jahren erboste Mütter, wenn die Kinder aufeinander losgingen. Doch wurde nicht von den Müttern erwartet, ihr Kind lückenlos zu bewachen. Zwar verabredeten sich Frauen mit Kindern, aber es gab noch keine Mutter-Kind-Gruppen, in denen die Bewegungen und Äußerungen der Kinder wie unter einem Laborglas betrachtet wurden und sich auch die Mütter als Mütter gegenseitig genau in Augenschein nahmen. Kinder und Mütter waren weitaus unbeobachteter und unbefangener als heute. »Frühkindliche Aggressionen« hießen noch »Rangeleien« und statt »dem Kind Grenzen zu setzen«, schimpften die Eltern.

Heute scheint das anders zu sein. Auf dem Spielplatz traut sich kaum jemand bei einem Kinderstreit spontan zu fluchen, die Kinder auseinanderzuziehen und vielleicht mit der anderen Mutter oder dem Vater dann darüber herzlich zu lachen. Denn dass es überhaupt zum Streit kommt, gilt häufig schon oft als Versagen der elterlichen Aufsichtspflicht und wird überaus kritisch gesehen. Ja, der Spruch »Es sind doch nur Kinder« wirkt heute bereits im Windelalter merkwürdig veraltet und wird kaum noch benutzt. Es sind eben nicht mehr nur Kinder; es sind kleine Menschen, die ihr volles Potenzial entfalten sollen.

Kapitel 6

Was für ein Kindergarten?!

Und weiter geht es auf dem langen Weg der Kindererziehung. Inzwischen ist meine Tochter knapp drei Jahre alt und – hurra! – mein Mann und ich haben eine zweite Tochter bekommen. Ich merke schnell, dass mir beim zweiten Mal alles leichter von der Hand geht und ich gelassener bin. Wie schön, etwas Erfahrung zu haben, mit Kindern, mit Ärzten, pränataler Diagnostik, unerwünschten Informationen, Besserwissern und Ratgebern, Vorsorgeuntersuchungen, Babykursen und Mutteridealen. Wie wunderbar, die richtige Ausstattung bereits zu besitzen und zu wissen, woher der Wind in der Mutter-Erziehung weht.

Und etwas anderes hilft uns jetzt auch: Die Große darf in den Kindergarten gehen, auch kurz Kita genannt. Sie darf Kinder und Garten haben in dieser Großstadt, in der das eben viele nicht haben.

Den geeigneten Kindergarten zu finden, ist eine Wissenschaft für sich. Schon eine gute Tagesmutter zu buchen, stellte sich weitaus schwieriger heraus als gedacht. Bis ich dahinterkam, dass die Aussage »Ich bin mit den Kindern jeden Tag draußen« auch bedeuten kann: »Ich gehe jeden Tag in den Supermarkt«, war einige Zeit vergangen. Dass auch Tagesmütter krank werden können und dann leider niemand auf das Kind aufpassen kann, wenn man es gerade dringend braucht, ist auch alles andere als gut für das Nervenkostüm.

Daher freuen wir uns auf öffentliche Institutionen. Es gibt Krippen für Kinder von null bis drei Jahren und Kindergärten von drei bis sechs Jahren (die sich in Deutschland »Kindertagesstätten« nennen, wenn sie Ganztagsbetreuung anbieten). Diese öffentlichen Institutionen haben einen klaren Vorteil: Wenn eine Erzieherin ausfällt, sind immer noch andere da. Sie halten sich hübsch gegenseitig in Schach und wissen, was sie tun. Was für eine wunderbar einfache Sache ein Kindergarten doch ist. Im Prinzip.

Die Sonne scheint, die Kleine schläft im Kinderwagen, meine große Tochter spielt im Sandkasten. Ich esse deliziösen Backe-backe-Kuchen, mache »Ah« und »Oh! Wie Lecker!« und die junge Bäckerin lacht entzückt. Auf dem Spielplatz tummeln sich die Mütter mit ihren Kindern. Heute ist ein guter Tag, ein friedlicher Tag.

Auf einmal fällt ein Schatten auf uns.

»Hallo«, sagt eine Mutter zu mir. Sie steht vor uns. Wir kennen uns aus der Nachbarschaft.

»Hallo«, sage ich. »Hat es euch bei dem schönen Wetter auch nach draußen verschlagen?«

»Wir kommen gerade vom Kindergarten«, sagt sie. »Was für ein Stress!«

»Kindergarten?«, frage ich. Ich schaue ihre Tochter an. Sie ist gerade sechs Monate alt. »Willst du sie in eine Krippe geben?«

»Nein, nein«, sagt sie. »Wir haben sie angemeldet, damit sie mit drei Jahren einen Platz hat. Die Wartelisten sind lang.«

Verschwörerisch beugt sie sich zu mir herunter und senkt ihre Stimme. »Ich habe sie gleich in fünf Kitas angemeldet. Man weiß ja nie.«

Ich nicke wissend. Klar, kenne ich. Ich habe meine Kleine auch gerade angemeldet und die Große schon vor zweieinhalb Jahren.

»Welchen Kindergarten findest du denn am besten?«, frage ich.

»Also, für uns kommt nur der Markus-Kindergarten in Betracht«, sagt sie. »Die legen da sehr viel Wert auf Fremdsprachen und wissenschaftliche Projektarbeit. Und sie haben eine ganz wunderbare Ausstattung.«

»Der soll wirklich gut sein«, bestätige ich.

Und komme sofort ins Grübeln. Haben wir uns wirklich auch beim besten Kindergarten für unsere Tochter angemeldet? Den Markus-Kindergarten hatte ich gar nicht bedacht. Er liegt am anderen Ende der Stadt.

Die Qual der Wahl: Welcher Kindergarten soll es sein?

Leider geht es heute für eine verantwortungsvolle Mutter nicht mehr darum, ganz in der Nähe liebevolles Aufsichtspersonal zu finden, das bei Unfällen zur Stelle ist und mit den Kindern kleine Spiele spielt. Heute geht es darum, den Kindern den optimalen Start in unsere Leistungsgesellschaft zu ermöglichen, die bestmögliche Förderung für ein Kind zu organisieren, die man mit eigenem Geld bezahlen kann.

Nur – was wollen wir eigentlich fördern? Soziale und motorische Entwicklung sind klar, das ist der Mindeststandard jeder Einrichtung. Aber was halten wir darüber hinaus für wichtig? Was könnte im Leben unserer Kinder später gewinnbringend sein? Es ist gar nicht so einfach, die eigenen Prioritäten zu entdecken. Da muss ich als Erziehungsberechtigte schon ganz genau wissen, was ich in meinem Kind entwickelt sehen möchte. Es gibt ja keinen exakt vorgeschriebenen Weg für die Entfaltung unserer Kinder, es gibt nur das vorgegebene Ziel: dass sie auf jeden Fall, in welcher Richtung auch immer, optimal sein soll.

Und so stellt sich erst einmal gar nicht die Frage, welche Kita für welches Kind das Richtige wäre. Vielmehr heißt es in dieser Phase der ersten Selektion: Für welchen Typ Eltern ist welcher Kindergarten der richtige? Und da sich bekanntermaßen auch Paare oftmals sehr stark unterscheiden, habe ich der Einfachheit halber die Aufgabe an mich gerissen: Welcher Typ Kindergarten passt zu meinem Mutter-Typ?

Da haben wir in der Grobkategorie natürlich die städtischen Kindergärten und die konfessionell gebundenen Kitas sowie die Waldorfkindergärten, Montessori-Kindergärten, Waldkindergärten und die betriebsinternen Kindergärten, schließlich gibt es natürlich noch die Elterninitiativen. In den letzten Jahren sprießen auch immer mehr private Einrichtungen wie Pilze aus dem Boden, auch bilingual, die im Namen schon mal gerne Zusätze »Villa« oder »Schlösschen« führen und damit dezent auf das gehobene Preis-Leistungs-Schicht-Verhältnis hinweisen.

Haben die geneigten Eltern sich dann in der Grobkategorie festgelegt – was nicht einfach ist, das wollen wir betonen –, wird in der Feinkategorie von einem verantwortungsbewussten Elternteil erwartet, das er zahlreiche intensive Besichtigungstermine in ausgewählten Kindergärten wahrnimmt und die jeweiligen Programme und Pädagogikkonzepte der infrage kommenden Institutionen eingehend studiert und bewertet. Und dann, und wirklich erst dann, sollte ein moderner Elternteil sein Kind in die Warteliste der gewünschten Einrichtung eintragen lassen und darf darauf hoffen, zu den Auserwählten zu zählen.

Angeblich gibt es Mütter, die die Leiterinnen von Kitas umfliegen wie die Motten das Licht und kleine Gefälligkeiten erweisen, um sich eine günstigere Startposition zu ergattern. Andere sollen sich mit Rechtsanwälten in die begehrte Kita einklagen. Ich kenne keine dieser wild entschlossenen Mütter und Eltern persönlich, aber wer weiß? Vielleicht ist das wie mit den Müttern im Internet – sie outen sich nicht.

Tatsächlich bin auch ich eine kritische Institutionsprüferin, bewege mich aber mit meinen ambitionierten Ansprüchen im Mittelfeld aufmerksamer Müttertesterinnen. Auf einer Skala von 1 bis 10, wobei 1 »völlig egal« bedeutet und 10 »unangenehm kritisch«, liege ich wahrscheinlich bei 5, weil mein Anspruch recht schlicht daherkommt. Mein persönlicher Schwerpunkt liegt auf »Natur und Auslauf«. Ich bin in einer Kleinstadt aufgewachsen, bin mehr der Wald-und-Wiesen-Abenteuerin-Typ, habe meine Beinchen durch wackeren Auslauf im Grünen gestärkt und habe mit den

Kindern der Nachbarschaft faszinierende Spiele und Fantasiereisen gespielt. So ein freies Spielen in der Natur ist das, was ich meinem Kind wünsche. Mit Büschen, Bäumen und abgelegenen Verstecken, damit die Kleinen tuscheln und aufregende Geheimnisse austauschen können. Damit sie ihre ganz eigene Welt erleben dürfen, die eben nur Kindern eigen ist. Mit anderen Worten: Ich suche nach Bullerbü.

Wenn ich mich aber unter Müttern mit diesen Argumenten nach meinen Wunschkindergarten umhöre, ernte ich nur mäßige Zustimmung. Für die einen gilt: Natur, ja, schön, aber doch nicht so unübersichtlich! Verstecke sind eher gefährlich, da werden Kinder verprügelt, gewürgt und erschlagen. Man weiß doch gar nicht, was die da tun. (An diesem Punkt der Unterhaltung werden gerne Horrorgeschichten aus dem Bekanntenkreis oder der Zeitung passend zum Thema erzählt, dass sich mir vor Entsetzen die Haare sträuben.) Ich denke an meine Kindheit und dass ich es als Kind ausgesprochen prima fand, unbeobachtet zu sein, aber wenn jemand nicht den Duft der Freiheit zu schätzen weiß oder grundsätzlich glaubt, unter Verbrechern zu leben, was soll man da sagen?

Die anderen sind skeptisch, weil meine Ansprüche zu niedrig, ja, völlig überholt seien. Da müsse man doch wohl mehr pädagogische Prägung erwarten. Man kann doch nicht einfach die Entwicklung der Kinder sich selbst überlassen. Und die Dritten sind mit meiner Wahl nicht einverstanden, weil es schlicht nicht die ihre ist. Wir kennen das ja.

Die ewigen Diskussionen und »Abers« sind ermüdend, und so tarne ich bald meine altmodische Unbekümmertheit und setze scheinheilig auf Fortschritt. Ich frage die anderen Mütter nach Projektangeboten der Kitas und der Gartengestaltung und erhoffe mir durch die Blume die Auskunft über die guten alten Büsche und Bäume.

Bei meiner internen Schwerpunktsetzung muss ich allerdings verwundert feststellen, dass sich die infrage kommenden Institutionen rasant verringern. Im Prinzip bin ich der optimale Typ für den Waldkindergarten. Nur besteht der Waldkindergarten unserer Stadt aus einem Bauwagen in der matschigen Walachei. Was lerne ich da über mich? Ich bin doch nicht der abenteuerlustige Wald-und-Wiesen-Typ! Ich bin der Trockene-Fuß-und-gern-auch-mal-warm-im-Haus-Typ!

Leider liegen die meisten Kindergärten mit Häusern in meiner Großstadt auf wundersame Weise direkt an Hauptstraßen. Was haben sich die Planer dabei gedacht? Dass Kinder den Krach und den Dreck schon nicht so merken werden, laut und schmutzig wie sie selbst sind? Oder hat man großzügig die Grundstücke für Kinder reserviert, die sowieso keine hohen Preise auf dem Immobilienmarkt erzielen würden? Nun gut, die Selektion wird mir leicht gemacht.

Unter den verbliebenen Kandidaten fällt wieder einer aus, weil ich Interesse für einen Ganztagsplatz meiner Tochter signalisiert habe. Ich möchte wieder freiberuflich von zu Hause aus arbeiten. Aber wenn ich zu Hause bin, brauche ich doch keinen dieser begehrten Ganztagsplätze! Der empörte Blick und die eisige Verachtung der Institutsleiterin sind so vernichtend, dass ich hier auch keinen Halbtagsplatz beantragen will. Ich lerne wieder einmal: Mutter und Kind sind untrennbar miteinander verbunden. Weil ich zu Hause bin, muss meine Tochter das auch und ganztags auf Garten und Kinder verzichten.

Die gute Mutter bringt sich ein

Aber, nach eingehender Suche, vielen Kurz-Interviews mit Müttern und Recherche im Internet finde ich tatsächlich den Kindergarten meiner Wahl, nur ein paar Kilometer entfernt. Es ist ein katholischer Kindergarten. Die Leiterin ist nett und zuckt nicht zusammen, als ich ihr meine Situation erkläre, auch wenn auch sie mir keinen freien Ganztagsplatz anbieten kann. Eindeutig ein Nachteil: Die Öffnungszeiten sind nicht so flexibel, wie ich sie gerne hätte. Kitas glauben noch an feste Arbeitszeiten von acht bis vier, während in der Arbeitswelt Flexibilität das Nonplusultra ist. Aber der Garten ist groß, die Erzieherinnen und die Ergänzungkräfte scheinen freundlich zu sein. In dieses Haus möchte ich gehen.

Mein Typ hat seinen Typ Kindergarten gefunden. Jetzt muss ich mein Kind nur noch vom Kinderarzt untersuchen lassen – Pflicht ist Pflicht –, und dann steht unserem Start in ein neues Leben nichts mehr im Weg. Endlich habe ich tagsüber verlässliche Hilfe! Und meine große Tochter hat ihr Bullerbü. Sie bekommt einen Platz.

»Hallo, Frau Hartmann«, sagt die Erzieherin freundlich, als ich meine Tochter eines Morgens abgebe. Die Eingewöhnungszeit haben wir erfreulich unkompliziert hinter uns gebracht. »Kann ich Sie mal ganz kurz sprechen?«

»Aber natürlich«, antworte ich, sehr bemüht, die aufgeschlossene und freundliche Mutter zu geben. Es ist wichtig, die Erzieherinnen bei Laune zu halten, sonst lassen sie den Ärger eventuell beim Kind aus, und dann wird das Kind nicht glücklich. Das habe ich gelesen.

»Wir haben doch in zwei Monaten unser großes Kita-Fest«, sagt sie. »Hätten Sie nicht Lust, uns bei den Vorbereitungen ein bisschen zu helfen?«

Zu diesem Zeitpunkt meines Mutterlebens bin ich komplette Mutter-Fallen-Anfängerin. Ahnungslos frage ich:

»Ja, klar, was kann ich denn tun?«

»Wir haben da eine ganz nette Bastelgruppe, die würde sich sehr freuen, Unterstützung zu bekommen. Die Mütter machen wirklich ganz tolle Sachen, die auf dem Basar verkauft werden sollen. Das Geld kommt unserem Förderverein zugute. Wäre das etwas für Sie?«

»Äh«, sage ich. In meinem Kopf blinken die ersten Alarmlämpchen. Ich versuche die Kurve zu kriegen. »Ich könnte doch vielleicht auch einen schönen Kuchen backen?«

»Das ist aber lieb, vielen Dank«, sagt die Erzieherin und lächelt wie geölt. Sie hat diese Szene schon tausendfach gespielt, so viel ist klar. »Aber wir haben schon ganz viele Muttis, die Kuchen backen. Aber die Bastelgruppe – das wäre toll …«

Ich denke an mein Kind. Ich denke an soziale Verantwortung. Ich denke an diese Erzieherinnen, die Hilfe brauchen. Und ich denke an die anderen Mütter.

»Okay«, sage ich und lächele verkrampft, »mache ich doch gern.«

An dem anberaumten Termin der Bastelgruppe trabe ich also in die Kita. Und was sehe ich? Zwei nette Mütter auf winzigen Stühlen sitzend. Vier riesige Tische beladen mit unzähligen Bastelvorlagen.

»Schön, dass du hilfst!«, sagen sie. Ja, finde ich auch. Ich setze mich auf ein Stühlchen. Und dann drücken sie mir Schere und Eisbär-Vorlagen für schnuckelige Wandbilder auf weißer Pappe in die Hände, massenweise Eisbär-Vorlagen mit hübsch gemaltem Fellbüschelzacken, die eine Mutter zu Hause in stundenlanger Fleißarbeit auf weißem Karton abgepaust hat und nun ausgeschnitten sein wollen. Ich schlucke. Ich bin mehr die anarchistische, großzügig Farbe verplempernde Hobbykünstlerin, die beim Malen gerne laut Musik aufdreht und Pinsel und Tanzbein schwingt. Das ist beim Fellbüschel-Schneiden kaum möglich. Beim Fellbüschel-Schneiden, so viel sei gesagt, heißt es Zähne zusammenbeißen, zusammenkauern, fokussieren, durchhalten.

Natürlich reichen zwei Stunden nicht aus. Im trauten Heim geht es abends gemütlich weiter. Ich sitze inmitten meiner Eisbärvorlagen, deren Dimensionen gefühlte Millionen annehmen, sehe die nächsten Abende der Woche detailliert vor mir und versuche, das aufkommende Selbstmitleid tapfer herunterzuschlucken.

Auf einmal habe ich die rettende Idee – wofür gibt es diese zackigen Bastelscheren? Diese Dinger, die jede Mutter besitzt, weil sie ihrem Kind die lustige Bastelwelt erschließen will, damit es nicht nur grobmotorisch, sondern auch feinmotorisch hübsch entwickelt wird? Ich rase in das Kinderzimmer, hole mir die Schere, und dann – zack-zack-zack – verpasse ich den Bären unzählige Haarbüschel. Zufrieden betrachte ich mein Werk. Mein Gott, wie patent ich doch bin!

Beim nächsten Treffen unserer kleinen Bastelgruppe kann ich es kaum erwarten, den anderen stolz von meiner Zeitsparmethode zu erzählen – und ernte gekräuselte Oberlippen.

»Na«, sagt die eine schließlich zu der anderen. »Haben wir noch Karton?«

»Müssen wir kaufen. Wir müssen das noch mal aufmalen«, sagt die andere ernst.

»Aber warum denn?«, frage ich bass erstaunt.

»Die Fellbüschel sind so viel zu gleichmäßig. Siehst du das nicht? Das sieht nicht hübsch aus.« Und sie zeigt mir einen ihrer Eisbären. Tatsächlich. Ihrer sieht viel niedlicher aus. Und natürlicher. Ich bekomme rote Ohren.

»Die Vorlagen muss man wirklich ganz genau nachschneiden«, erklärt die andere Mutter. Sie bleibt nett und schaut mich nachsichtig an.

»Aber die Schere ist doch so groß und die Zacken so klein«, sage ich kleinlaut.

»Da muss man eine Nagelschere nehmen«, pariert die andere ungerührt. »Mit der Nagelschere – das geht prima!«

Ich starre sie ungläubig an.

Sie sind nicht böse, als ich aus der Bastelgruppe wieder ausscheide.

Auch mein zweites Kita-Projekt geht in die Hose. Kuchen backen kann im Zeitalter peppiger Backmischungen jeder Idiot, aber irgendwie habe ich das mit dem gemütlichen Zusammensein beim Kita-Fest und der Vorstellung, dass jeder etwas mitbringt, völlig falsch verstanden. Mir wurde nicht gesagt, dass hier keine fröhliche Party gefeiert wird, in der man sich aus guter Laune großzügig gegenseitig bewirtet, sondern dass das mehr oder weniger eine Wohltätigkeitsveranstaltung ist, eine Art *Fundraising* zum Wohle des Fördervereins der Kita, der Spielzeug und Materialien für die Kinder anschaffen will. Die Erzieherinnen und Ergänzungskräfte opfern ihre Freizeit, wir geben unsere Freizeit, unsere Basteleien, Kuchen und unser Geld, damit wir mit allen Kindern hübsch zusammen feiern können. Da ich meinen selbst gebackenen Butterkuchen in viele kleine Stücke unterteilt habe, damit zahlreiche Kinder und Eltern etwas davon haben, will keiner meinen Kuchen für 50 Cent das Stück kaufen. Die anderen Torten sind viel größer und schöner. Mein

Kuchen bleibt einsam auf dem Teller zurück. Mit schlechtem Gewissen, kein Geld für den Förderverein erwirtschaftet zu haben, erwerbe ich einen von mir verhunzten Eisbären und schleiche nach dem Kita-Fest mit Butterkuchen nach Hause. Hört das denn nie auf mit den Schuldgefühlen?

Nein, tut es nicht. Denn es ist ganz klar: Wir Mütter geben unsere Kinder nicht zum Spaß hier ab. Es geht nicht in erster Linie darum, uns zu entlasten. Das war einmal, dass Kinder schön hübsch spielen sollten, während Mami arbeitete. Es geht vor allem darum, den Kindern einen optimalen Start ins Leben zu verschaffen, gemeinsam, als Team. Unsere Kindergartenbeiträge sind keine Option auf kinderfreie Zeit. Wenn ich jemals etwas anderes angenommen hatte – auf der Vollversammlung der Kita begreife ich endlich, woher der Wind weht. Wir Eltern, die gekommen sind, sollen anonym auf kleinen Zetteln niederschreiben, was wir uns für alle Kinder wünschen. Was können wir für unsere Kinder tun? Was kann ich dazu in dieser Kita beitragen, dass es allen Kindern besser geht? Die Beiträge werden gleich an Ort und Stelle gelesen und ausgewertet, die Papiere an eine Flipchart geheftet. »Glück« steht da, »ein schönes Leben«, »Selbstbewusstsein«, »Freude am Lernen« »Freunde und Liebe« und viele andere Dinge, die einem Elternteil das Herz erwärmen. Ein paar Eltern bieten ihre Talente an für Kurse – Englisch, Malen, Kochen und so weiter. Aber ein Beitrag fällt aus der Reihe.

»Ich muss Ihnen das einmal vorlesen.« Die Stimme der Leiterin zittert vor Empörung. Sie schreit fast, als sie von dem Zettel in ihrer Hand mit gerecktem Kinn liest:

»Ich sorge dafür, dass es meinem Kind gut geht.« Sie schweigt und schaut erschüttert in die Runde.

»Und«, so sagt sie, »›mein‹ ist drei Mal unterstrichen!«

Es ist mucksmäuschenstill im Raum. Keiner wagt auch nur zu schlucken, keiner will in den Verdacht kommen, diesen skandalösen Brief verfasst zu haben. Ich unterdrücke ein Husten und schaue verstohlen um mich. Wer hat es gewagt, sich so drastisch dem Gruppenkonsens zu entziehen? Ich vermute, es ist ein Mann. Wir Mütter sind alle abgestumpft. Wir denken gar nicht mehr daran, laut aufzumucken. Wenn sich unsere Kinder optimal entwickeln sollen, müssen wir Mütter hart arbeiten. Das haben wir alle gelernt. Und wenn wir ein Kind haben, sind wir jetzt offenbar für alle anderen mitverantwortlich. Das wundert uns dann auch nicht mehr.

Männer dagegen sind noch so frisch und unverbraucht. Die Kita-Zeit ist für sie vermutlich das erste Mal, dass ihnen mit einer ausgeprägten Erwartungshaltung begegnet wird. (Wir kennen das ja: Ein Vater muss nur mit Kinderwagen auf die Straße gehen und alle sind beeindruckt von so viel Einsatz.) Jetzt weht allmählich ein anderer Wind. Starke Väter braucht das Land, und zwar in Zeiten knapper Kita-Kassen, um Baugruben auf dem Spielplatz auszuheben, Klettergerüste zu schleppen und einzubetonieren oder um fachkundig den Garten zu gestalten. Manchmal dürfen sie auf Kita-Festen auch den Grill betreiben und Würstchen braten. Ein Mann kann sich jetzt ganz gemäß seinen Talenten einbringen, sofern er dem guten alten Bild eines echten Mannsbildes entspricht. Wenn nicht, wird er zurzeit noch in Ruhe gelassen. Er muss keine Bastelgruppe besuchen. Wieso, frage ich mich, während im Hintergrund die Vollversammlung rauscht, sind eigentlich nur wir Eltern dran? Versonnen kritzele ich Texte für Werbe-Flyer auf meinen Schreibblock: »Kommen Sie und schneiden Sie Fellbüschel! Retten Sie den Förderverein! Ihre Rente wird es Ihnen danken!«

Es ist nicht so, dass es keinen Spaß machen würde, sich für die Kita zu engagieren. Dass es nicht wichtig wäre oder wünschenswert. Es ist schön, wenn man Muße hat, und ist wichtig, wenn man etwas gefunden hat, womit man den Ansprüchen gerecht werden kann. Nur hat man das Kind ja eigentlich nicht nur in der Kita abgegeben, damit es mit anderen Kindern erfolgreich mit Spaß lernt, sondern auch, um sich etwas Luft zu verschaffen. Weiß das noch jemand?

Es ist ein bisschen so wie die Einladungen zum Kaffeetrinken mit der betagten Nachbarin. Am Anfang macht es Freude, der alten Dame eine Freude zu machen. Aber wenn sich die gute Dame daran gewöhnt und Ansprüche stellt, ja, sogar den moralischen Zeigefinger hebt und einen erbost im Treppenhaus abfängt, wenn man nicht auf Wunsch erscheint, dann wird die Sache schnell madig und die Situation etwas gereizt.

Wie bringe ich mich also ein? Da ich keinen Garten umbuddeln will, aber auch keinen Flohmarkt organisieren möchte, keine Ausflüge begleiten will oder in der Küche helfen möchte – ich brauche die vier Stunden vormittags dringend für meine zweite Tochter und meine freiberuflichen Projekte, auch wenn das ganz offensichtlich keinen interessiert –, verfalle ich auf das, was mir am leichtesten fällt: Ich gründe flugs eine Kita-Zeitung. Ein kleines Organ für die Institution meiner Wahl. Die Kindergartenleiterin ist begeistert und endlich, endlich kann ich mit ruhigem Gewissen morgens und mittags in die Kita gehen. Ich muss mich nicht mehr am Büro der Leitung vorbeischleichen oder die Gespräche mit den Erzieherinnen kurz und knackig halten. Ich habe ein Alibi. Ich habe mir einen Freibrief erkauft. Seht her – hier ist eine Mutter, die sich ausreichend zum Wohle aller engagiert. Und ich kann ruhig meiner Wege gehen.

Die Schatten von PISA

Ich hätte vielleicht von nun an ein ruhiges Leben führen können, ich hätte meinen Ärger vergessen, als Mutter immer und überall gegängelt und in den Schraubstock genommen zu werden und ich hätte brav meinen Zeitungsdienst verrichtet. Ja, vielleicht hätte ich so etwas wie Freude anderer an meiner Arbeit gespürt.

Aber es gab PISA.

Alarmiert durch die verheerenden Ergebnisse der PISA-Studien und ähnlicher Untersuchungen, setzten sich im Jahre 2004 die Jugend- und Kultusminister der 16 Bundesländer zusammen und vereinbarten einen gemeinsamen Rahmen der Bundesländer für die Bildung in deutschen Kindertagesstätten. Jedes Bundesland entwickelte einen eigenen Rahmenplan. Die Pläne sind unterschiedlich im Entstehungszeitraum, in der Ausrichtung, in der Namensgebung, im Umfang und in der Konkretisierung, aber ihnen allen ist gemeinsam, dass zum ersten Male frühkindliche Bildung ins Augenmerk rückte. Zum ersten Mal wurde offiziell Thema, dass Kinder einen wahren Schatz an angeborenen Kompetenzen besitzen, die es so früh wie möglich zu entwickeln gilt, wenn man gedenkt, den desaströsen Ergebnissen der PISA-Studien entgegenzuwirken, dieser peinlichen Reputation der Bildungsmisere die Stirn zu bieten und die Kompetenzen der Kinder später wirtschaftlich nutzen zu können.

Von da an waren und sind Kindertagesstätten keine Orte mehr, an denen Kinder nur schön spielen können. Sie sind Einrichtungen, die unsere Kinder auf die Anforderungen unserer modernen Gesellschaft vorbereiten und Chancengleichheit unabhängig von Geschlecht, sozialer und ethnischer Herkunft ermöglichen sollen. Sie sollen einen reibungslosen Übergang in die Schule garantieren.

Und seitdem ist alles anders. Denn leider gab es bislang nur kräftig erhöhte Ansprüche und Forderungen an die Kindertagesstätten, im Vergleich dazu aber erstaunlich kleine Finanzspritzen, wenig Ausstattung und kein zusätzliches Personal, geschweige denn eine angemessene Entlohnung für den erhöhten Einsatz der Erzieherinnen und des Zweitpersonals. Es ist in etwa so, als würde ich von einer ordentlich geführten Imbissbude erwarten, sich in den nächsten Monaten zu einem Fünf-Sterne-Restaurant zu mausern, ihm aber außer ein paar herzigen Vorgaben, Vorträgen und ein bisschen Taschengeld keinerlei Mittel zur Verfügung zu stellen, die dem hehren Ziel dienen könnten.

Gleichzeitig sind aber nicht nur die Staats- und Kirchenkassen leer, sondern auch die Geburtsraten sinken. Das bedeutet: Jede einzelne öffentlich finanzierte Kita kämpft um ihr Überleben. Sie muss sich so fortschrittlich, förderlich und nützlich für unsere Gesellschaft wie irgend möglich präsentieren, weil ihr sonst schlicht Stellen gestrichen, Gruppen geschlossen oder sogar ganz der Garaus gemacht wird.

Das hat zur Folge, dass Erzieherinnen mit einem bekanntlich sehr übersichtlichen Einkommen ausufernde Überstunden leisten, immer mal abends und gerne am Wochenende, um Kita-Veranstaltungen zu begleiten und den Kindergarten und seine Wichtigkeit im Stadtteil und in der Gemeinde zu repräsentieren. Und es hat zweitens zur Folge, dass die Kitas versuchen, ihr vorhandenes Personal so gut wie eben möglich weiterbilden und -qualifizieren zu lassen und vermehrt aus dem Potenzial der Eltern zu schöpfen.

Wenn die Erzieherinnen aber nicht gewillt sind, sich bis zum Umfallen ausbeuten zu lassen, und Eltern ihr Potenzial nicht freiwillig und gratis weitergeben oder aber nicht auf dem gewünschten Niveau arbeiten, entsteht ganz schnell die Angst bei der Kita-Leitung, den Anforderungen an eine moderne Bildungsinstitution nicht gerecht werden zu können, die diese Angst oft flugs an die Erzieherinnen weitergibt und letztlich häufig bei den Eltern landet.

Zu welcher Kategorie Mutter gehörst du?

Und damit wären wir wieder bei mir und der Kita-Zeitung.

Für die Eltern mag es ein nettes Kommunikationsmittel sein, für die Erzieherinnen, die Ergänzungskräfte und ihre Leitung ist es schlichtweg ein Profilierungsorgan. Das heißt ganz konkret: Am Anfang freuen sich noch alle über das Blättchen, aber bald werden die Gruppenleiterinnen unruhig, wenn ihr Projekt oder ihre Gruppe keine Erwähnung auf diesen paar Seiten findet. Schließlich steht die nächste Kürzungsrunde sicher irgendwann an. Viele haben keine festen Verträge, und wer wird dann wegrationalisiert? Sicher die Kraft ohne positive Schlagzeilen in diesem ach so bedeutenden Blatt!

Und so heißt es bald:

»Frau Hartmann, wo ist denn meine Gruppe?«

»Frau Hartmann, das müssen Sie aber noch mal schreiben. Da fehlt ja das Turn-Projekt.«

»Frau Hartmann, das haben Sie ganz falsch gemacht.«

Wirklich nett. Was als hübscher Austausch unter Eltern

und Kindern gedacht war, wird immer mehr zum Ärgernis. Ich verstehe die Erzieherinnen. Aber ich habe nur eine Mitstreiterin für die Zeitung gefunden. Es ist unmöglich, alle erfreulichen Entwicklungen, Angebote und Projekte einer derart großen Einrichtung in die Zeitung zu bringen. Auf der anderen Seite ist es geradezu unmenschlich, von den Frauen zu verlangen, dass sie in ihrer Freizeit auch noch Werbeartikel über ihre Arbeit schreiben sollen. Ich finde es aber ebenso ungerecht, dass ich für meine Kindergartenbeiträge als Hofberichterstatterin arbeiten soll. Das hatte ich mir anders vorgestellt.

Also setze auch ich alsbald dieses ölige Lächeln auf und spreche hier und da andere Mütter an: »Hast du nicht Lust, bei der Kita-Zeitung mitzumachen? DAS MACHT GANZ VIEL SPASS!«

Bei dieser Art der Mütter-Rekrutierung heißt es Obacht geben! Es könnte bei der Zusammenarbeit ungemütlich werden. Nach meiner Erfahrung gibt es grob fünf Kategorien von Müttern. Kategorien, die sich auch für spätere Zeiten in der Schule als sehr treffend erwiesen haben.

Kategorie Numer eins hat Spaß an ehrenamtlicher Arbeit in der Kita und hat Zeit und macht mit. Das ist die Unkomplizierte. Diese Kategorie stirbt aus.

Kategorie Nummer zwei hat keinen Spaß und/oder keine Zeit und macht nicht mit. Das ist die Abwesende. Sie bringt und holt das Kind, saust kurz durch die Kita – und weg ist sie. Sie macht im Prinzip auch keine Probleme.

Kategorie Nummer drei hat vor allem Zeit, arbeitet aber nie mit. Auf jeden Fall ist sie beim Feiern immer dabei. Das ist die Gemütliche.

Kategorie Nummer vier hat Spaß an der ehrenamtlichen Arbeit, aber keine Zeit, und macht trotzdem mit. Das ist die Gestresste.

Kategorie Nummer fünf hat keinen Spaß und/oder keine Zeit, traut sich aber nicht, Nein zu sagen. Das ist die unterschwellig Aggressive. Nummer fünf hasst Nummer zwei und drei.

Natürlich gibt es im Einzelfall Mischformen und Sonderkategorien, aber wichtig ist: Das eigentliche Problem ist die unterschwellig Aggressive. Sie ist das Gift jeder Kita-Arbeit und der Albtraum einer jeder eingeschüchterten Mutter. Eine »Fünf« kann mit Leichtigkeit eine ganze Gruppe sprengen. Mütter dieser Kategorie bekommen schon mal gerne unvermittelt Wutausbrüche oder neigen zu fiesen Spitzen gegen wen auch immer. Manchmal sind es auch bedeutsame Blicke, mit denen sie eine andere Mutter bedenken und die wie brennende Pfeile den Rücken runterschießen. Jede Mutter hat Angst vor Nummer fünf, selbst die Fünfer vor den anderen Fünfern, weil sie das wandelnde schlechte Gewissen sind. Ihre Botschaft ist immer und überall:

»Ich opfere mich auf, damit es unseren Kindern gut geht! Und was machst du?«

Ich behaupte – vielmehr bemühe ich mich, es fest zu glauben; man darf die Hoffnung auf das Gute im Menschen nicht verlieren: Es gibt sehr viel weniger von ihnen, als man gemeinhin annimmt. Aber da wir Mütter stets von Schuldgefühlen geplagt sind, da wir immer glauben, nie und nimmer genug zu leisten, vermuten wir sie an jeder Ecke, diese Nörgeltanten, die einem vorhalten, wie schändlich das eigene Betragen ist. Vor allem, wenn wir uns gerade vor irgendeiner Arbeit drücken, sehen wir sie überall. Da reicht schon ein Satz einer emsigen Mutter:

»Ich bin seit Wochen mit der Flohmarkt-Vorbereitung beschäftigt.«

Und schon fühle ich mich elend und angeklagt und suche das Weite. Wer hat Angst vor Nummer fünf? (Na gut, die Nummer drei vielleicht nicht.)

Das heißt jetzt für mich als Kita-Zeitungs-Redakteurin, die auf der Suche nach Mitstreiterinnen ist: Es wird irgendwie so einsam um mich herum. Auf wundersame Weise galoppieren die Mütter immer eilig an mir vorbei, winken fröhlich, und schon sind sie aus meinem Blickfeld verschwunden. Hallo? Ich bin keine Fünf, ich bin nur eine harmlose Vier! Sie glauben mir nicht. Vielleicht ist es dieser grimmige Ausdruck in meinem Gesicht, wenn ich in der Kita sitze und Artikel in den Computer hämmere, aber eigentlich mal für meinen Lebensunterhalt arbeiten wollte.

Kontrollorgan der Kita: wir Eltern

Nun hat die Elternmitarbeit in einer Kindertagesstätte nicht nur Auswirkungen auf das Ambiente unter Müttern. Sie hat zwar vermutlich weniger Effekt auf die Förderung unserer Kinder, als wir alle denken (meine Tochter findet die Kita-Zeitung auffällig langweilig). Aber sie hat einen großen Einfluss auf das Selbstverständnis der Eltern. Mütter und Väter, die in einer Kita aktiv mitarbeiten, fühlen sich nicht nur berechtigt, sondern geradezu verpflichtet, den Dingen in der Kita mal gründlich auf den Zahn zu fühlen. Sie sind eine Art Kontrollorgan. Ich mag mich täuschen, aber meiner Meinung nach sind gerade die, die sich fleißig einbringen, besonders kritisch. Vielleicht ist es auch manchmal anders herum: Die, die sich besonders verpflichtet fühlen, das Umfeld ihres Kindes genau zu kontrollieren, arbeiten auch gerne in der Kita mit. Das ist dann praktisch. Man sieht viel besser die Arbeit der Erzieherinnen und den organisatorischen Ablauf und hat ein Auge auf sein Kind und die Kinder, die einem ein Dorn im Auge sind.

Wie dem auch sei: Jeden Mittag trifft sich ein kleines Klübchen direkt vor dem Zaun unserer Kita und hält spontan Sitzung. Und das Thema jeder Sitzung ist im Grunde immer dasselbe: Ist unsere Kita Sackgasse oder Förderoase? Werden unsere Kinder frühkindlich gebildet oder frühzeitig verblödet?

Und da sind sie wieder, die Diskussionen darüber, wie Kinder am besten auf das Leben vorbereitet werden. Und natürlich sind sich wieder viele einig, dass es nur eine richtige Art geben kann, die Kinder zu betreuen. Nur welche das sein mag, da ist man unterschiedlicher Auffassung.

Und es ist keine gelassene Abwägung der Vor- und Nachteile, kein freundliches Gespräch über die Themen und keine wohlwollende Akzeptanz der Tatsachen. Nein, es ist eher eine Art »Hadern mit dem Schicksal«.

Jeden Mittag warte ich mit den anderen Müttern am Zaun auf die Öffnung des Törchens. Und jeden Mittag bekomme ich schlechte Laune, wenn ich den anderen zuhöre. Stets habe ich das Gefühl, mit dieser Kita auf der Verliererseite zu stehen. Dabei genießt sie eigentlich einen sehr guten Ruf und meine Tochter ist überaus zufrieden.

Sind die Projektangebote der Kita angemessen? Nein, das Angebot ist natürlich immer nur ausreichend und immer verbesserungswürdig. Es gibt immer eine Mutter, die mit sorgenumwölkter Stirn von den Erfolgen einer anderen Kita berichtet. Turnen, Englisch, Kochen, Musik, Basteln, Gärtnern und wissenschaftliche Versuche und so weiter und so fort. Wir wollen alles und von allem mehr.

Wie wird das Frühstück oder das Mittagessen eingenommen? Es geht natürlich auch um die Qualität des Essens, aber hier verstummen die Diskussionen schnell, wenn es zu teuer wird. Aber die Darreichungsform ist gratis und muss gründlich erwogen werden. Präferieren wir ein Buffet für die Kinder, an dem sie sich selbst bedienen (fördert die Selbstständigkeit), oder sollte jedes am Tisch sitzen und einen gefüllten Teller empfangen (fördert die Ruhe)? Ich hätte nie geglaubt, dass man über Tischregeln diskutieren kann, als ginge es um den Untergang des Abendlandes.

Wie steht es mit Ausflügen (Feuerwehr, Polizei, Bauernhof, Wald, Bäcker, Wochenmarkt, Spielplätze)? Was ist mit Kita-Festen, Väter-Zelten, Sankt-Martins-Zügen? Wie ist der Informationsfluss über die wöchentlichen Programme und Aktivitäten? Akzeptieren wir die Abholzeiten? Wie stehen wir zu dreckigen Kleidern und Matschen im Garten? Welche Qualität haben die Spielzeuge und Klettergeräte?

Und vor allem: Sind unsere Kinder glücklich? Wie sind die Kinder zueinander? Welche gilt es zu meiden, welche kann man suchen? Wie sind ihre Mütter? Welche Fähigkeiten und Makel haben die Erzieherinnen? Sind sie ausreichend freundlich und aufmerksam? Grüßen sie unsere Kinder auch lieb am Morgen? Nehmen sie das einzelne Kind in seiner individuellen Persönlichkeit auch hinreichend wahr? Schließlich: Welche Bastelarbeiten kann mein Kind vorweisen? Welche Bilder hat es gemalt? Werden unsere Kinder genügend gefördert für die kommende Schule? Wo sind die Schwungübungen für Schreiblernende, die Alphabetliedchen und Vorschulblätter?

Man muss uns Mütter und Väter verstehen. Jahrelang hat man uns eingetrichtert, dass nur die perfekte Mutter in einem perfekten Heim ein perfektes Kind hervorzubringen vermag. Schon in der Schwangerschaft war unser Kind von Risiko, Krankheit und vielen Gefahren umzingelt – und wir hatten es nicht einmal in natura gesehen. Wir lernten, dass es nur unter stetiger Kontrolle von Experten wachsen und gedeihen kann, dass nur die höchste Aufmerksamkeit, das beste Essen, Pflege, Ausstattung, Luft und Ambiente unserem Kind zuträglich sind. Nur wenn wir unsere Wohnung kindersicher gestalteten, Schränke verbarrikadierten, Treppen absperrten und Steckdosen verschraubten, nur wenn wir Fenster und Türen abschlossen, Nahrung und Umwelt auf Schadstoffe und Gifte prüften, nur wenn wir stets in der Nähe waren – nur dann war unser Kind relativ sicher. Wir wurden ermahnt, es nie unbeobachtet zu lassen, stets verständnisvoll, sanft und geduldig zu sein, unser Kind laufend zu loben und nur hinter Badezimmertüren stumm in ein Kissen zu schreien. Wir lernten, dass unsere Kinder schwache, sensible Geschöpfe sind, die nur mit äußerster Sorgfalt dem frühkindlichen Trauma entrinnen. Und alsbald sahen wir unsere Kinder miteinander im Wettbewerb stehen und wir Mütter mussten immer einen Schritt neben ihnen harren, um jederzeit schnell und gründlich Attacken fieser Kinder und Mütter zu verhindern.

Und jetzt sollen wir unsere Kinder in der Masse untergehen lassen? 25 Kinder, eine Erzieherin, eine Ergänzungskraft – und das soll reichen?

Wohl doch eher nicht! Nein, meine Damen und Herren, zwar waren auch unsere eigenen Mütter bestimmt das eine oder andere Mal unruhig, ihre Kinder in die Hände fremder Erzieherinnen zu geben. Das sind eben die Rudimente des Gluckeninstinkts. Aber wir modernen Mütter von heute, wir haben nicht nur Angst, unseren Kindern könnte es nicht gefallen und sie könnten nach Mama schreien. Nein, wir haben Angst, unsere Kinder könnten Schaden nehmen. Körperlich, seelisch, geistig, synapsenmäßig, unwiderruflich und traumatisch. Und je nachdem, wie ängstlich oder skeptisch wir von Natur aus sowieso schon sind, reagieren wir jetzt moderat, heftig oder ausgesprochen hysterisch. Die eine oder andere unter uns entwickelt ausgeprägtes Beschützerverhalten und nimmt dem Kind alles ab, was es eigentlich schon ganz gut alleine könnte, ob das nun das Anziehen, das Ausziehen, die Kontaktaufnahme ist oder Streitereien mit anderen Kindern. *Big mother is watching you, you and you!* Die ersten fünf Jahre bestimmen das ganze Leben. Spitzenkönner oder lebenslang Depressive? Glück oder Unglück? Das sind doch hier die Fragen! Kann es noch wundern, dass wir nicht gut loslassen können in einer Welt, in der man Kinder sowieso nicht mehr frei herumlaufen lassen kann? Wir sind durch die allgegenwärtige Medienberichterstattung eines jeden Verbrechens im Umkreis von 2000 Kilometer überzeugt, dass Kinder früher frei laufen konnten, weil die Welt damals viel besser war. 78 Prozent der Mütter gaben in einer Forsa-Umfrage im Jahr 2006 an, man müsse heute mehr Angst haben als früher – bei gleichbleibenden Kriminalitätsraten und niedrigeren Verkehrsunfallzahlen mit Kindern. Wir sehen nicht, dass früher nur die Berichterstattung lückenhafter war, die Aufmerksamkeit eine andere und die Eltern besser loslassen konnten.

Loslassen und Selbstbildung

Dummerweise bleibt der Schock des Loslassens in dieser gefährlichen Welt nicht das einzige Ungemach. Es wartet weitere Aufregung. Mütter stehen vor dem Zaun und verstehen die Welt nicht mehr: Es gibt auf einmal im Kindergarten eine Trendwende. Dieses ganze Kurs-Gedöns, die gezielte Wissensvermittlung und geplante Freizeitgestaltung im Vorschulalter – es ist auf einmal alles Schnee von gestern. Das ist nichts wert. Die neue Devise heißt: Selbstbildung.

Der Begriff der Selbstbildung ist 2004 in den Rahmenplänen der Bundesländer auch unter dem Begriff Konstruktivismus bekannt. Er beschreibt im Grunde die Erkenntnis, dass Kinder die Welt selbst kennenlernen und nicht durch Erwachsene belehrt werden können. Man kann die Entwicklung der Kinder nicht beschleunigen. Sie lernen, indem sie neugierig die Welt erforschen und ergründen. Schritt für Schritt erschließen sie ihr Umfeld und dabei entwickelt sich die eine oder die andere Fähigkeit.

Die Kita soll nun Kinder fördern, alle Fähigkeiten optimal zu entwickeln, und dafür ist es wichtig, sie zu motivieren, ihnen einen sicheren Raum zur Entfaltung zu bieten, ihre Individualität zu verstehen und ihnen Anreize zu bieten. Chancengleichheit soll für alle Kinder gesichert werden, indem man sie individuell und ganzheitlich aufgrund ihrer bisherigen Erfahrungen zu verstehen und zu fördern versucht.

Nach diesem Konzept der Selbstbildung ist die Erzieherin die »beobachtend Wahrnehmende«. Sie ermutigt und bestätigt. Sie stellt Erfahrungswelten und Materialien bereit, begleitet, hilft dem Kind, sich selbst wahrzunehmen und seinen eigenen Weg zu finden, aber sie greift ihm nicht in seiner Entwicklung vor. Der Fokus liegt nicht mehr auf Normen und Defiziten, sondern auf den Ressourcen des Kindes. Damit bedeutet Selbstbildung vor allem, der Selbstentwicklung des Kindes zu vertrauen.

Vertrauen? Hoffnung? Gutgläubigkeit? »Es wird schon alles werden« etwa? Keine Normkurven, keine Suche nach Defiziten? Keine gezielte Wissensvermittlung und gesteuerte Synapsenvermehrung? Individuelle Entwicklung? Ja, was ist denn das? Das kennen wir modernen Mütter doch gar nicht. Seit der frühen Schwangerschaft sind unsere Kinder an Normen gemessen worden und es wurde nach Defiziten gesucht. Jede Abweichung von der normalen Entwicklung wurde mit Sorge betrachtet. Es gab Punkte, Heftchen, Somatogramme, regelmäßige ärztliche Kontrollen. Wir Mütter lernten, dass unser Kind nur unter geschulter Anleitung lernt, seine Potenziale optimal zu entwickeln. Dass hochprofessionelle Kursanbieter, gezielte Baby- und Kinderkurse die Mittel der

Wahl sind, um sämtliche Synapsen sprießen zu lassen – und das soll jetzt alles hier nicht mehr sein? Die Kinder sollen jetzt ruhig vor sich hin spielen dürfen, ihre eigene Welt entdecken und keine ausgeklügelten Programme mehr ausfüllen müssen? Sie dürfen jetzt ausprobieren und sogar trödeln, weil es langfristig effektiver zu sein scheint?

Müttern wie mir, die immer schon ungern das Projektbein schwangen und sich nach einem entspannten Mutter-Kind-Leben sehnten, entlockt diese Nachricht jubilierende Freudentöne: »Habe ich es doch gewusst«, schreie ich triumphierend und führe ein Freudentänzchen auf. »Endlich frei!«

Endlich die Theorie, die mir den Rücken stärkt, wenn ich meine Töchter nicht ständig optimieren will, sondern ihnen schlicht die Zeit geben will, schön zu spielen. Endlich mein »Zurück zur Natur«, mein »Zurück zu Bullerbü«.

Die totale Überwachung, zum Wohle des Kindes?

Andere Mütter aber – von denen einige wirklich an die Sache glaubten, die Blut und Schweiß geschwitzt haben, ihre Kinder zu verbessern und die dringend angemahnte Förderung angedeihen zu lassen, die jahrelang aufmerksam Ratgeber lasen, die Tag für Tag zu irgendwelchen Kursen und Angeboten rannten und Unmengen Geld in die Ausbildung investierten – fühlen sich jetzt, gelinde gesagt, auf den Arm genommen. Und sind nicht so leicht gewillt, den neuen Trends mal eben so wieder locker vom Hocker zu folgen. Sie trauen dem Frieden nicht.

Und ein gewisses Misstrauen ist vielleicht angebracht. Meine Freude ist naiv, das merke ich schnell. Denn das Spielen der Kinder ist nicht mehr ihre eigene Welt, die nur ihnen allein gehört, so wie früher. Das Spielen der Kinder wird beobachtet und dokumentiert.

Lidl, Telekom & Co., die ihr eure Mitarbeiter habt heimlich überwachen lassen, ob sie der Firma zuträglich sind: Ihr habt keine Ahnung, was eine gelungene Überwachungsstrategie ist. Eine gute Strategie wäre es gewesen, euren Mitarbeitern zuerst zu erklären, wie wichtig eine beobachtende Wahrnehmung eines jeden Einzelnen ist, um die Kompetenzen eines Individuums zu erkennen und zu fördern. Ihr hättet erklären können, dass Beobachtung und Dokumentation eine Chance zur Weiterentwicklung der gemeinsamen Arbeit bietet und für euer aller Zukunft außerordentlich förderlich ist. Dann hättet ihr ein Merkblatt über Sinn und Zweck einer Dokumentation über den Entwicklungszustand eines Mitarbeiters ausgehändigt und euch eine Einverständniserklärung unterzeichnen lassen, die euch berechtigt, jeden jederzeit zu beobachten und die Beobachtungen nach einer von euch nicht benannten Methode zu dokumentieren und an Dritte weiterzugeben.

Das Einverständnis wäre natürlich freiwillig gewesen, ist doch klar.

Wenn ihr all das gemacht hättet, hätte keiner gemuckt und euch vor den Pranger gestellt. Schaut euch die Kitas an – Beobachtung und Dokumentationen sind das, was Kindern in Kindertagesstätten zum Beispiel in Nordrhein-Westfalen Tag für Tag geboten wird, und kaum jemand schreit »Skandal!« oder »Wo bleibt die Würde des Einzelnen?«. Denn wir machen das doch alles nur zum Wohle des Kindes.

Ich muss gestehen, bei dieser Beobachtungspraxis ergreift mich heiliger Zorn. Schließlich wird hier kein Arbeitsverhalten dokumentiert, so wie in der Schule, sondern hier wird die Privatsphäre meines Kindes unter die Lupe genommen und als Nachweis für die Bildungsarbeit in der Kita ausgewertet. Diese Dokumentation über mein Kind soll dann von uns an die künftige Schule übergeben werden. Haben Kinder kein Anrecht auf eine Privatsphäre? Auch ihnen steht ein Raum zu, in dem sie sich frei und ungezwungen verhalten können, ohne dass sie befürchten müssen, dass Dritte von ihrem Verhalten Kenntnis erlangen, dass sie beobachtet oder abgehört werden. Ich mag es meiner Kleinen gar nicht erzählen, dass vielleicht einige ihrer kleinen Geheimnisse, über die sie mit Freundinnen tuschelte, in die Einschätzung ihres Entwicklungszustandes von der Erzieherin einfloss, nur weil diese gerade anwesend war. Freiwilliges Einverständnis hin oder her – ist das überhaupt verfassungsgemäß? Im Zweiten Abschnitt zur Familie, Artikel 6 der Verfassung für das Land Nordrhein-Westfalen, da wo meine Familie und ich leben, kann ich lesen:

»(1) Jedes Kind hat ein Recht auf Achtung seiner Würde als eigenständige Persönlichkeit und auf besonderen Schutz von Staat und Gesellschaft.«

Ich will hier keinem zu nahe treten – die guten Absichten sind mir durchaus bewusst –, doch schwant mir, dass ich mein Kind vor Staat und Gesellschaft schützen muss, bei dem Eifer, den sie an den Tag legen, mein Kind zu seinem Optimum ausbauen zu wollen. Es geht mir nicht nur um den Schutz personenbezogener Daten, der ja wenigstens von Entscheidungsträgern hier und da diskutiert und angemahnt wird. Es geht mir auch um diese allgegenwärtige Beobachtung, die bei einem erwachsenen Bürger leicht als »Überwachung« gewertet werden würde. Nur weil es so schön einfach ist, Kinder zu beobachten, heißt es nicht, dass es auch legitim ist.

Und seien wir ehrlich – rechtfertigen die Maßnahmen, die aufgrund dieser Beobachtungen getroffen werden, die Mittel? Wo ist denn die umfassende Förderung bei 25 Kindern, einer Ersatzkraft und einer Beobachterin – oh Verzeihung! – beobachtenden Wahrnehmenden, die mal flott so nebenbei in ihrer Arbeitszeit auch noch umfangreiche Dokumentationen schreiben muss? Erzieherinnen, die für ihre Arbeit bislang keinen Hochschulabschluss benötigten, müssen in der Zeit, in der sie die Kinder betreuen, die körperlichen und gesundheitlichen Entwicklungen, die Sinneswahrnehmungen, das soziale Verhalten, die Emotionalität, die kognitive und sprachliche Entwicklung, das Spielverhalten, die Motorik und die lebenspraktischen Fähigkeiten detaillert von jedem einzelnen Kind analysieren, bewerten und dokumentieren und diese Dokumentation für die Grundschule lesbar verfassen. Dies ernsthaft betrieben, ist schon für einen ausgebildeten Therapeuten eine Mammutaufgabe.

Beobachtende Wahrnehmung ist ungeheuer diffizil. Sie geht weit über das normale Beobachten hinaus. Heißt es doch, von seinen eigenen Vorurteilen, Wahrnehmungen und Gefühlen abstrahieren zu können und den Blick für Unbekanntes zu weiten. So etwas muss jahrelang studiert und geübt werden. Dass es darüber hinaus diverse Modelle und Ansätze gibt, wann, was und wie oft beobachtet werden soll, macht es für die Kitas nicht einfacher, sich mit den neuen Vorgaben zurechtzufinden.

Zweitens ist die Beobachtung selbst die eine Sache, die Dokumentation derselben eine andere. Sie erfolgt je nach Kita relativ willkürlich. Zum Beispiel gibt es Beobachtungsbögen in Nordrhein-Westfalen, die die Persönlichkeit eines Kindes nett ordentlich in den Kategorien »Sprache«, »Kognitive Entwicklung«, »Soziale Kompetenz«, »Feinmotorik« und »Grobmotorik« pressen, ein doch recht überschaubares Menschenbild. In Sparten passend zum Alter kann die Erzieherin dann in Multiple-Choice-Fragen über 200 Fähigkeiten abhaken, welche das Kind in diesem Alter normalerweise nach Ansicht der Verfasser dieses Bogens haben müsste, und die Erzieherin muss dabei nicht einmal angeben, worauf ihre Beobachtungen beruhen. So könnte sie zum Beispiel in dem umstrittenen »Gelsenkirchener Entwicklungsbogen« bei dem Alter »vier bis viereinhalb Jahre« unter »Feinmotorik« ankreuzen:

»Schneidet mit der Schere an einer Linie«.

(Ha ha, Fellbüschellinien? Glaube ich nicht!)

Oder unter »Sozialer Kompetenz« bei »viereinhalb bis fünf Jahre«:

»Schämt sich.«

(Ja, warum denn? Oder besser: Warum nicht?)

Dies ist so ganz und gar nicht das, was ich mir unter den Konzepten vorstelle, der individuellen Selbstbildung eines Kindes zu vertrauen, es nicht mehr nach Normen und Defiziten zu bewerten und seine Persönlichkeit ganzheitlich wahrnehmen zu wollen. Nein, vielen Dank.

Leistungsdruck in der Kita?

Auch ausführlichere Dokumentationen müssen nicht besser sein. Unsere Kita hat eine relativ detaillierte, persönliche Dokumentationsform gewählt, die sehr viel Arbeit und Mühe erfordert und mir Tränen des Mitleids für die Erzieherinnen in die Augen treibt. Punkt für Punkt wird beschrieben, was das Kind schon kann, wie es sich in der Kita fühlt und wie es sich verhält mit anderen Kindern und Erwachsenen. Ist es freundlich, ist es fröhlich? Auf jedem Bogen dieser zehnseitigen Dokumentation stehen überdies Stichwörter, die den Erzieherinnen bei der Arbeit helfen sollen. So ist unter »Körperliche und gesundheitliche Entwicklung« zu lesen, was ich unter der Rubrik »ärztlicher Schweigepflicht« vermutet hätte:

»Das Kind: ist belastbar in Alltagssituationen; fühlt sich wohl in seinem Körper; es nässt und kotet nicht mehr; hat alle U-Untersuchungen; hat vollständigen Impfschutz; hat ein normales Körpergewicht; hat ein dem Alter entsprechendes Trink- und Essverhalten; ist infektanfällig/hat folgende Erkrankungen.«

Welcher Erwachsene hätte gerne eine derart geleitete Beobachtung über sich? Hand hoch!

Oder unter »Spielverhalten«:

»(...) initiiert Spiele, die für andere Kinder attraktiv sind; strengt sich an, Aufgaben zu bewältigen; führt Aufgaben ohne ständiges Feedback aus; (...)«

Unter »Motorik«:

»(...) hat ein gutes Reaktionsvermögen; ist koordinationsfähig; ist ausdauernd und konzentriert«

Ich könnte noch stundenlang zitieren aus dieser wundervollen Dokumentation. Irre ich mich oder ist der Fokus sehr stark auf Wissen und Leistungsfähigkeit gesetzt? Entsteht hier so eine nette kleine Personalakte für die Kleinsten?

Auch die Erhebungsbögen, die den Anspruch auf Sprachförderung feststellen und gemeinsam mit dem Dokumentationsbogen bei der Schulanmeldung vorgelegt werden sollen, entlocken mir keine Begeisterungsstürme. SELDAK, (»Sprachentwicklung und Literacy bei deutschsprachig aufwachsenden Kindern«) und SISMIK (»Sprachverhalten und Interesse an Sprache bei Migrantenkindern in Kindertageseinrichtungen) – die kryptischen Titel stehen im krassen Gegensatz zu ihrer simplen Form. Denn im SELDAK-Bogen etwa wird in neun Kategorien (zum Beispiel »Aktive Sprachkompetenz«, »Zuhören/Sinnverstehen«, »Selbstständiger Umgang mit Bilderbüchern«, »Schreiben/Stift«, »Wortschatz«, »Grammatik«) die Sprechfähigkeit der Kinder in Gruppen von eins bis sechs eingeordnet, wobei wieder mal keine Angaben gemacht werden, auf welchen Beobachtungen die Einordnungen beruhen. Natürlich spiegeln diese Gruppen keine Zensuren wider. Nein, woher denn? Es ist ganz zufällig, dass Gruppe eins die beste und Gruppe sechs die schlechteste Gruppe ist. Allmählich komme ich mir für dumm verkauft vor. Wenn dies tatsächlich keine Zensuren sein sollen, ist der Bogen unsensibel verfasst. Und ganz rechts, ganz klein, stehen ein paar Zeilen und Platz für Anmerkungen: »Bemerkungen bei abweichender Einschätzung durch die Schule« und »Unterschrift des Schulleiters«.

Und damit sind wir bei dem eigentlichen Adressaten dieser Dokumentation. Denn sie soll ja schließlich dazu dienen, dem Kind einen gelungenen Übergang in die Grundschule zu ermöglichen. Da ist erst mal die Schulleitung interessiert.

Findige Erzieherinnen schreiben inzwischen ihre Dokumentationstexte an Schulen so geschickt formuliert wie Arbeitgeber die Arbeitszeugnisse. Denn da es untersagt ist, Negativformulierungen zu verwenden, geht man dazu über, gewisse Fähigkeiten einfach nicht zu erwähnen, was ein brauchbarer Hinweis für den Schulleiter sein kann. An anderer Stelle erscheint nett, was gar nicht so gemeint ist. »Matthias ist sehr bewegungsfreudig« heißt wahrscheinlich nicht, dass Matthias ein guter Sportler ist, sondern verweist auf die leidige Tatsache, dass er keine Minute still sitzen kann.

Wir können nur hoffen, dass alle Erzieherinnen mit dem kniffligen Verfassen von Dokumentationen gut vertraut sind, damit sie nicht unwissentlich geheime Botschaften weitergeben, die gar nicht so gemeint sind. Denn die Grundschulen sind mehr und mehr an diesen Einschätzungen interessiert. Sie stellen immer häufiger ihre Klassen nach diesen Dokumentationen zusammen. Gott sei Dank haben wir niedrige Geburtenraten. Es ist nicht auszudenken, was passieren könnte, wenn die Schulen nicht auf jeden einzelnen Schüler angewiesen wären. Denn die interessante Frage ist doch: Was passiert mit denen, die den Erwartungen nicht entsprechen?

Da gibt es Fälle wie den, wo ein Kind zwar erst seit Kurzem die Grundschule besuchte, aber schon bald von der Schulleitung aufgefordert wurde, in eine Förderschule zu wechseln. Als die Eltern protestieren, es sei für eine derartige Entscheidung doch noch zu früh – schließlich sei ihr Kind noch nicht lange auf der Schule –, antwortet die Schulleitung, die Schwierigkeiten hätten doch schon in der Kita bestanden. Man hätte die Dokumentation. Schöne neue Welt.

Aber was mosere ich denn hier so rum? Die Dokumentation ist doch freiwillig. Ich könnte doch einfach mein Einverständnis verweigern und die Sache wäre gelaufen. Leider ist es nicht ganz so einfach. Denn das mit der Freiwilligkeit funktioniert in etwa so wie mit der Weigerung, sich für das Kinderuntersuchungsheft bei einem Arzt vorzustellen. Wir machen uns verdächtig. Und auch die, die zwar die Einverständniserklärung unterzeichnen, aber später bei der Schulanmeldung die Dokumentation über ihr Kind nicht aushändigen – wir haben dazu auch nach der Unterschrift offiziell die Wahl, werden gerne daran erinnert (ich weiß, wovon ich spreche!), bis man schließlich nachgibt, weil man nicht den Eindruck erwecken möchte, etwas zu verheimlichen.

Unverplante Zeit ist verlorene Zeit

In einer besseren Welt, in der jedes Kind die Aufmerksamkeit und die Betreuung bekommt, die es verdient, in der sechs

Kinder von einer Erzieherin betreut werden, in der genug Geld zur Verfügung gestellt wird und Förderprogramme vom Himmel regnen, in einer solchen Welt würden die Dokumentationen vielleicht von den meisten Eltern mit Freude empfangen werden. In einer Welt aber, in der signifikant wenig Geld in Bildung investiert wird und Erzieherinnen vor Überlastung in die Knie gehen, in dieser Welt haben viele Eltern das Gefühl, dass ihre Kinder in diesen Dokumentationen nur analysiert, geprüft und von vornherein aussortiert werden, in Schubladen gesteckt und abgestempelt. Und sie sind nicht bereit, auf Selbstbildung zu vertrauen in dieser Gesellschaft, die sich hehre Ziele auf ihre Stirn schreibt, aber nach wie vor nach Normen und Defiziten wertet und mit altertümlichen Methoden an den Start geht.

Und so gehen sie vermehrt weiter, die Kurse, jetzt am Nachmittag – Klavier, Geige, Cello, Englisch, Computer, Schach, vielleicht Tennis, Fußball, Schwimmen, Karate, Reiten, Ballett und Yoga? Kein Problem, wir kriegen alles hin. Unser Nachwuchs soll besser werden, und unverplante Zeit ist verlorene Zeit. Mütter pappen Aufkleber »Mamas Taxi« auf ihr Gefährt und werden zu Terminplanerinnen, Chauffeurinnen und Leistungscoachs ihrer Kinder. Nachmittags und am Wochenende machen sie mit ihnen Schwungübungen zum Schreiben, singen Alphabetliedchen und besorgen Übungshefte. Sie lassen lesen, rechnen, malen, schneiden, ausfüllen und auswendig lernen. Alles fleißiger denn je. Denn sie sind beunruhigter denn je. Der Bildungsstand ihrer Kinder wird jetzt schon im Kindergarten beobachtet und dokumentiert und die Ergebnisse der künftigen Schule übergeben.

Vielleicht gibt es kein bedeutsameres Zeichen für die tief greifende Umwandlung der Lebensverhältnisse unserer Kinder als dies: Früher war der Ernst des Lebens der Eintritt in die Berufswelt. Heute gilt als Ernst des Lebens der Eintritt in die Grundschule.

Kapitel 7

Ab in die Schule

Als ich klein war, wollte ich Geheimagentin werden. Ich hatte als Achtjährige Spionage-Krimis aus der Reader's-Digest-Reihe verschlungen, die mit goldfarbenen Bordüren verziert waren, las von diesen wunderschönen klugen Frauen und Männern, die geheimnisvoll von einem Land zum anderen reisten und ihr Leben für das Gute aufs Spiel setzten. Ich stellte mir vor, wie ich – ebenfalls wunderschön und klug – tollkühn und schnell die Welt retten würde. Ich sprang über Mauern, von Brücken und Türmen und eilte geschwind mit den Geheimdokumenten davon. Ich war ganz gefangen in meiner Fantasie.

»Mutti«, fragte ich meine Mutter, »glaubst du, ich wäre eine gute Agentin?«

Und meine Mutter sah mich an und fragte:

»Kannst du denn ein Geheimnis für dich behalten?«

Ich kleines Plappermäulchen sagte treuherzig und etwas beleidigt.

»Natürlich! Was denkst du denn!«

Und meine Mutter lächelte amüsiert. Und das war dann die ganze Berufsberatung.

Daran muss ich denken, als ich jetzt vor der Klassenlehrerin meiner Tochter sitze.

»Ja, Frau Hartmann«, sagt die Pädagogin und lächelt mir freundlich zu. Sie ist eine engagierte, beliebte Lehrerin. »Ihre Tochter macht sich ganz gut.« Dann runzelt sie sorgenvoll die Stirn. »Sie ist allerdings doch noch sehr kindlich.«

»Kindlich?«, frage ich. »Was meinen Sie damit?«

»Na, sie macht sich ja noch so gar keine ernsthaften Gedanken um ihre berufliche Zukunft.« Die Lehrerin spitzt missbilligend die Lippen und schaut mich dann ernst an. »Sie weiß ja noch gar nicht, was sie einmal werden will und welche Noten dafür wichtig sind.«

Ich hole tief Luft und dann lache ich einmal laut und böse.

»Ja, Gott sei Dank«, sage ich und lehne mich vor, »sie ist ja auch erst acht!«

Was sich hier wie eine kleine, nett erdachte Anekdote anhört, damit ich meinen Text hier ein bisschen aufpeppen kann, ist nicht erfunden. Wir sind in einer ganz normalen Grundschule, 3. Klasse, Elternsprechtag. Und wie man sieht, ist diese Klassenlehrerin hier nicht geneigt, auf die Selbstbildung meines Kindes zu vertrauen und geduldig abzuwarten, bis meine Tochter einen seriösen Berufswunsch entwickelt. Eventuell hat sie sogar erfahren, dass meine Kleine natürlich einen Berufswunsch hat, so wie ihre Mutter eben als Achtjährige, aber dieses Berufsziel erschien ihr wahrscheinlich nicht ernsthaft genug. Wer weiß, eventuell verschenkt diese Lehrerin damit ungeheures Potenzial? Vielleicht wäre auch ich eine gute Agentin geworden, wenn ich einmal dieses kleine Problem der Geheimnisträgerschaft bewältigt hätte.

Nun ist natürlich nicht eine Lehrkraft wie die andere. Ich kenne einige Pädagogen, die bei meiner Anekdote hörbar entsetzt nach Luft schnappen, weil eine Grundschullehrerin kindliche Fantasie zugunsten rationaler Zukunftsplanung schon so früh zurückgedrängt sehen möchte. Aber trotz aller Unterschiede sind alle Lehrer in öffentlichen Schulen im selben deutschen Bildungssystem. Und dieses System fordert seit den ersten PISA-Ergebnissen enormen Leistungszuwachs in der Schule. Daher beschäftigt alle Lehrer in unserer modernen Zeit vornehmlich eine Frage, die ganz offensichtlich auch die Klassenlehrerin meiner Tochter umtreibt: Wie motiviere ich Kinder, die geforderten Höchstleistungen zu bringen, wenn ich nicht wie früher den Rohrstock benutzen will/kann/darf oder Kinder stundenlang in die Ecke stelle?

Kontrolle und Leistungsdruck auf allen Seiten

Seit Anfang dieses Jahrtausends stehen nicht nur Kinder, Mütter und Erzieherinnen unter Druck, bessere Leistungen erbringen zu müssen, sondern auch Lehrer werden zunehmend beobachtet und kontrolliert. Es gab zahlreiche Schulreformen, die das ganze positive Lernklima ein bisschen auf Trab bringen sollten, und die Lehrer wurden und werden verstärkt regelmäßig in Visitationen der Schulbehörde oder des Ministeriums begutachtet.

Das ist im Grunde eine feine Sache. Ich kann mich erinnern, dass meine gesamte Schulklasse auf dem Gymnasium in Klasse 5 und 6 bei einem Herrn, seines Zeichens Geschichtslehrer, im Unterricht Dinosaurier malen musste, während der Mann vergnügt und schweigend vorne am Pult seine Lieblingsbücher las. Nach zwei Jahren flog die Sache auf, der Lehrer durfte eine andere Klasse beglücken und wir mussten in der Klasse 7 bei einem anderen Lehrer die Geschichte von den Dinosauriern bis zur Französischen Revolution im ersten Halbjahr lernen. Im Nachhinein frage ich mich, wie so etwas überhaupt möglich war. Aber wir Schüler sahen es positiv: So manch einer, der miserabel in Geschichte war, war exzellent im Dinosaurier-Malen, und das ist ja auch was Schönes, unverhofft auf unvermutete Talente zu stoßen.

So etwas ist heute unvorstellbar. Es könnte gar nicht mehr vorkommen. Es sind nicht nur die Eltern, die die Lehrer ihrer Kinder wachsam im Auge behalten, und nicht nur die regelmäßigen Visitationen im Unterricht, die die Lehre kontrollieren, sondern es sind auch standardisierte Vergleichsarbeiten in den Hauptfächern, die in allen Bundesländern jedes Jahr zu einem bestimmten Termin geschrieben werden. Deren Ergebnisse in ausgewählten Jahrgangsstufen sollen den Leistungsstand der Schüler und die Qualität der Lehre ermitteln. Mein erster Geschichtslehrer würde heute mit seiner begnadeten Unterrichtstechnik irgendwann gnadenlos auffallen.

Natürlich möchte jeder Lehrer, dass seine Klasse bei diesen Vergleichsarbeiten gut abschneidet, weil die Zensuren der Kinder die Fähigkeiten eines Lehrers widerspiegeln. Es gibt zwar einen gewissen Argwohn bei Schulamt und Kollegen, wenn alle Arbeiten einer Klasse überragend gut ausfallen, weil jeder Lehrer die Vergleichsarbeiten seiner Klasse benotet – in Bayern wurde 2008 eine Lehrerin aus diesen Gründen strafversetzt –, aber im Allgemeinen gilt: Je besser die Zensuren einer Klasse, als desto besser gilt der Lehrer. Und je besser alle Klassen, desto besser die Ergebnisse einer Schule, desto höher das Ansehen dieser Schule, desto mehr Anmeldungen von neuen Schülern und desto gesicherter ist die Zukunft der Schule und desto netter ist der Schulleiter und desto entspannter ist das Schulklima. Und wenn ein Bundesland viele Schulen hat, die gut bei den Lernstandserhebungen abschneiden, ist die Bildungspolitik des Landes angesehen und desto zufriedener sind die Politiker und desto weniger knifflige Schulreformen gibt es. Mit anderen Worten: gute Noten, schönes Lehrerleben. Schlechte Noten, schlechtes Lehrerleben.

Alle lernen für die Tests. Und man merkt gleich: Der Druck, bei internationalen Vergleichsstudien besser abschneiden zu müssen, kann Lehrer und Politiker heutzutage die Freude an ihrer Arbeit gründlich verderben. Und dies erklärt, warum alle Lehrer und Bildungspolitiker in Deutschland es lieber als je zuvor sehen, wenn die lieben Kleinen gute Zensuren in der Schule haben. Ja, man könnte sogar von einem gewissen Leistungsdruck auf die Kinder sprechen, Höchstleistungen zu bringen nicht mal ausschließlich um der Zukunft der Kinder willen, sondern auch um der Zukunft einzelner Lehrer und Politiker willen.

Nun gibt es natürlich verschiedene Ansätze, ein Kind dazu zu bekommen, die aus verschiedenen Gründen erwünschten Leistungen zu erbringen. Der erste Ansatz ist der, den Experten in den letzten Jahren verschärft seit den allerzartesten Anfängen eines Kindes verfolgt haben: Sie instruieren die Mütter.

Wann ist der richtige Zeitpunkt zur Einschulung?

Ich als Mutter, jetzt kurz vor Schulanfang meiner Tochter, habe bereits etliche Jahre Mütterbelehrungen hinter mir. Belehrungen, die mir immer wieder freundlich und bestimmt eintrichtern, wie ich zu sein habe, damit mein Kind wird, wie es zu sein hat. Und nun, kurz bevor ich meinen Nachwuchs fix und fertig der öffentlichen Hand mit Dokumentation der Kita für die Schullaufbahn übergebe, ist eine meiner letzten Aufgaben, hier an diesem wichtigen Wendepunkt dieses jungen Lebens zu entscheiden, wann meine Tochter denn überhaupt eingeschult werden soll.

Der Zeitpunkt der Einschulung ist überaus wichtig für die gesamte zukünftige Entwicklung meines Kindes. Ein Schulkind muss die nötigen körperlichen, geistigen, sprachlichen, emotionalen und sozialen Voraussetzungen mitbringen, um Spaß am Lernen zu haben. Sonst hat es von Anfang an die Nase voll und die Noten sind schlecht. Ein »Special Einschulung« 2006 der Stiftung Warentest mahnt eindringlich.

»Alle Eltern müssen sich die Frage stellen: Ist unser Kind schulfähig und schulbereit? (...) Die ersten Lern- und Schulerfahrungen prägen die gesamte Schullaufbahn – oft negativ. Folge: Viele Kinder lehnen Schule und schulisches Lernen frühzeitig und dauerhaft ab.«

Mir als erfahrene Mutterschuldnerin wird bei diesem Gedanken schon ganz flau. Ich sehe die Besserwisser-Kommentare von Familie, Freunden und anderen Müttern direkt vor mir, wenn mein Kind keine Lust hat, in die Schule zu gehen:

»Ich habe dir doch gleich gesagt, du hast das Kind zu früh/zu spät eingeschult! Das war doch absehbar, dass das nicht klappen kann!«

Vor einigen Jahren hätten Eltern eine derart gelagerte Verantwortung auf das Bundesland abschieben können, aber merkwürdigerweise war es damals kaum Thema. Ein Kind musste mindestens sechs Jahre alt sein, bis es in die Schule gehen konnte, auf Antrag auch älter. Das war dann die ganze Diskussion. Diese Altersgrenzen gibt es heute nicht mehr. Kinder dürfen bei entsprechender Eignung in vielen Bundesländern bis zu einem bestimmten Stichtag im Jahr auch schon mit fünf Jahren eingeschult werden, denn es gilt, das Kind mit seinen Fähigkeiten, sozialen Kompetenzen und Begabungen dort abzuholen, wo es steht. Und diese neue Regelung heißen einige Eltern, Politiker und Arbeitgeber sehr willkommen. Kommt sie doch dem Profil des idealen Bewerbers mancher Unternehmen entgegen, der optimalerweise mit 25 Jahren fünf Sprachen spricht, sportlich-schlank ist, Berufs- und Auslandserfahrung hat und einen Doktortitel vorweisen kann. Je früher die Kleinen anfangen, desto besser sind die Chancen, vielleicht sogar tatsächlich einmal einen solchen idealen Arbeitnehmer darzustellen.

Allerdings sind Kinder für diesen kleinen Wettbewerbsvorteil nicht so einfach zu verplanen, wie man es gerne hätte. Die Experten sind sich generell nicht recht einig, ob eher eine Einschulung mit fünf oder sechs Jahren oder eine späte mit sechs oder sieben Jahren von Vorteil ist – es gibt immer wieder in einigen Abständen interessante Studien zu diesem Thema, die sich gerne gegenseitig widersprechen. Aber offenbar sind sich alle einig, dass der falsche Zeitpunkt verheerende Folgen haben kann, welcher auch immer das individuell sei.

So, und wie bekommen wir den falschen Zeitpunkt heraus? Unsere Tochter ist im September geboren und daher ein Kann-Kind – entweder wird sie mit fünf Jahren eingeschult oder mit fast sieben. Ist das zu früh oder zu spät? Eine zu frühe Einschulung kann ein Kind überfordern, so heißt es, und in der gesamten Schullaufbahn zu schlechten Noten führen. Bei einer zu späten Einschulung, munkelt man, langweilt sie sich im Kindergarten, was zur Verkümmerung ihrer Kompetenzen und – wer hätte es anders gedacht? – in der gesamten Schullaufbahn zu schlechten Noten führt. Mein Gott, bin ich froh, dass unsere zweite Tochter ein Muss-Kind ist! Die muss dann ihre schlechten Noten erst einmal selbst verantworten.

Aber ich komme ins Grübeln. Ich bin doch auch mit sieben Jahren eingeschult worden. Die Schule fiel mir leicht, ich hatte Spaß und Freunde und die Hausaufgaben passierten in der Grundschule im Handumdrehen. Was will das jetzt sagen? War ich noch gerade ausreichend begriffsstutzig, um mich nicht zu langweilen und zu verkümmern? Oder ist Schule heute völlig anders als früher und ich kann froh sein über die Gnade der frühen Geburt? Oder stimmt etwas nicht mit der Theorie einer schädlichen späten Einschulung?

Wie dem auch sei, nach gründlichem Nachdenken sind mein Mann und ich bereit, die Verkümmerung einiger Kompetenzen und etwaige Langeweile unserer Tochter in Kauf zu nehmen. Wir möchten unsere Tochter ein bisschen länger dem Kontroll- und Leistungswahn entziehen, der uns in der Dokumentation der Kita irgendwie verdächtig aufstieß. Das Kind soll mit sieben Jahren in die Schule gehen und bis dahin einen (Kinder)Garten genießen dürfen, den es sonst nicht hätte. Der Ernst des Lebens beginnt auf den Schulhöfen. Unsere Kita ist bunt, grün und anregend gestaltet, aber die meisten Schulen in unserer Stadt strotzen vor gräulicher Tristesse, in der die einzigen optischen Highlights farbig dick bepinselte Betonwände sind.

Aber unser Kind macht uns einen Strich durch die Rechnung. Sie will unbedingt in die Lehranstalt, und so rede ich, verantwortungsbewusste mütterliche Hobby-Pädagogin, die ich nun einmal bin, mit anderen Müttern, wie sie das halten, lausche fachkundigen Erzieherinnen (»Lieber jedes Kind spät einschulen! Ich habe meinen Sohn zu früh eingeschult. Das war überhaupt nicht gut!«), besuche stundenlange Informationsveranstaltungen der Stadt zu diesem Thema und lese und recherchiere im Internet. Zu allem Unglück ist unser Kind ein Mädchen. Jungen würden die meisten Berater später einschulen. Mädchen aber seien früher entwickelt. Da ist es schwieriger.

Es ist zum Haareraufen! Am Ende folgen wir widerwillig der Empfehlung der Kinderärztin, die nach einer schulärztlichen Untersuchung soziale Kompetenzen abgeholt sehen will. Aber viel entscheidender: Wir beugen uns dem Herdentrieb, denn alle aus der Kita-Gruppe, ob fünf oder sechs Jahre alt, werden bald zur Schule gehen. Es geistert gerade eine Studie durch die Presse, die die frühe Einschulung wärmstens empfiehlt und offenbar alle beflügelt. Bliebe unsere schulbegeisterte Tochter in der Kita, wäre sie das einzige Relikt ihres Jahrganges und würde uns wahrscheinlich auf ewig hassen, weil sie ein Jahr lang mit den Kleinen spielen musste. Ja, viel tragischer: Sie würde glauben, sie sei dümmer als die anderen und dass sie deshalb nicht in die Schule durfte. Die ganze schöne von Experten geforderte Arbeit an ihrem Selbstbewusstsein in den ersten fünf Jahren wäre für die Katz!

Zähneknirschend entscheiden wir uns also für die vorzeitige Einschulung. Damit ist das Thema aber nicht vom Tisch. Denn jetzt laufen die Erzieherinnen auf Hochtouren, die entsetzt all ihre Schäfchen aus der Kita davonlaufen sehen. Mehrere reden gleichzeitig auf mich ein, um Himmels willen meinem Kind das Schicksal der frühen Einschulung zu ersparen: »Frühe Einschulung ist immer ganz schlecht!«

Ich bin den Tränen nahe. Ich fühle mich elend. Ich stecke in der Klemme. Ich bin schuldig, was immer ich auch entscheide. Und keine sagt: »Mach mal! Es wird schon. Wer weiß, wozu's gut ist!« Alle präsentieren mir das Untergangsszenario.

Es tröstet da wenig, dass ich mich jetzt im Gruppenkonsens bewege und zumindest nicht als überbehütende Mutter gebrandmarkt werde, die ihr Kind nicht loslassen will. Ich weiß inzwischen: Die Reputation ist nur eine Frage der Zeit. Sobald die nächste Studie im Umlauf ist, die die späte Einschulung propagiert, ist mein Ruf eh wieder dahin. Dann gelten wir alle, die wir hier kämpfen, als überehrgeizige Mütter, die ihre Kinder dem Leistungswahn opfern.

Wir suchen die perfekte Schule

Herdentrieb hat für mich zunehmend einen schalen Beigeschmack. Es ist ja auch nicht schöner, zusammen zur Schlachtbank zu traben. Die anderen Mütter von Kann-Kindern und ich haben jetzt diesen gequälten Ausdruck im Gesicht, wenn wir über Schule reden. Diese Diskussionen, diese Zweifel, das Damoklesschwert einer missratenen Schulkarriere, eines unglücklichen Kinderlebens. Wir können das Wort »Einschulung« schon kaum mehr hören, dabei hat die Sache an sich ja noch gar nicht angefangen.

Denn jetzt geht sie ja erst richtig los, die Schullaufbahn. Und damit wären wir bei dem zweiten Ansatz zu versuchen, ein Kind zu den gewünschten Leistungen zu bringen: Wir schicken es auf die perfekte Schule. Wir schicken es auf die Schule, die seine Potenziale bestmöglich ausbaut und die Defizite effizient ausbügelt. Wir suchen die Lehranstalt, die profundes Wissen und höchstmögliche Bildung verspricht.

Es ist unnötig zu sagen, dass die Suche nach dieser besten aller möglichen Schulen um einiges belastender ist als die Suche nach dem perfekten Kindergarten. Denn es geht ja nicht nur darum, als eine Art Kunde Schulen zu prüfen. Sondern jetzt geht es ans Eingemachte, jetzt zeigen wir Flagge. Es gibt bald Noten für die Leistungen unserer Kinder und wenn man so will, ernten wir Mütter jetzt die Früchte unseres jahrelangen Einsatzes. Wird unser Kind im Schulsystem bestehen? Ist es selbstständig genug? Kann es Frustration tolerieren? Wird es auch schön lernen wollen? Es wird sich bald zeigen. Die berüchtigten ersten fünf Jahre sind vorbei, in der wir die optimalen Grundlagen legen sollten. Das Einzige, was wir jetzt vor der Einschulung noch tun können, ist, die Schule zu finden, die auch ohne unser individuelles Coach-Programm einen bestmöglichen Start garantiert.

Früher musste ein Kind die Schule besuchen, die seinem Wohnort am nächsten war. Diese Regelung gilt heute nicht mehr. Heute geht das Kind in den meisten Fällen in die Schule, die den Eltern am besten gefällt. Diese Schule aber zu finden, ist recht knifflig, weil Schulen heutzutage einem steten Wandel unterworfen sind.

Schulreformen und Grundschulprogramme

Wenn ich ein Buch über Schulreformen schreiben wollte, wären die vielen innovativen Schulprogramme der letzten Jahre Stoff genug für mehrere Bände. Und dies nicht nur, weil sich die Schulpolitik von einem Bundesland zum anderen Bundesland gehörig unterscheidet. Nein, das Thema »Wie mache ich die beste Bildung mit möglichst wenig Geld?« ist ein sehr komplexes Gebilde, auf das unzählige Pädagogen und Experten angesetzt sind und welches wahrscheinlich in seiner Schwerfälligkeit und Unüberschaubarkeit Grund ist für viele nette kleine Depressionen im Land. Wer einmal in einer Großstadt auf einer Informationsveranstaltung zum Thema »Frühzeitige Einschulung« war, weiß, wovon ich spreche. Viele Gremien und Ausschüsse zerbrechen sich jahrelang den Kopf, präsentieren stundenlang das, worauf sie sich letztendlich nach unzähligen zähen Diskussionen und Sitzungen einigen konnten, und der Laie denkt, das hätte er auch in 15 Minuten erzählen können. Bildungspolitik ist eine sehr undankbare Aufgabe.

Es gibt äußere Schulreformen, die auf die Änderung von Schulformen hinzielen (wie etwa die Einführung von Ganztagsschulen), die Änderung des Einschulungsalters, das Einführen von Vergleichsarbeiten, die Regelungen der Versetzung oder die Ordnung der Leistungsbewertungen. Und es gibt innere Schulreformen, die auf der Ebene einzelner Schulen erfolgen, wie der verstärkte Einsatz von Projektarbeiten, die Verminderung des Frontalunterrichts, klassen-übergreifende Lehre oder bilinguale Ausrichtung. In den meisten Bundesländern hat jede Schule die Pflicht, ihr eigenes Schulprogramm zu entwickeln, ihr Profil zu definieren und zu beschreiben. Diese Schulprogramme sollen von verantwortungsvollen Eltern gelesen und schließlich bewertet werden.

Grundschulprogramme werden aber nicht von allen Eltern studiert. Da machen wir uns besser gar nichts vor. Einige Familien wissen mit theoretischen Ansätzen wenig anzufangen. Andere informieren sich zwar eingehend über Klassengrößen, -zusammensetzungen und Betreuungszeiten, sind aber generell vor allem an dem Ruf der Schule interessiert. Sie wollen erkunden, ob die Lehrerschaft fähig ist. Aber es gibt auch Eltern, für die diese Schulprogramme spannende Lektüre sind und die sich intensiv und gewissenhaft in pädagogische Konzepte und Kultusminister-Beschlüsse einarbeiten, um von Anfang an kompetent mit Lehrern und Schulleitern auf Augenhöhe zu diskutieren und Einfluss nehmen zu können.

Das Phänomen dieser Art aufgeklärter, engagierter Eltern hat gerade unter Akademikern seit den Ergebnissen der ersten PISA-Studien beachtlich zugenommen, und von Studie zu Studie, von Schulreform zu Schulreform werden nicht nur einzelne Eltern immer fordernder im Schulalltag, sondern es entstehen auch immer mehr Elterninitiativen, Vereine und Verbände, die nicht bereit sind, den Lehrern ihrer Kinder und den Beschlüssen ihres Bundeslandes blind zu vertrauen. Prominentes Beispiel dieses Engagements sind die Eltern im Hamburger Schulstreit. Rund 184 000 Unterschriften sammelte die Initiative »Wir wollen lernen!« gegen die Reformpläne der schwarz-grünen Regierung, wobei »wir« natürlich nicht die Eltern sind, sondern die Kinder. Bundesweit erstmalig ergriffen deutsche Bürger damit im Sommer 2010 die Chance, in einem Volksentscheid über ihr Schulsystem selbst zu entscheiden. Die Reformpläne wurden gekippt.

Bemerkenswert an diesem Fall ist nicht nur, wie weit Eltern inzwischen auf die Barrikaden gehen. Interessant ist auch die Ausrichtung der Initiative. Denn die Einführung einer Primarschule, die das Modell der bisherigen Grundschule ablöst und bis zum sechsten Schuljahr alle Kinder länger gemeinsam lernen lässt, erschien vielen Hamburger Eltern nicht leistungsstark genug für Kinder, die besser und leichter lernen. Sie hatten Sorge, leistungsstarke Kinder würden nicht genügend gefördert.

Unabhängig von der Diskussion, ob diese Sorge berechtigt ist oder nicht – das Volksbegehren der Eltern zeigt einen ganz wesentlichen Wandel in unserer Nation: Die Leistungsgesellschaft hat erstens nicht nur die Erwachsenen, sondern jetzt auch mit voller Wucht die Grundschulkinder erreicht. Und zweitens scheuen sich immer mehr Eltern nicht, öffentlich zu zeigen, dass ihnen die Leistung und das Wohl des eigenen Kindes sehr viel mehr bedeutet als der Solidaritätsgedanke in einer Schulklasse. Viele Eltern denken heutzutage nicht an Gemeinschaft und Gruppenidentität, die ihr Kind in der Grundschulklasse erleben und erlernen soll. Es ist nicht ihr vorrangiges Ziel – wie es jahrelang von engagierten Pädagogen verfolgt wurde – jedes Kind mitzunehmen und keines zurückzulassen. Sondern immer mehr Eltern möchten, dass sich ihre Kinder von den Schwachen der Gruppe lösen können, um nicht von ihnen aufgehalten oder gar geschwächt zu werden.

Nie zuvor hatten Eltern in Deutschland damit so stark das Gefühl, dass ihre Kinder in den Schulen nicht genug lernen. Und nie zuvor standen die individuelle Leistung und der Erfolg von Grundschulkindern so stark im Vordergrund wie heute.

Wunschziel Gymnasium

Da ist es logisch, dass die meisten Mütter und Väter ihr Kind nach der Grundschule am liebsten das Gymnasium besuchen sehen, am zweitliebsten die Gesamtschule oder die Realschule, aber gar nicht die Hauptschule. Da möchte kaum ein Elternteil heute mehr freiwillig sein Kind hinschicken. Denn in unserer Gesellschaft, in der es nicht mehr Arbeit für alle gibt und die bestehenden Arbeitsplätze unsicherer denn je sind, ist ein guter Bildungsabschluss die beste Vorsorge, überhaupt Arbeit zu finden. Nach Daten des Bundesinstituts für Berufsbildung (BiBB) 2010 sind 18,5 Prozent der Ausbildungsabsolventen mit Hauptschulabschluss erwerbslos, 12,3 Prozent mit Mittlerer Reife, aber nur 7,5 Prozent mit Abitur.

Ein guter Bildungsabschluss bietet in Deutschland anders als in vielen anderen europäischen Staaten die größte Sicherheit gegen Arbeitslosigkeit. Auch wenn nicht alle die Statistiken kennen, so weiß doch jeder, wie schwer es für Hauptschüler in unserem Land geworden ist, Ausbildung und Arbeit zu finden.

Darüber hinaus berichten Medien nicht oft über Hauptschulen, an denen gute Arbeit geleistet wird, sondern häufig über Schulen, in denen skandalträchtige Gewalt, Aggressivität, Respektlosigkeit und Ignoranz eskalieren, weil immer mehr Kinder von Armut bedroht sind, nicht behütet werden und keine Zukunftsperspektiven sehen. 16 Prozent der ausländischen und 6,5 Prozent der deutschen Jugendlichen – so ein Bericht der Integrationsbeauftragten der Bundesregierung 2009 – verlassen die Schule sogar ohne Abschluss. Und seit 2006 die Rütli-Schule in Berlin-Neukölln in die Schlagzeilen kam, weil verzweifelte Lehrer die Senatsverwaltung Berlin in einem offenen Brief um Hilfe baten, sind Fernsehsendungen und Berichte über die verkommenen Kinder und Jugendliche in den Hauptschulen so angestiegen, dass man glauben könnte, alle Hauptschulen seien Gettos, in denen nette Kinder und Jugendliche vom Aussterben bedroht sind.

Die Wirklichkeit sieht anders aus. Zwar gibt es häufiger verbale Aggressionen als früher unter den Schülern und generell gibt es in den Haupt- und Sonderschulen mehr physische Gewalt als an den Gymnasien, aber Wissenschaftler betonen, dass die Gewalt an Schulen bis auf wenige Extremfälle nicht zugenommen, sondern sogar eher abgenommen hat. Doch diese Realität kommt bei den meisten Bürgern nicht an. Hauptschulen sind die Verlierer eines neuen Medien-Hypes und der Entwicklung auf dem Arbeitsmarkt. Auf ihnen lastet der Ruf der Ausbildung einer Loser-Elite, und ein kleinster Verdacht reicht hier schon, um viele Eltern vor dieser Schulform instinktiv zurückweichen zu lassen. In der Folge sinkt das Niveau der Hauptschule erneut, denn nur noch die Schüler, die gar keine andere Alternative mehr finden, verschlägt es zunehmend auf diese Schulform.

Was bedeutet das jetzt für uns Eltern angehender Grundschüler? Sehr viel. Denn da Eltern zunehmend fixiert auf das Gymnasium sind, ist man dazu übergegangen, ihnen in einigen deutschen Bundesländern das alleinige Entscheidungsrecht zu entziehen oder stark einzuschränken, auf welche Schule das Kind nach der Grundschule gehen soll. Kinder sollen einerseits nicht durch die ehrgeizigen Ziele ihrer Eltern überfordert werden, andererseits sollen sie aber auch nicht das Lerntempo der anderen, besseren Kinder drosseln. Denn es gilt ja, den Bildungsstand im internationalen Vergleich zu heben. Das heißt: Früher, als die Eltern noch selbst oder allein entscheiden konnten, ob das Kind auf das Gymnasium geht, konnten Lehrer nicht gegen den Willen der Eltern verfügen. Heute ist das in vielen Bundesländern anders und genau deshalb sind gute Leistungen der Kinder auf der Grundschule für Eltern so überaus wichtig geworden. Sie sind immer die besten Argumente, einem Kind den Übertritt ins Gymnasium zu ermöglichen, egal, wie die jeweilige Schulpolitik einer Landesregierung gerade aussehen mag.

Gleichzeitig sitzt uns Eltern schon jetzt die G8-Reform im Nacken, der Weg zum Abitur in acht Jahren, die die Schulzeit auf dem Gymnasium um ein Jahr verkürzt, ohne die Lehrpläne bisher entsprechend verschlankt zu haben. Wir hören es von Bekannten und Freunden, deren Kinder auf dem Gymnasium sind. Wir sehen es in den Medien. Es sitzt uns in den Knochen wie ein böser Virus: Wer nicht schon bestens vorbereitet auf das Gymnasium kommt, droht aus dem Leistungskarussell dieser Schulform schnell wieder herauszufliegen.

»Die mustern nach zwei Jahren rigoros aus«, munkelt es unter den Eltern. »Da überleben nur die Besten«.

Sorgenvoll legen wir unsere Stirne in Falten. Und verstehen schnell. Es geht nicht nur darum, schöne Noten zu ernten. Noten sind subjektiv, willkürlich und dem jeweiligen Niveau einer Schulklasse angepasst. Das wissen wir alle. Es geht vielmehr darum, dass diese Noten Substanz haben und von einer Schule zur nächsten gültig bleiben.

Die Frage ist also: Wo finde ich die Grundschule, auf der mein Kind so gute Noten schreibt, dass ihm nicht nur keiner mehr das Gymnasium verwehren kann, sondern es auf dem Gymnasium auch erfolgreich bestehen kann? Wo hat mein Kind den bestmöglichen Start?

Wie sehr man sich aber auch in Schulprogramme und -konzepte vertiefen mag – es ist vertrackt, die beste aller möglichen Schulen zu finden. Denn letztlich hängt alles vom jeweiligen Lehrer und den Schulkameraden ab. Ein fruchtbares Arbeitsklima kann man nicht unbedingt vorhersehen. Für mich sehen alle Schulen in unserem bunt gemischten Stadtteil irgendwie gleich aus. Die Klassengröße ist überall dieselbe, die Schülerzahlen und der Ausländeranteil schwanken, aber das will bei uns wenig über die Qualität der Lehre sagen. Und jedes Jahr ist offenbar eine andere Schule der Liebling der Eltern. War letztes Jahr die Schule XY gefragt, so ist es dieses Jahr die Schule XYZ, die sich über hohe Anmeldezahlen freuen kann. Es gibt keine eindeutigen Favoriten und auch keine offiziellen Zensuren für die einzelnen Institutionen, die ich bequem einsehen könnte. Zwar bestehen Internetportale, in denen jeder seine subjektive Meinung über Schulen und Lehrer veröffentlichen kann, aber diese finde ich oft wenig aussagekräftig, weil ich nicht weiß, wer hier warum was schreibt.

Und so gehen sie dann etwas ratlos los, die Besuche vor Ort an den Tagen der Offenen Tür, die Gespräche mit Schulkindereltern, die Informationssuche im Internet, die Meinungsumfrage unter Bekannten, die Suche nach dem Heiligen Gral.

Wir wählen letztlich die Schule in Reichweite. Die Schule in der Nachbarschaft hat keine negativen Schlagzeilen, das Kind kann zu Fuß gehen und ihre Freunde werden um die Ecke wohnen. Das hätten wir eigentlich auch gleich einfacher haben können.

Nun haben wir also das Einschulungsalter und unsere Schule der Wahl bestimmt, und wir können tatsächlich zum offiziellen Teil des Projekts Schullaufbahn übergehen. Damit sind wir beim dritten Ansatz, ein Kind zu den Höchstleistungen zu bringen, die es aus unterschiedlichen Gründen erbringen soll: natürlich das Kind höchstselbst.

Die gläserne Familie: Der Schultauglichkeitstest

Was wären die Instruktionen der Mütter, die Wahl des Alters und der perfekten Schule ohne unsere Protagonistin in diesem Projekt? Ist sie überhaupt reif für die Schule? Es gilt, die letzten Hürden zu überwinden, und unsere Tochter kann in der Schule endlich in Aktion treten. In Nordrhein-Westfalen gibt es nicht nur die freiwillige U9, die Untersuchung beim Kinderarzt, sondern auch verpflichtend ein Schulfähigkeitstest in der Schule der Wahl und eine Schuleingangsuntersuchung beim Gesundheitsamt, die prüfen sollen, ob ein Kind schulreif ist. Ich für meinen Teil hätte mir diese Tests chronologisch ganz an den Anfang der Vorbereitungen gewünscht, dann hätten wir uns unter Umständen diesen ganzen Stress vorerst ersparen können, aber Schulfähigkeitstests werden in der Schule der Wahl gemacht. Das setzt die Wahl derselben voraus, auch die Entscheidung zur Einschulung, eben den ganzen Klimbim eines Kann-Kindes.

Der Test in der Schule ist kurz und schmerzlos. Ich muss einen einfachen Antrag ausfüllen und unser Kind wird von einem Lehrer geprüft. Geschicklichkeitsspiele, logisches Denken, Sprachfähigkeiten und anderes. Es ist erfreulich unbürokratisch und wir haben keine Probleme.

Ganz im Gegensatz zu der Schuleingangsuntersuchung, die beim Gesundheitsamt Monate später stattfindet, nachdem wir uns bei der Schule anmelden konnten. Schon die Einladung zu dieser Untersuchung lässt keinen Zweifel an der Ernsthaftigkeit der Sache aufkommen. Im strengen Ton werden wir daran erinnert, dass eine schulärztliche Untersuchung rechtzeitig vor der Einschulung durch Gesetz und Rechtsverordnung festgelegt ist, und wir werden sachlich aufgefordert, zahlreiche Unterlagen mitzubringen, unter anderem alle Impfbescheinigungen, das Vorsorgeheft des Kindes und den Dokumentationsbogen des Kindergartens. Ich bin sehr froh, dass ich das mit der Freiwilligkeit des Impfens, der Kinderuntersuchungen und des Dokumentationsbogens sowieso nie ernst genommen habe, sonst würde ich mich jetzt sehr aufregen.

Dummerweise kann ich aber das Impfbuch meiner Tochter nicht finden. Ich suche in der ganzen Wohnung, ziehe jede einzelne Schublade, durchforste die Aktenordner. Nichts! Ich muss ohne die geforderte Unterlage zur Schuleingangsuntersuchung.

Ich melde mein Versagen mit klopfendem Herzen gleich der Sekretärin bei der Anmeldung. Schuleingangsuntersuchungen sind eine aufregende Sache. Wir haben schon eine lange Vorbereitungsphase hinter uns. Werden wir jetzt kurz vor dem Ziel noch gestoppt? Es ist alles so amtlich.

Meine Tochter und ich sitzen auf Stühlen im Warteflur und scharren nervös mit den Füßen. Und dann geht es los. Wir werden in einen Untersuchungsraum gebeten. Mein Kind wird auf Herz und Nieren von einer Krankenschwester geprüft, ob sie hören, sprechen, greifen kann, wird gemessen und gewogen, und dann werden wir der Amtsärztin vorgeführt. Diese führt weitere Tests mit meiner Tochter durch, die alle klären sollen, ob das Kind schulreif ist. Gleichgewichtssinn, Raumwahrnehmung, Aufmerksamkeit, Sprache und so weiter und so fort.

Diese Ärztin ist eine sehr spröde Person. Ich bin froh, dass meine Tochter sich nicht einschüchtern lässt von ihrer Art, wie sie mit ihr spricht. Soziale Kompetenz ist wichtig für die Einschulung, das weiß ich ja.

Die Ärztin nickt mir kühl zu.

»Bitte füllen Sie das hier aus.« Sie gibt mir einen Vordruck.

»Es ist anonym«, sagt sie. »Sie können sich da vorne hinsetzen und schreiben.«

Sie zeigt auf einen Stuhl an einem Tischchen ihr gegenüber. Mein Blick fällt auf die Fragen. Sie gehen ans Eingemachte. Wie meine Tochter ist, das wissen sie ja schon. Sie haben die Dokumentation des Kindergartens und sind außerdem gerade dabei, sie zu testen. Jetzt wollen sie offenbar wissen, warum das Kind so ist, wie es ist. Das gläserne Kind und die gläserne Familie.

»Welchen Schulabschluss haben Sie? Nennen Sie bitte nur den höchsten Abschluss. Bitte für beide Elternteile angeben.«

»Haben Sie eine abgeschlossene Berufsausbildung? Wenn ja, welche?«

Es geht detailliert weiter: Ob, als was und wie viele Stunden sind mein Mann und ich berufstätig? Bei wem lebt das Kind? Wie lange hat es eine Kita oder ähnliche Tageseinrichtungen besucht? Mit wie vielen Geschwistern lebt es zusammen? Hat es ein eigenes Zimmer und falls nicht, mit wie vielen muss es ein Zimmer teilen?

Das Fernsehen hat es ihnen besonders angetan. Offenbar macht gerade wieder jemand eine Studie.

»Hat Ihr Kind/Haben Ihre Kinder einen Fernseher im Kinderzimmer?« – »Wie lange sieht Ihr Kind im Durchschnitt fern?« (Sieben mögliche Antworten von »gar nicht« bis »über 4 Stunden«). Alleine oder im Beisein der Eltern? – Während der Mahlzeiten? – Isst das Kind *»beim Fernsehen Süßigkeiten/Chips«?*

Es ist wirklich interessant, welche Informationen zur Einschulung heutzutage vonnöten sind.

Die Fragen gehen über zu Computerbenutzung, Gameboy, Playstation (wie lange? Fünf mögliche Antworten) und werden dann elegant auf den Freizeitbereich ausgerichtet. Spielt das Kind täglich im Freien außerhalb des Kindergartens, wenn ja, wie lange (vier mögliche Antworten), überwiegend alleine, in Begleitung von Eltern, Geschwistern oder Freunden? Ist das Kind in einem Sportverein, in einer Musikschule oder Sonstigem?

»Wie oft lesen Sie Ihrem Kind ein (Bilder)Buch vor?«

Und schließlich: *»Rauchen Sie?«*

Ich bekomme gleich wieder ein schlechtes Gewissen, wenn mir auch nicht ganz klar wird, warum eigentlich. Ich rauche ja gar nicht. Aber Hut ab vor dem Gesundheitsamt! Sehr raffiniert! Nicht nur, dass sie uns Eltern noch einmal eben so im Vorbeigehen elegant übermitteln, dass wir Eltern unter Beobachtung stehen, sondern auch die Art und Weise, wie sie uns diese Angaben entlocken. Hätte man mir diesen Bogen in der Fußgängerzone vor die Nase gehalten und um Antworten gebeten, hätte ich den Bogen gesichtet, abgewunken und wäre weitergelaufen. Jetzt sitze ich in der Falle. Ich kann schlecht davonlaufen, während sie mein Kind haben. Und wer hat schon die Traute, sich bei einer Schuleingangsuntersuchung, die ja offenbar über die gesamte Zukunft des eigenen Kindes entscheiden kann, aufzulehnen?

Das hier funktioniert in etwa so wie bei den Kinderuntersuchungen beim Arzt und den Dokumentationen der Kita: Wenn ich nicht mitmache, mache ich mich verdächtig. Und das wird doch dokumentiert, oder? Soll die Kleine von Anfang an unter ihrer renitenten Mutter leiden? So allmählich gehen mir diese Überwachungsmanieren gehörig auf die Nerven. Bin ich die Einzige, die diese Fragen unverschämt und diskriminierend findet? Was geht das Schulamt mein Bildungsniveau, meine Arbeitssituation und mein Privatleben an? Was sagt das über meine Qualitäten als Mutter aus? Mit hochroten Wangen vor Scham, derart ausgefragt zu werden, fülle ich den Bogen aus und reiche ihn der Ärztin. Ich fühle mich wieder einmal an den Pranger gestellt und in Schubladen gesteckt und habe doch gar nichts getan, außer ein Kind zu haben. Im Stillen frage ich mich, wie ich diesen Bogen ausfüllen würde, wenn ich Kettenraucherin wäre, mein Kind stumpf vor dem Fernseher hockte und wir nur Chips äßen. Würde ich da nicht gnadenlos schummeln?

Die Ärztin legt meinen ausgefüllten Bogen offen neben sich auf einen Stapel Papiere, gleich neben unsere Dokumentation. In der Tat, sehr anonym.

Sie schaut auf.

»So«, sagt sie. »Sie können Ihr Impfbuch nicht finden?«

»Ja«, sage ich. »Ich habe überall gesucht. Ich kann es mir nicht erklären.«

Sie schaut mich an. Ich sehe sofort: Sie glaubt mir nicht. Sie verdächtigt mich zu lügen.

»Sie wissen schon, wie wichtig Impfungen sind?«, fragt sie barsch.

»Ja«, sage ich sanft. Das hier fängt an, mir grimmigen Spaß zu machen. Wenn mich einer für ein böses Mädchen hält, obwohl ich gar nichts getan habe, werde ich sauer.

»Aber sie sind doch freiwillig, nicht wahr?«, flöte ich mit einem strahlend falschen Lächeln.

Sie antwortet nicht, sondern notiert etwas in ein Dokument, das vor ihr liegt.

»Ich kann es gerne nachreichen«, sage ich.

»Das ist nicht nötig.« Sie hebt den Kopf und schaut emotionslos.

Ich starre sie an. Wie? Das war alles? Ich gehorche nicht und werde nicht sanktioniert?

»Ihr Einladungsbrief klang so streng«, sage ich. »Ich dachte, ohne Impfbuch würden Sie uns gar nicht empfangen.«

Sie blickt mich schweigend an.

Und in diesem Moment begreife ich es. Auf einmal ist es so klar wie Quellwasser: Ich bin und war immer frei. Sie können mir gar nichts. Ich habe gehorcht und ich hätte es gar nicht tun müssen. Ich habe gar keine Vorgesetzten, auch wenn alle immer so tun. Eine Ahnung rieselt mir heiß den Rücken runter.

»Wie ist das mit dem Bogen, den ich gerade ausgefüllt habe?«, frage ich mit belegter Stimme.

»Der war freiwillig«, sagt sie.

Als ich zu Hause bin, rufe ich im Amt an und lasse mir die Fragebogen zuschicken. Man weiß nie, wozu es vielleicht noch einmal gut ist.

Es geht los!

Und dann ist er endlich da: der Tag der Einschulung. Mit bunter Schultüte, Schultornister und Mäppchen (natürlich getestet durch Stiftung Wartentest), geputzten Schuhen, gekämmten Haaren, gebügelten Kleidern, feuchten Händen und Augen. Ach, wir sind gerührt! Unser Kind, schon so groß! Nur gut, dass wir noch die Kleine haben.

Natürlich gab es zwischendurch noch Kennenlerntage in der Schule und den ersten Elternabend und auch einige private Elterninitiativen, die vor dem ersten Schultag verzweifelt versuchten, die Klassenlehrerin oder den Klassenlehrer ihrer Kinder herauszufinden, ja, vielleicht sogar ein bisschen Einfluss auf die Lehrerauswahl zu nehmen. Sie hatten sich erkundigt, sie hatten eine Meinung. Aber da bissen sie auf Granit. Da ist »unser« Schulleiter eisern. Das war bei der Einschulung unserer zweiten Tochter auch so. Solche Informationen gibt es an »unserer« Schule am ersten Schultag. Und so kommt es, dass – ich bin sehr verblüfft, dass offenbar andere noch viel aufgeregter sind, als ich es bin – Eltern mit Tränen in den Augen herumlaufen, nicht nur weil sie ergriffen sind von den Ereignissen der Stunden oder weil der Ernst des Lebens ruft, sondern weil sie fest überzeugt sind, die mieseste Klassenlehrerin an der Schule bekommen zu haben. Mies meint hier nicht unfreundlich und herzlos, sondern mies im Sinne von unfähig, nicht gymnasialtauglich. Schlicht schlecht. »Unser Kind lernt nicht genug!«, weint es um mich herum.

Auf Einschulungen der letzten Jahre kann man zunehmend auch Schultüten entdecken, auf denen Aufschriften wie »Abi 2022« programmatisch prangen. Ist es harmloser Witz, inniger Wunsch, ruhige Überzeugung oder verbissenes Ziel? Glück ist machbar, Pech allerdings auch. Es winkt der Erfolg des Kindes, es winkt sein Ruhm – und auf der anderen Seite lauert der Abgrund. Und er lauert so früh.

Denn in den meisten Bundesländern ist man in den letzten Jahren dazu übergegangen, nicht nur immer jüngere Kinder einzuschulen und demzufolge schon im ersten Halbjahr der 4. Klasse für Achtjährige eine Empfehlung für die weiterführende Schule zu verfassen, sondern man hat auch in vielen Schulen eine flexible Schuleingangsphase eingeführt, in anderen Bundesländern als JÜL, Flex oder jahrgangsübergreifender Unterricht bekannt. In Nordrhein-Westfalen werden zum Beispiel in den Klassen 1 und 2 und den Klassen 3 und 4

Kinder zusammen unterrichtet. In offenen Lernformen wie Freiarbeit, Wochenplanarbeit und Projektarbeit sollen Kinder verschiedener Altersstufen sich gegenseitig bereichern, zusammen und voneinander lernen. Böse Zungen behaupten, Kombiklassen seien nur eine Sparmaßnahme oder ein Mittel, kleine Grundschulen zu erhalten. Aber das ist bestimmt nur ein Gerücht übellauniger Lehrer. Offiziell heißt es, diese neue Schuleingangsphase ermögliche es Kindern, drei bis fünf Jahre lang die Grundschule zu besuchen, und könne sich damit den individuellen Leistungen eines Kindes viel besser anpassen. Schwächere Kinder können ein Schuljahr daranhängen, ohne dass sie in einen ganz neuen Klassenverbund wechseln müssen. Und stärkere Kinder können leicht eine Klasse überspringen. Jedes Kind kann ganz gemäß seiner Fähigkeiten und seines Lerntempos lernen. Von Anfang an ist die individuelle Leistung im Vordergrund, nicht die Klassengemeinschaft, so wie es auch die Eltern der Hamburger Initiative gern sehen.

Wer Flexibilität unter den kleinsten Schülern mag, wird dieses Schulmodell lieben. Das merken wir schnell im Schulalltag. Unsere Tochter hat nicht nur alle paar Wochen einen neuen Sitznachbarn (offenbar gilt das Rotationsprinzip) und jedes Jahr eine andere Klassenzusammensetzung (eine Klasse geht, eine kommt neu), sondern auch jedes Jahr eine neue Klassenlehrerin. Jahrgangsübergreifender Unterricht für 25 Kinder scheint irgendwie kraftraubend zu sein. Die Fluktuation im Lehrpersonal ist erstaunlich hoch, der Krankenstand erschreckend. Geplant ist ein Klassenlehrerwechsel etwa alle zwei Jahre, aber offenbar zehrt es ein wenig an den Nerven, bei steigenden Ansprüchen von Schulministerium und Eltern zwei putzmuntere Klassen auf einmal wie in Klasse 1/2 in einer Altersspanne von fünf bis acht Jahren in Freiarbeit zu unterrichten, wenn es darüber hinaus wenige Möglichkeiten gibt, die erheblichen Lern- und Leistungsunterschiede durch individuelle Förderung auszugleichen. Da sind junge und ältere Kinder, faule und fleißige, langsame und schnelle, leise und laute, schüchterne und freche, behütete und vernachlässigte, begüterte und arme, deutsch- und fremdsprachige.

Nicht viele Schulen haben genügend Förderlehrer, Sonderpädagogen oder Schulpsychologen. Oder kennen Sie einen? Da machen selbst die jüngsten Lehrerinnen manchmal schlapp. Ein Fest für Kinder, die gern jedes Jahr eine nette Abwechslung an der Tafel haben.

Wer es aber gerne ruhiger und geborgen hat, wer sich gerne im vertrauten Rahmen bewegt und dazu neigt, eine Lehrerin zu verehren und nur für sie zu lernen, kleine Bildchen zu malen und ihr in Schönschrift stolz die ersten Buchstaben zu präsentieren, wer nicht versteht, warum die Lehrerin oft so angespannt und ungeduldig ist und wenig Zeit hat, ja, manches Mal sogar zu Wutanfällen neigt, wer seine Mitschüler mag und sein Herz an sie hängt und leidet, wenn die Lehrerin und die Hälfte der Klasse jedes Jahr wieder wechseln, der muss aufgebaut werden. Dringend.

Zensuren: gute und schlechte Kinder

Natürlich sind Schulen nicht doof. Sie haben ihre Methoden, mit denen sie gedenken, alle Kinder aufzubauen und zu motivieren. Und wie werden seit jeher Kinder in Schulen zur Arbeit angetrieben? Was ist das älteste Instrument, das kleine und große Menschen immer wieder zu Höchstleistungen motiviert? Was ist das, was Menschen bewegt, Dinge zu tun, an die sie vielleicht sonst nie im Traum gedacht hätten? Das Lob. Was gibt es Schöneres als ein kräftiges Lob? Und das Lob des Lehrers schlechthin ist die gute Note. Auf der anderen Seite aber lauert dummerweise die Bestrafung. Das vernichtende Urteil. Die Geringschätzung. Sprich: die schlechte Note. Und damit ist das Ganze ein einfaches, aber ungemein wirkungsvolles System, das einfach nicht totzukriegen ist und von uns Eltern, die wir immer noch das Trauma fürchten, mit Argwohn betrachtet wird. Der Lehrer erklärt den Kindern gewisse Ziffern zwischen 1 und 6 aus seiner Feder zu erstrebenswerten Gütern, die man nur erlangt, wenn man sich nach den Vorgaben vorbildlich verhält (das funktioniert wie bei Orden und Titeln bei Erwachsenen), und schon wollen alle diese »guten« Ziffern haben und die »bösen« unbedingt vermeiden.

Nun ist Notengebung in der 1. Klasse nicht in allen Bundesländern verfügbar. Deswegen haben manche Lehrer andere Wege gefunden, dem Kind schon früh zu zeigen, ob es Freude macht oder Anlass zu Sorge gibt. Es müssen ja keine Ziffern sein. Man kann ja auch Symbole mit Bedeutung belegen. Blümchen- und Pferdchen-Stempel wie zu meiner Schulzeit sind offenbar out. Sie sind nicht differenziert genug. Aber wofür haben wir denn diese süßen Punkt-Punkt-Komma-Strich-Gesichter, die sich so wunderbar variieren lassen? Ein Smiley ist so schön fröhlich, dass dem Kind das Herz lacht und es sofort versteht: Es hat etwas Schönes getan. Sein Pendant mit herabgezogenen Mundwinkeln und hängenden Augenstrichen ist dagegen so eindrücklich traurig, dass das Kind schweren Herzens ohne viele Worte begreift, wie viel Kummer es macht.

Um es gleich zu sagen – wie sicher und geborgen sich ein Kind in der Schule mit diesem System fühlt, steht und fällt mit dem Lehrer. Die Kinder bringen eine gewisse Prägung und ein bestimmtes Elternhaus mit, aber der Lehrer oder die Lehrerin ist es hauptsächlich, der oder die in einer Klasse darüber entscheidet, ob die Kleinen eifrig motiviert lernen oder ob sie angsterfüllt erstarren. Bestätigt und ermuntert eine Lehrerin ein Kind, sieht sie die Stärken und positiven Entwicklungen der kleinen Person, kann das Kind auch mit Kritik in der Regel gut umgehen. Ist die Lehrkraft aber überfordert, eher kühl und rigide, ja, vielleicht sogar verachtend oder demütigend, wird selbst ein Kind es schwer haben, mit Freude zu lernen, das von zu Hause die beste Unterstützung erfährt. Kinder sind noch recht kindlich, wie der Name schon sagt. Das heißt, sie lassen sich leicht von schlechten Urteilen entmutigen und ängstigen, wenn sie sich nicht sicher und geborgen fühlen. Es braucht da schon einen gewissen liebevollen Rahmen, wenn sie trotz weinender Gesichter auf ihren Schulheften eifrig weiterlernen sollen.

Mein neuer Job für die Schule: Coach, Motivationstrainer, Seelentrösterin

Diese Abhängigkeit von der Art des Pädagogen macht es besorgten Eltern heutzutage ausgesprochen schwer, ihr Kind in der Schule sich selbst zu überlassen. Denn was in der einen Klasse wunderbare Ergebnisse erzielt, kann in einer anderen zum Desaster führen. Holzauge, sei wachsam! Und je wachsamer ich bin, desto mehr erschließt sich mir ganz deutlich, warum die Experten verlangen, dass es gerade die ersten fünf Lebensjahre eines Kindes sind, in denen es wie ein zartes Pflänzchen gehegt und gepflegt werden soll, und nicht etwa seine ersten zehn Lebensjahre zum Beispiel. Denn einmal in der Schule, ist nicht mehr viel los mit hegen und pflegen. Die ersten fünf Jahre Betütteln, das ist alles, was es kriegen kann. Da der neue Staatsbürger flexibel, eigenständig, strebsam, intelligent und bienenfleißig sein soll, glaubt man offenbar, gar nicht früh genug damit anfangen zu können, die Kinder auf selbstständige, effektive Arbeit einzuschwören. Ein gutes Kind zu sein meint da nicht nächstenliebend, freundschaftlich, solidarisch, hilfsbereit und gütig, sondern konkurrenzfähig, zielstrebig, leistungsstark, ehrgeizig und schnell. Wer da nicht von Anfang an mithalten kann, kann in diesem auf individuelle Leistung aufgebauten System schnell den Anschluss verlieren.

Also mache ich das, was von mir als gute Mutter erwartet wird. Ich lasse nicht das System auflaufen und zeige ihm durch das Versagen meines Kindes, dass das Bildungssystem selbst versagt, sondern ich fange mein Kind auf und unterstütze damit die ganze Sache. Zur Schule lasse ich sie alleine gehen, aber zu Hause werde ich engagierte Assistenzlehrerin, miesepetrige Hausaufgabenbetreuerin und hektischer morgendlicher Tornister-Checker. Das Kind muss auf Vordermann gebracht werden. Es gilt unter allen Umständen zu vermeiden, dass die angestrengte Lehrerin sie auf den Kieker kriegt. Hat sie ihre Hausaufgaben ordentlich gemacht? Hat sie alles verstanden? Sind auch alle geforderten Sachen da? Haben wir sämtliche Eltern-Briefe erhalten, gelesen und beantwortet? Die Post der Schule an uns Eltern ist so umfangreich, dass sich ein eigener Briefkasten lohnen würde. (Aus einer amerikanischen Fernsehserie weiß ich, dass dies ein Indiz für eine hervorragende Schule sein soll. Also mucke ich nicht laut auf, aber ich fluche leise vor mich hin.) Mein Mann bereitet unsere Tochter dagegen sorgfältig auf manche Klassenarbeiten vor und besucht die Elternabende. Letzteres ist für meinen Mann leichter, weil er, warum auch immer, nicht so schnell Ehrenämter kriegt wie ich. Ich übernehme die Elternsprechtage und wir wechseln uns täglich ab mit gesund geschmierten Pausenbroten und geschnippelten Obstbeilagen.

Bei all dem ist klar – je besser wir als Eltern ausgebildet sind, umso schöner können wir Mathematik, Englisch und Grammatik coachen, können wir Aufsätze und Vorträge begleiten, können wir konstruktive Gespräche mit den Lehrern führen. Es ist unnötig zu sagen, dass schulbildungsferne Familien hier den Kürzeren ziehen. In kaum einer anderen Nation in Europa ist die Herkunft der Familie für den Bildungsabschluss so bedeutend wie in Deutschland. Die Unterschiede zwischen den Kindern werden generell immer größer und können durch die Schule kaum aufgefangen werden. Selbst in Bayern, dessen Schulsystem einige der besten PISA-Ergebnisse einbrachte, sind 99 Prozent der Grundschullehrerinnen bei einer Umfrage des Bayerischen Lehrer- und Lehrerinnenverbandes 2008/2009 der Meinung, dass es bessere Unterrichtsbedingungen braucht, um der zunehmenden Heterogenität gerecht zu werden. Und 90 Prozent der Lehrer und Lehrerinnen stimmen zu, dass »Fördern und Fordern, Erziehen und Disziplinieren von einer Person« in der Klasse nur mehr schwer zu leisten ist. Je mehr wir Mütter und Väter aber einspringen, um dieses Manko auszugleichen, desto unverzichtbarer machen wir uns. Das System baut inzwischen auf unserem Engagement auf. Es fällt schmerzlich auf, wenn wir ausfallen. Das Lerntempo ist hoch. Irgendwelche Kinder mit engagierten Eltern sind immer mit der Nase vorweg und bestimmen das Leistungsniveau und den Notenspiegel in einer Klasse. Zensuren werden ja stets in Relation zu anderen gegeben.

Wir fühlen uns etwas wie in einem Trainingslager. Wir sind ein bisschen atemlos. Wir helfen unserem Kind, den Anforderungen gerecht zu werden, und genau das wird auch von uns erwartet. Die Buchhandlungen, Internetforen und Zeitschriften sind voll guter Ratschläge, wie wir Eltern unsere Schulkinder erfolgreich coachen können. Und neben sorgfältiger Hausaufgabenbetreuung, ehrenamtlichem Engagement und gesunder Frühstücksproduktion ist vor allem die Motivation des Schulkindes ein ganz wichtiger Faktor. Es ist wieder diese alte Frage, um die sich alles dreht: Wie kriege ich das Kind dazu, trotz aller Umstände gerne zur Schule zu gehen und gute Noten zu schreiben?

Unter Eltern grassieren verschiedene Methoden. Sehr beliebt ist: Loben, loben, loben! Und zwar ohne Zensuren.

»SUPER! DAS MACHST DU GANZ TOLL!«

Wenn das Kind den Braten riecht und das nicht mehr hilft: Belohnungen in Aussicht stellen. Manche Eltern versprechen begehrte Wertsachen, die andere Kinder vor Neid erblassen lassen, oder hohe Geldbeträge, wenn die Zeugniszensuren gut sind. Aber das ist recht risikoreich und empfiehlt sich nur für Eltern, die ihrer Sache ziemlich sicher sind, weil es bei schlechten Noten umso mehr Frustration und Geheul im Hause gibt. Dagegen eignen sich Belohnungen wie Zoobesuche, Eis essen oder Kinonachmittage. Das positive Signal kommt rüber und das Wegbleiben desselben wird von Kindern erstaunlich gut verkraftet.

Eine beliebte und pädagogisch anerkannte Methode bei generellem Schulfrust ist auch: »Zeigen Sie Ihrem Kind die Vorteile der Schule auf.« Oder anders: Wie rede ich die Schule schön?

»Schau mal«, sag ich, »die Lehrerin hat so viele Kinder in der Klasse. Das hat sie mit dem Schimpfwort gar nicht so gemeint. Das geht nicht gegen euch. Sie ist einfach ein bisschen nervös.«

»Das ist doch auch eine Chance, wenn Lehrer und Kinder kommen und gehen«, sage ich. »Da kannst du neue Unterrichtsmethoden und neue Freunde kennenlernen.«

»In jedem Ende steckt auch ein neuer Anfang«, sage ich.

»Das nächste Mal wird es bestimmt besser. Pass mal auf!«, sage ich.

Und ich sage noch viel mehr solche merkwürdigen Sachen, mit denen ich versuche, meiner Tochter Denkstrategien aufzuzeigen, wie sie in diesem Leistungssystem gut überleben kann. Ich werde Motivationstrainerin und Seelentrösterin, versuche Freude aufzubauen und Frust abzubauen. Und dann beiße ich mir ab und an traurig auf die Lippen, weil mein Kind so früh lernen muss, sich nur auf sich selbst und Mama und Papa zu verlassen. Weil in unserer Gesellschaft Geborgenheit in der Schulklasse nur noch so wenig zählt.

Es gibt aber noch eine andere Methode, Kinder zur Leistung zu motivieren: Wir erzeugen Visionen. Die eine Art ist, ein seriöses, erfolgreiches Berufsbild in Aussicht zu stellen. Das ist eine Vision, die Kinder zwar beflügeln kann, jedoch nicht unbedingt antreibt, besser in Mathematik oder Sachkunde zu werden. Das Ganze bleibt ärgerlicherweise für die Kleinen noch etwas einseitig oder abstrakt. Viel effektiver ist es da, düstere Prognosen abzugeben. Kinder sind so schön leicht zu erschrecken.

»Fabian! Bist du jetzt bitte mal still!« Die Lehrerin steht neben dem Jungen am Tisch und ihre Augen werden schmal. »Wenn du nicht endlich Ruhe gibst, dann wirst du das hier nie lernen!«

Fabian schaut die Lehrerin grinsend an. Es ist sein zweiter Tag in der Schule. Es ist so aufregend, er kann nicht eine Sekunde still sitzen bleiben.

»Is` doch egal!«, sagt er. »Will ich ja auch gar nicht!« Er schüttelt sich albern wie ein Kaspar, hopst und springt vor seinem Stuhl. Die anderen Kinder lachen.

»Hey, jetzt reicht es!«, ruft die Lehrerin.

»Frau Lehrerin, Frau Lehrerin«, ruft da der kleine Paul und streckt eifrig seinen Finger in die Höhe. »Muss der Fabian jetzt in die schlechte Schule?«

Die Zukunftsängste unserer Kleinen

Auch früher gab es Leistungsdruck in der Schule. Auch früher gab es Angst vor Lehrern und Noten. Aber neu ist, dass schon Fünf- und Sechsjährige glauben, mit schlechter Leistung in die »schlechte Schule« zu kommen, von der wir natürlich alle wissen, welche das sein soll. Es verbreitet sich wie ein Lauffeuer unter den Kindern. Ich kann meiner Tochter noch so oft erzählen, dass es gar keine schlechte Schule gibt. Sie glaubt mir nicht. Die Hauptschule ist zur Drohung und zum Synonym für lebenslanges Unglück geworden. Fragen Sie die Kinder: »Hauptschule« heißt »arbeitslos, arm, unglücklich, schlechtes Kind«. »Gymnasium« heißt »erfolgreich, Geld, glücklich, gutes Kind«.

Diese Zukunftsängste geben dem ganzen Ambiente unter Grundschulkindern eine besondere Note. Die Angst sitzt ihnen im Nacken. Und wir brauchen keine moderne Hirnforschung, um zu wissen: Unter Angst lebt es sich erstens nicht gut und zweitens lernt es sich schlecht. Die Freude am Neuen, am Lernen und am Entdecken kann da auch schon Kindern verloren gehen, denn über ihren Köpfen hängt das Damoklesschwert: »Bin ich gut genug, um aufs Gymnasium zu dürfen?«

Wie viele Kinder lernen in der zweiten Klasse nur noch für die Noten? Der Inhalt scheint zweitrangig zu werden. Und noch nie gab es wahrscheinlich so viele Grundschüler und -schülerinnen, die sich ernsthaft um ihre berufliche Zukunft sorgen. Bauch- und Kopfschmerzen, Verdauungsstörungen, wache Nächte, Tränen und schwelende Versagensängste sind Alltag bei mehr Kindern unter zehn Jahren als je zuvor. Manche resignieren da ganz schnell. Der Satz »Ich kann es ja doch nicht« lässt bei aufmerksamen Eltern sämtliche Alarmglocken schrillen. Es droht der gefürchtete Teufelskreis »Versagensangst – schlechte Noten – mehr Ängste – noch schlechtere Noten«, aus dem ein Kind alleine schwer wieder herausfindet. Andere Grundschüler werden wegen ihrer Angst aggressiv, beschimpfen sich und andere wüst, werden unruhig und panisch. Die Dritten entwickeln einen Ehrgeiz und eine Arbeitswut, die sie auf Dauer völlig überfordern. Ärzte berichten vermehrt von Depressionen unter Kindern, sogar vom Burn-out-Syndrom, das bisher ausschließlich Erwachsenen vorbehalten war. Natürlich gibt es noch Kinder, die arglos zur Schule gehen, aber ihre Zahl sinkt. So wie sich Mütter und Lehrer zunehmend unter Stress fühlen, so empfinden auch immer mehr Kinder einen heftigen Leistungsdruck.

Konkurrenzdenken unter Grundschülern

Interessanterweise will es keiner gewesen sein, der den Kindern diesen überaus unschönen Leistungsdruck vermittelt. Eltern und Lehrer schieben sich gegenseitig den Schwarzen Peter zu. Die Eltern, sagen die Lehrer verärgert, sind schuld an dem stressigen Klima. Sie sind von Anfang an viel zu ängstlich und auf gute Noten aus und reden ständig vom Gymnasium. Die Lehrer, sagen viele Eltern empört, sind schuld an dem ewigen Druck, sie verlangen zu viel in zu kurzer Zeit und drohen mit der Hauptschule. Und alle, ob Eltern oder Lehrer, sind sich selbstverständlich einig, dass der empfundene Leistungsdruck völlig übertrieben ist und den Kindern nur schadet.

Aber wahr ist: Die Kinder haben einfach nur zu 100 Prozent unsere eigene leistungsbesessene, materielle Weltanschauung übernommen. Sie spiegeln unsere Ängste und Überzeugungen, nicht mehr und nicht weniger. Haben wir ernsthaft gedacht, unsere Kinder würden nicht merken, wie bei uns der Hase läuft? Und wer genau hinschaut, der sieht es deutlich: Es sind die Geister, die wir riefen, die den Kindern zu schaffen machen. Vergleiche und Wettbewerbe, das ist das, was wir Eltern mit den Kindern leben. Und Vergleiche und Wettbewerbe, das ist das, was Kindern jetzt Stress macht.

»Ha!«, schreit Alexander. »Du bist immer noch auf Seite 15? Ich bin schon fast fertig mit dem Buch. Du bist aber langsam! Du kannst ja nichts!«

Und Martha sitzt da und weint.

Eine Ausnahme? Bösartig? Nein, eher nicht. Das ist normal und logisch. Früher lernten Kinder zusammen. Es gab etwa ein Arbeitsblatt, das alle ausfüllen mussten. Es machte keinen großen Unterschied, wer am schnellsten bei dieser Aufgabe war, denn am Schluss mussten alle aufeinander warten. Heute ist das anders. Heute haben Kinder ihre Wochenarbeitspläne oder Arbeitshefte, die sie individuell nach eigenem Tempo und Fähigkeiten erarbeiten können. Und wenn der eine Plan oder das eine Heft bearbeitet ist, können die Kinder zum nächsten greifen. Dies scheint eine ungeheure Wettbewerbslust unter den Kindern anzufachen. Wer ist schneller, besser, weiter? Wer hat schon diese und jene Hefte, kann schon jene oder diese Rechenart und schreibt fehlerlos?

»Ich bin viel besser als du!«, heißt es.

Oder:

»Du bist viel schlechter als ich!«

Der Gedanke scheint verwegen, aber haben die Kinder vielleicht aus ihren Baby- und Kinderförderkursen ein ausgeprägtes Konkurrenzdenken mitgebracht, das in dem neuen Schulsystem der individuellen Entwicklung zur vollen Blüte kommt? Und da ist es auch ganz logisch, dass Noten in der Grundschule von Jahr zu Jahr mehr das Lebensgefühl und Selbstverständnis von Kindern prägen. Noten sind wichtiger als je zuvor. Unter Grundschülern ist ein neues Spiel entstanden, das meines Wissen zu meiner Schulzeit noch völlig unbekannt war: »Welche Note gibst du mir?«

Da stehen die Kleinen auf dem Schulhof und bewerten sich gegenseitig in Mathematik, im Lesen, in Kunst, im Singen, im Aussehen, in der Figur, in der Kleidung, im Lachen, im Tanzen, im Laufen, im Sprechen und noch vielem anderen. Was gerade so kommt. Und während früher die Kinder angesagt waren, die schlechte Noten hatten und so herrlich unangepasst schienen, sind es heute vermehrt die mit schlechten Noten, die von anderen ausgestoßen werden, weil sie nicht mithalten können. Und ausgestoßen wird oft. In einem Klima, in dem die Gruppe eine untergeordnete Rolle spielt und die individuelle Leistung des einzelnen Kindes im Vordergrund steht, ist Gruppenzugehörigkeit etwas geworden, was man sich verdienen muss. Sie sind nicht mehr alle eine Klasse und stehen zusammen, egal wie sie sind. Denn das sind und tun sie ja auch nicht mehr. Nein, jeder ist sich selbst der Nächste und den Letzten beißen die Hunde.

So sehr Kinder auch heute noch aneinander hängen und Freundschaft suchen wie alle Kindergenerationen vor ihnen, so scheinen doch Konkurrenz und Wettbewerb unter ihnen besonders ausgeprägt zu sein. Es wird zwar nicht gern gesehen, wenn jemand auffallend schlecht ist. Es wird aber auch nicht gern gesehen, wenn jemand besser ist. Nicht abschreiben lassen, keine Stifte verleihen, kein Essen abgeben, dafür nörgeln, herabsetzen, meckern, petzen, schneiden. Und bilde ich es mir ein, oder sind Einladungen zur Geburtstagsparty ein Instrument geworden, durch das Kinder einander ihre Macht demonstrieren? Wie bedrängt müssen sich Kinder fühlen, wenn sie anfangen, einander so heftig zu bekämpfen?

Förderunterricht, Nachhilfe, Therapien & Co.

Wie entwickeln wir Eltern uns im Laufe der Grundschuljahre? Nun, Eltern sind nicht gleich Eltern. Von Hamburg nach München, von Düsseldorf nach Dresden sind nicht nur die Schulsysteme völlig verschieden, sondern von Schule zu Schule, ja, sogar von Klasse zu Klasse scheinen auch die Elternschaften extrem unterschiedlich zu sein. Generell ist auffällig, dass nicht mehr alle Eltern da sind. Es sind mehr denn je die Mütter, die sich um ihre Kinder kümmern, denn viele Paare haben sich inzwischen getrennt. In manchen Schulen unserer Stadt sehen sich Lehrer an Elternabenden ausschließlich alleinerziehenden Müttern gegenüber.

Speziell in unserer Klasse – und sprechen wir ruhig von »unserer« Klasse, bei dem Grad, zu dem wir Eltern heutzutage alle in den Schulalltag unserer Kinder einbezogen werden – sind wir Erwachsenen darüber hinaus in Temperament, Erwartungen, Interessen, Ängsten, Sorgen, Ausbildung, Beruf, Finanzen, Humor und genereller Weltansicht grundlegend verschieden. Aber das spielt bei uns eigentlich keine Rolle, denn soweit ich das von meiner bescheidenen Warte aus beurteilen kann, herrscht bei uns inzwischen ein geringes Interesse, miteinander zu kommunizieren, worüber auch immer. Es ist nicht so, dass wir uns anfeinden, aber es ist schon so, dass wir nach all den Jahren gemeinsamer Aufregung um die Kinder nicht gerne in einem Raum zusammen eingesperrt sind. Die meisten von uns haben sich schon im Kindergarten kennengelernt und nicht alle haben sich zu schätzen gewusst. Das macht Klassenfeste ein bisschen schwierig. Auf der anderen Seite müssen wir uns auch nicht um gemeinsame Förderprojekte in der Klasse kümmern. Das finde ich schön. Die gibt es nämlich nicht. Uns reicht das, was in der Schule geboten wird. Wir wünschen nicht, darüber hinaus gemeinsam tätig zu werden. Schreibförderung, Kochen, Basteln, Tanz, Musik, Sport, das sind die AGs, die an unserer Schule nachmittags zur weiteren Förderung vorhanden sind – wenn ich da überhaupt richtig informiert bin –, und das reicht uns auch. Mehr muss es in der Schule für uns nicht sein. Wir lieben eine gewisse private Sphäre. Wir lieben sie so sehr, dass der Schulleiter zunehmend Schwierigkeiten hat, Eltern aktiv in Projektwochen, Schulfeste, Sportereignisse und Aufführungen einzubeziehen. Und das liegt nicht daran, dass wir alle Chips kauend vor dem Fernseher hocken und unseren dicken Kindern beim Gameboy-Spiel zusehen. Es liegt daran, dass es etwas viel geworden ist mit all den Projekten, Schulfesten, Sportereignissen und Aufführungen.

Wenn ich daran denke, wie oft meine Eltern in meiner Grundschule waren und wie oft wir hier in unserer Schule zu finden sind, befällt mich eine tiefe Sehnsucht nach alten Zeiten und unengagierter Freizeit.

Andere Klassenelternschaften haben da aber offenbar ein

ganz anderes Flair. Eltern berichten von netten Müttern und Vätern, die nicht nur unzählige ehrgeizige Projekte in ihrer Freizeit für die Förderung der Kinder stemmen, sondern auch per E-Mail begeistert seitenlange Pädagogikkonzepte versenden. Manche erzählen von fantasievollen Arbeitsgemeinschaften, die Eltern organisieren. Japanisch, Spanisch, Trommeln für Grundschüler. Im Fernsehen sehe ich ab und an Mütter in irgendwelchen Reportagen, die wild entschlossen ihre Fünfjährigen zu teuren Manager-Wochenend-Workshops schicken, damit sie einmal »etwas ganz Besonderes« werden, aber persönlich kenne ich solche Eltern nicht. Ich glaube, für die Eltern, die ich kenne, sind ihre Kinder schon von Natur aus etwas Besonderes, und ich vermute insgeheim, dass diese Sendungen wieder mal so ein Medien-Versuch sind, Skandale zu produzieren. Nach dem Motto: »Die armen Kinder!« Mütter-Beschimpfung ist ja immer ein dankbares Thema.

Aber ich muss gestehen: Die Mutter im Fernsehen sah echt aus. Es muss sie wohl geben. Und schließlich leben unzählige Institutionen von der Entschlossenheit der Eltern, ihren Kindern zum Erfolg zu verhelfen. Nachhilfeunterricht boomt heute schon bei den Kleinsten. Pech für die, die sich privat bezahlte Förderung nicht leisten können. Denn die Förderung mag privat sein, die Zeugnisse sind es ja nicht. Eltern geben jährlich die unglaubliche Summe von 1,5 Milliarden Euro für diesen privaten Zusatzunterricht aus, und das beginnt schön früh in der Grundschule. Es geht dabei nicht mehr nur wie früher darum, mit Nachhilfe den Kindern eine Versetzung in die nächste Klasse zu ermöglichen, sondern es geht darum, den Übertritt in das Gymnasium zu schaffen und aus befriedigenden Noten gute oder sehr gute Noten zu machen. Rund 4000 Nachhilfeinstitute sind in Deutschland bislang gegründet worden, die inzwischen so viel Geld erwirtschaften, dass sie uns in eindringlichen Fernsehwerbespots ins Gewissen reden können, stets für gute Noten zu sorgen. Jeder achte Schüler, so eine Studie der Bertelsmann-Stiftung 2010, lernt nach der Schule in privat bezahlten Nachhilfestunden.

Auch mit anderen Methoden wird zunehmend versucht,

Kinder an das System besser anzupassen und ihnen den Alltag zu erleichtern. Jedes vierte Kind hat vor seinem achten Geburtstag mindestens eine Fördertherapie hinter sich, ob Logopädie, Ergotherapie oder Lerntherapie. 2007 – so DIE ZEIT online – bekamen mehr als 20 Prozent aller sechsjährigen Jungen, die bei der AOK versichert waren, eine Sprach- und 13 Prozent eine Ergotherapie. Und bei 10 bis 11 Prozent eines Jahrganges wird ADHS festgestellt, das Aufmerksamkeitsdefizitsyndrom, dessen Diagnose häufig zur Einnahme von Tabletten führt, die die Konzentration der Kinder fördern sollen, oft aber auch dessen Wesen grundlegend verändern. Die Kinder werden der Umwelt angepasst, nicht die Umwelt den Kindern.

Was ist also mit uns Eltern angesichts unserer gestressten Kinder? Sehen wir von Jahr zu Jahr deutlicher die hässlichen Auswirkungen des Leistungsprinzips? Sehen wir, dass unsere Kinder Angst haben, nicht gut genug zu sein? Sagen wir ihnen, dass sie in Ordnung sind, so wie sie sind, und dass es normal ist, nicht alles zu können? Sind wir gelassen und beruhigen wir sie? Ja, die meisten von uns sehen, dass sie überfordert sind. Und versuchen, die Kinder durch Nachhilfeunterricht, Therapien und Medikamente zu stärken. Und nein, etliche geben ihre Ansprüche nicht auf. Und gelassen bleiben viele von uns schon gar nicht. Wie sollten wir denn auch? Wir sind doch die, die bis über beide Ohren im Perfektionswahn, Leistungsdruck, Konkurrenzdenken, Schuldgefühlen, Versagens- und Zukunftsängsten stecken. Die Kinder übernehmen sie nur. Uns muss in erster Linie geholfen werden, nicht ihnen.

Wir wünschen uns alle, dass unsere Kinder selbstbewusst und angstfrei leben und lernen. Aber wir sind keine guten Vorbilder, wenn wir selbst ständig ängstlich sind, den Ansprüchen nicht zu genügen. Und das ist eigentlich alles, was ich jetzt noch wissen muss, um mein Leben zu ändern.

Na, und jetzt? Das gute Gefühl!

Es könnte jetzt immer so weitergehen. Nach der Grundschule kommt die weiterführende Schule, dann vielleicht die Lehre, die Berufsschule oder das Abitur und die Universität, Praktika, Volontariate, die ersten Anstellungen. Es kommen Lebenspartner, Familien, vielleicht Enkel. Ich könnte mich mein Leben lang austoben und das Leben für meine Töchter organisieren. Ich könnte sie zwar vermutlich irgendwann nicht mehr persönlich zu Ärzten, Therapeuten und Experten schleppen, aber ich könnte sie stets penibel im Auge behalten und emsig mit langen Monologen und Blitzbesuchen einschreiten, wenn es mir sinnvoll erscheint. Ich könnte pausenlos studieren, was in der Gesellschaft als Erfolg versprechend gilt, und meine Kinder dahin treiben. Ich könnte sie pushen und pampern, stetig überwachen und kontrollieren, bis es ihnen zu den Ohren herauskommt, damit sie schön glücklich und erfolgreich werden, wie alle es sagen. »Helicopterparents« nennen Experten dieses Phänomen unter Eltern, das den Gerüchten nach immer mehr um sich greift und zum Teil sogar Großeltern befällt. Eltern schwirren um ihre Kinder wie kleine Hubschrauber, wie Motten das Licht, weil sie überzeugt sind, dass ihren Kindern sonst Gefahr droht und sie das Leben nicht meistern können.

Nein, vielen Dank. Ich verabschiede mich von diesem Leistungswahn in unserer Gesellschaft, der jetzt auch nach Müttern und Kindern greift. Ich schaue mir die Kinder an, sehe ihre Ängste, ihr Verhalten, ihre Überforderung und ich weiß, dass ich diesen Weg nicht weiter gehen werde. Ich bin da jetzt vernünftig und verbiete mir diese kindischen Vorstellungen von perfekter Lebensplanung und ewigem Glück. *Nobody is perfect* – das weiß doch eigentlich jedes Kind. Was einmal spielerisch mit Babykursen und Turnübungen begann, hat sich inzwischen zum hässlichen Leistungsstress entwickelt. Ich bin nicht bereit, dem Optimierungswahnsinn weiterhin Folge zu leisten, egal, wie laut uns »Sicherheit«, »Erfolg« und »Glück« von allen Seiten entgegenschreit.

Nach einigen Jahren in Mutterschuldgefühlen stelle ich erstaunt fest, dass all das Gerede von Perfektion, Förderung und Erfolg auf der einen Seite und von Risiko, Gefahr und Abgrund auf der anderen meinen Kindern und mir eher schadet, als dass es Gutes tut. Meines Wissens sind die Kinder nicht klüger und besser als die Kinder der Generation vor ihnen. Im Gegenteil, sie sind offenbar ängstlicher und gestresster als früher, weil wir Mütter ängstlicher und gestresster sind. Wir glauben, den Ansprüchen nicht zu genügen, und die Kinder spiegeln unser Verhalten. Wer weiß, wie lange sie das durchhalten? Immerhin hatten wir Mütter den Luxus einer Kindheit, in der wir nicht mit fünf Jahren vor der »schlechten Schule« bibbern mussten, sondern uns auf eine wunderbar aufregende Zukunft als Erwachsener freuen durften. »Wenn ich einmal groß bin …« war bei uns ein verheißungsvolles geflügeltes Wort.

Das Ironische an der Situation ist, dass der Arbeitsmarkt der Zukunft für den Einzelnen wahrscheinlich nicht nur entspannter als heute sein wird, weil unsere Kinder in geburtenschwachen Jahrgängen geboren sind. Oder dass es heute zahlreiche Möglichkeiten gibt, das heiß begehrte Abitur auch auf Umwegen zu erreichen oder aber ohne Abitur zu studieren. Oder dass es in Zukunft in unserer Gesellschaft weniger denn je zuvor auf gute Noten und Schulwissen ankommen wird, sondern vielmehr auf begeisterungsfähige, kreative Köpfe, die sich engagiert und kraftvoll in unsere Gemeinschaft einbringen wollen. Es könnte schwierig werden, diese Menschen zu finden, wenn sich jetzt schon viele in der Kindheit restlos überfordert und bedrängt fühlen.

Und was ist mit uns Müttern? Sind wir besser als alle Mütter vor uns, weil wir uns ängstlich bemühen, die perfekte Mutter zu sein? Ich kann nur für mich sprechen. Und da sage ich aus vollem Herzen: sicher nicht. Das Ideal der perfekten Mutter hat mir nicht dazu verholfen, ein besseres Ich meiner selbst zu entwickeln. Im Gegenteil: Es kommt so rigide, borniert und leistungsorientiert daher, dass es mich im Alltag erdrückt und im Umgang mit meinen Kindern verkrampfen lässt. Dieses Ideal kann mir nie und nimmer das Gefühl geben, eine gute Mutter zu sein. Das ist mir inzwischen klar geworden. Und nicht nur, weil ich keine Halbgöttin bin, sondern weil ich eigentlich auch gar nicht so sein möchte wie diese Frau, die von allen Seiten beschworen wird. Ehrlich gesagt kann ich mir nichts Künstlicheres vorstellen als eine fehlerlose, ewig lächelnde Mutter, die stets weiß, was gut für andere ist. Da könnten meine Töchter ja gleich von einem Automaten aufgezogen werden. Ich glaube auch nicht, dass meine Töchter das ersprießlich fänden. Ich glaube, sie würden mich hassen. Wer hält so was denn aus?

Und so verabschiede ich mich schließlich leichten Herzens von dem Ideal der perfekten Mutter und dem Anspruch, meinen Kindern Tag für Tag nur das Beste geben zu müssen. Schluss mit perfekt! Ich bleibe mir lieber selbst treu, denn darin bin ich am besten, und laufe nicht mehr Luftschlössern von Makellosigkeit, ewigem Glück und absoluter Sicherheit hinterher. Ich probiere, experimentiere, lerne und staune, irre mich häufig und oft mache ich es gut. Und den Kindern geht es bestens dabei. Eine entspannte Mutter ist offenbar beflügelnd. Und mich kann so leicht nichts mehr erschüttern.

Experten und Ratgeber? Mit gehöriger Skepsis und Abstand.
Ärzte und Hebammen? Wir suchen die guten und wissen jetzt, was gut für uns ist.
Höchstleistungen? Karriere? Ja, gern – wenn der Preis nicht zu hoch ist. Das Leben hat mehr zu bieten.
Fehler? Wir lernen daraus.
Schuldgefühle? Mit gesundem Menschenverstand.
Perfektion in der Kindererziehung? Überflüssig wie ein Kropf.
Zukunft? Golden! Es kann mir keiner das Gegenteil beweisen.
Unser Motto: »Wer weiß, wozu's gut ist!«

Stück für Stück und Tag für Tag erobere ich mir das gute Gefühl, eine gute Mutter zu sein, mit allen Fehlern, Schwächen und Macken, die ich so habe. Tschüss, ihr Mutterschuldgefühle! Ich lerne mich wieder zu schätzen.

Und was soll ich sagen? Ich stelle verblüfft fest, dass das das Beste ist, was ich meinen Kindern bieten kann. Ich bin nicht nur weit besser gelaunt, sondern sie lernen, dass wir uns immer willkommen sind. Dass wir Frauen, Kinder und Männer uns ernst nehmen und uns trotz oder vielleicht gerade wegen unserer Unvollkommenheiten lieben. Es ist dieses gute Gefühl, respektiert und angenommen zu sein, wie man auch sei. Genau das ist es, was Menschen stärkt, für welche Gegenwart oder Zukunft auch immer. Und von wem sollten Kinder das lernen, wenn nicht von uns?

Danke

Ich danke meinen Freundinnen und Bekannten mit und ohne Kinder, die mit mir über das Thema dieses Buches intensiv diskutierten und mir so oft zur richtigen Zeit die richtigen Impulse und Kraft gaben, allen voran Gesine Schulz, Angela Petz, Birgit Neyer und Dagmar Schnittker.

Vielen Dank an die Frauen, die mir in langen Interviews einen wertvollen Einblick in ihre Erfahrungen gewährten: Silvia Maaßen vom Jugendpsychologischen Institut Essen, Lucie Ferens von der Yogaschule Mira in Essen, Ingrid Roth von der Essener Katholischen Ehe-, Familien- und Lebensberatungsstelle, Schwester M. Ulrike Michalski von der B.M.V.-Schule Essen, Helga Lass, Britta Schmidt und Ilse Jeske.

Ich danke Dagmar Reim und Rudolf Großkopff, dass sie mir so viel Mut machten.

Vielen Dank an meine kluge Agentin Barbara Wenner, die alles in die richtigen Bahnen lenkte.
Danke an Harald Kämmerer vom Südwest Verlag, mit dem die Zusammenarbeit eine reine Freude war.

Ich danke meinen Eltern von Herzen, dass sie mir als Kind so viel Vertrauen, Freiheit und Bullerbü schenkten. Meiner Mutter danke ich für die vielen guten Gespräche über Mutterleben früher und heute und für ihre unglaubliche Unterstützung.

Ein besonders großer Dank geht an meinen Mann. Nils – du bist der Beste! Und Dank an meine geliebten Töchter, dass ich wegen euch trotz allem noch so furchtbar gerne Mutter bin!